혐오 발언

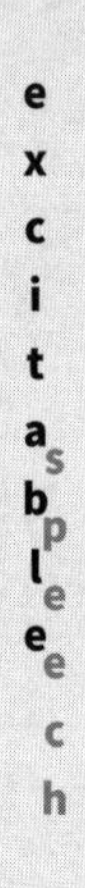
excitable
speech

주디스 버틀러
유민석 옮김

혐오 발언

너와 나를 **격분**시키는 **말** 그리고 **수행성**의 정치학

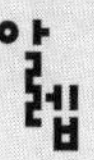

Excitable Speech

by Judith Butler

감사의 글

이 프로젝트는 어바인 캠퍼스에 위치한 캘리포니아 대학교 인문학 연구소와 버클리 대학교 인문대 교수 연구 보조의 관대한 지원이 없었다면 완성될 수 없었을 것이다. 나는 또한 미완의 원고 일부에 대해 유익한 조언을 해준 웬디 브라운, 로버트 구딩-윌리엄스, 조안 W. 스콧, 다이애나 퍼스, 헤이든 화이트, 모리스 캐플런, 호미 바바, 재닛 핼리, 로버트 포스트, 드루실라 코넬에게 감사를 표한다. 나는 또한 데이브 위튼버그, 발레리 로스, 제인 말모, 게일 살라몬에의 연구 보조에 대해 감사를 표한다. 항상 그렇듯이, 나는 모린 맥그런의 다재다능하고 자상한 편집 지도에 감사를 표한다.

무엇보다 내 사유를 채워 주고 내가 보지 못했을 방향을 제시해 준 것에 대해 UC 버클리 대학교와 다트머스 스쿨에서의 1995년 여름 동안의 비평과 이론 수업을 들은 학생들에게 감사를 드린다.

1장은 *Critical Inquiry* 23:2(Winter: 1997)에 실렸고, 2장은 *Deconstruction is/in America: A New sense of the Political*, ed. Anselm Haverkamp(New York University Press, 1995)에서 처음 실렸고 *Performativity and Performance*, eds. Eve Kosofsky Sedgwick and Andrew Parker(New York: Routledge, 1995)에서 재출판되었다.

목차

서장

우리는 왜 언어에 상처를 받는 걸까

e x c i t a b l e
s p e e c h

“불운한 실패infelicity는 일반적으로 의례적이거나 관례적인 특성을 갖는 모든 행위, 즉 모든 관습적인 행위가 물려받는 어떤 병폐이다.”

“단순한 모순 외에도 격분시키는 말들이 많이 있다.”

_ J. L. 오스틴

우리가 언어에 상처를 받았다고 주장할 때, 우리는 어떤 종류의 주장을 하고 있는 것일까? 우리는 이때 언어에 어떤 행위능력agency, 상처를 입힐 수 있는 힘을 귀속시키고, 우리 자신을 언어가 상처를 주게 되는 그 궤적의 대상으로 위치시킨다. 우리는 언어가 행위한다고 주장하고, 언어가 우리에 맞서 행위한다고 주장하며, 우리가 하는 이 주장은 지나가 버린 사례의 힘을 저지하고자 하는 또 하나의 추가적인 언어의 사례가 된다. 따라서 우리는 언어의 힘에 저항하고자 할 때조차 언어의 힘을 행사하게 된다. 어떠한 검열로도 돌이킬 수 없는 곤경에 휘말리면서 말이다.

우리가 어떤 의미에서 언어적인 존재가 아니라면, 즉 존재하기 위해 언어를 필요로 하는 존재가 아니라면, 언어가 우리에게 상처를 줄 수 있을까? 우리가 언어에 취약vulnerability하다는 것은 우리가 언어의 용어들 내에서 구성된 그 결과 때문인 것은 아닐까? 만일 우리가 언어로 형성된다면, 그 형성적인 권력은 우리가 내릴 수 있는 어떤 결정에도 선행하고 그것에 조건을 부여하며, 자신의 과거의 권력을 통해 우리를 처음부터 모욕한다.

***

그러나 모욕insult은 특정한 시간성을 띤다. 하나의 이름으로 불리는 것은 우리가 알게 되는 최초의 언어적인 상처injury 중 하나다. 그러나 모든 이름 부르기/욕하기name-calling가 상처를 주는 것은 아니다. 이름으로 불리는 것은 또한 주체가 언어로 구성되는 조건 중 하나다. 이는 루이 알튀세르Louis Althusser가 '호명interpellation'[1]에 대한 이해를 위해 제공하는 예시들 가운데 하나다. 상처를 줄 수 있는 언어의 권력은 언어의 호명적인 힘으로부터 따라 나오는가? 그리고 만일 그렇다면, 언어적 행위능력은 언어에 취약하도록 만드는 이 장면으로부터 어떻게 나올 수 있을까?

소위 해로운 표현injurious speech이라는 문제는 어떤 말이 상처를 주는가, 어떤 재현물들representations이 모욕을 주는가라는 물음을

1) Louis Althusser, "Ideology and Ideological State Apparatuses," in *Lenin and Philosophy*, tr. Ben Brewster(New York and London: Monthly Review Press, 1971), pp. 170-186.

제기하고, 발언되고 발언될 수 있는 명시적인 언어의 부분들에 초점을 맞춰야 한다고 주장한다. 그러나 언어적인 상처란 누군가에게 전달된 말뿐 아니라 전달되는 방식 그 자체, 즉 주체를 호명하고 주체를 구성하는 방식—기질이나 관습적인 태도—의 효과인 듯하다.

사람은 자신이 불리게 된 그 이름으로 단지 고정되기만 하는 것이 아니다. 그는 상처가 되는 이름으로 불리면서 폄하되고 비하된다. 그러나 그 이름은 또한 또 다른 가능성을 보인다. 다시 말해 하나의 이름으로 불림으로써 그에게는 역설적으로 사회적 존재existence가 될 수 있는 어떤 가능성이 주어지게 되고, 또한 그는 그 부름을 발생시킨 이전의 목적을 넘어서는 언어의 새로운 시간적 삶을 시작하게 된다. 따라서 상처를 주는 말의 전달은 그것이 호명한 사람을 고정시키거나 마비시키는 것처럼 보일 수 있지만, 그것은 또한 예상치 못한 가능성을 여는 응답을 낳을 수 있다. 만일 전달받는 것이 호명되는 것이라면, 모욕적인 부름은 그 모욕적인 부름에 대항counter하고자 언어를 사용하게 되는 어떤 표현의 주체를 도입하는 위험을 감수하게 되는 것이다. 말을 전달하는 것이 상처를 줄 때, 그 전달은 자신이 상처를 입히는 자를 향해 자신의 힘을 작동한다. 이 힘은 무엇이며, 우리는 어떻게 그 힘의 충돌 지점들을 이해할 수 있게 될까?

존 랭쇼 오스틴John Langshaw Austin은 어떤 발언을 효과적으로 만드는 힘은 무엇인지, 발언의 수행적인 특성을 구성하는 것은 무엇인지를 알기 위해서는 먼저 '전체적인 말의 상황total speech situation'[2] 내에서 그 발언을 찾아야 한다고 주장한다. 그러나 그런 전체성의 범위를 한정하는 데에 있어서 무엇이 최선인지를 결정할 수 있는 쉬운 방법은 없다. 오스틴의 견해에 대한 검토는 그 같은 어려움에 대해 적어도 한 가지 이유를 제공한다. 오스틴은 '발언내적illocutionary' 언어 행위와 '발언효과적perlocutionary' 언어 행위를 구별한다. 발언내행위는 말하는 순간에 말하는 것을 행하는 언어 행위이다. 발언효과행위는 어떤 효과들을 자신의 결과로 생산하는 언어 행위이다. 즉 무언가를 말함으로써, 어떤 효과가 따라 나오는 것이다. 그러나 발언내적 언어 행위는 그 자체로 자신이 야기하는 행동이지만, 발언효과적 언어 행위는 그 언어 행위 자체와는 같지 않은 어떤 효과들로 단지 이어질 뿐이다.

발언내행위의 경우 전체적인 언어 행위에 대한 한정은, 발언의 순간에 어떤 관습convention이 어떻게 적용되는가, 그것들을 적용하는 사람은 권위를 가지고 있는가, 적용되는 상황은 올바른가에 대한 이해를 의심할 여지 없이 포함한다. 그러나 우리는 발언내행위적인 발언이 가정하는 '관습'의 종류를 어떻게 한정할 수 있을까? 그 같은 발언은 말하기의 순간에 말하는 것을 행한다. 따라서 그것들은 관습적일 뿐 아니라 오스틴의 표현으로 "관례적ritual

2) J. L. Austin, *How to Do Things with Words*(Cambridge, Mass.: Harvard University Press, 1962), p. 52.

이거나 의례적ceremonial이다." 그것들은 시간 속에서 반복되는 관례의 형태를 부여받는 한에서만 발언으로서 작동한다. 따라서 발언 그 자체의 순간에 한정되지 않는 작동 영역을 지니고 있다.[3] 발언내행위적 언어 행위는 발언의 **순간에** 행동을 수행하기는 한다. 그러나 그 순간은 의례화되는 만큼, 절대로 그저 개별적인 순간이 아니다. 의례 내에서의 그 '순간'은 압축된 역사성[4]을 지닌다. 다시 말해 그 순간은 과거와 미래의 방향으로 스스로를 넘어서는, 말의 사건을 구성하고 이를 벗어나는 인용의 효과인 것이다.

그렇다면 발언내행위의 힘을 인식하는 것은 언어 행위의 '전체적인 상황'이 규명될 수 있어야만 가능하다는 오스틴의 주장은 근본적인 어려움에 직면한다. 만일 의례로 여겨지는 언어적인 관습

3) 피에르 부르디외는 오스틴의 언어 행위를 뒷받침하는 관습의 의례적인 차원을 강조하는 반면, 데리다는 의례를 '반복 가능성iterability'이라는 용어로 대체한다. 따라서 의미론적으로 좀 더 복잡한 사회적 의례의 뜻을 대신하여 반복에 대한 구조적인 설명을 확립시킨다. 이 책의 마지막 장은 이 같은 견해들을 중재하고자 할 것이다. 언어 행위 특유의 사회적 반복 가능성과 사회적 시간성을 고려하는 언어 행위의 사회적 권력에 대한 설명을 제공할 것이다. Pierre Bourdieu, *Language and Symbolic Power*(Cambridge, Mass.: Harvard University Press, 1991), Part Ⅱ, pp. 105-162를 보라. Jacques Derrida, "Signature, Event, Context" in *Limited Inc*, tr. Samuel Weber and Jeffrey Mehlman, ed. Gerald Graff(Evanston: Northwestern University Press, 1988), pp. 1-23를 보라.

4) (옮긴이) 역사성historicity: 철학에서 역사성은 개념, 실천, 가치관 같은 어떤 것이 역사적 기원을 가지고 있고 역사를 통해 발전했다는 생각이나 사실이다. 이는 규범적인 제도나 관련된 이데올로기 같은 것이 자연적이거나 본질적이어서 보편적으로 존재한다는 믿음과는 반대되는 것이다.

의 시간성[5]이 발언의 사례를 넘어선다면, 그리고 그 초과가 완전히 포착될 수 없거나 확인될 수 없는 것(발언의 과거와 미래는 어떠한 확실성으로도 서술될 수 없다)이라면, 무엇이 '전체적인 표현의 상황'에 해당하는가의 한 국면은 자신에게 주어진 사례들의 그 어느 것에서도 전체적인 형태를 성취하지 못하는 것 같다.

이런 점에서 언어 행위의 효과를 어떻게 최선으로 판단하는가를 알기 위해, 문제의 언어 행위에 대한 적절한 맥락을 찾는 것만으로는 충분하지 않다. 표현의 상황은 따라서 단순한 종류의 맥락, 즉 공간적이고 시간적인 경계들로 쉽게 정의될 수 있는 것이 아니다. 표현에 상처를 받는다는 것은 맥락의 상실을 겪는 것, 다시 말해 당신이 어디에 있는가를 알지 못하게 되는 것이다. 상처가 되는 언어 행위에 대해 **예상치 못한 것**이 그것의 상처를 이루고 있는 것일지도 모른다. 그 상처가 자신의 수신인을 통제 불능으로 밀어 넣는다는 의미에서 말이다. 상처를 주는 말을 전달받는 그 순간, 언어 행위의 상황을 통제할 수 있는 능력은 위태롭게 된다. 상처가 되게끔 말을 전달받는 것은 알 수 없는 미래로 열리게 되

5) (옮긴이) 시간성temporality: 철학에서 시간성은 전통적으로 과거, 현재, 그리고 미래의 선형적인 진행이다. 그러나 일부 근대 철학자들은 이러한 선형적인 방식이 아닌 다른 방식으로 시간성을 해석했다. 그 예로는 맥태거트의 『시간의 비현실성*The Unreality of Time*』, 후설의 내적인 시간 의식 분석, 마르틴 하이데거의 『존재와 시간*Being and Time*』(1927), 조지 허버트 미드의 현재에 대한 철학(1932), 후설의 분석에 대한 자크 데리다의 비판, 니체의 동일한 것의 영원 회귀 등이 있다. 이 후자는 시간성이 발생시키는 역사성과 더 관련이 있다.

는 것일 뿐 아니라, 상처의 시간과 공간을 알지 못하게 되는 것이다. 그리고 그런 표현의 결과로 우리가 처한 상황에 대한 방향 감각을 상실하게 되는 것이다. 그런 절망적인 순간에 노출되는 것은 바로 화자 집단 내에서 누군가의 '장소'가 휘발되어 버린다는 것이다. 누군가는 언어에 의해서 '그 장소'에 놓일 수 있다. 그러나 그러한 장소는 어디에도 없는 장소이다.

'언어적 생존linguistic survival'이란 특정한 종류의 생존은 언어 내에서 발생한다는 것을 나타낸다. 혐오 발언에 대한 담론은 계속해서 그런 언급을 한다. 언어가 해악을 준다고 주장하는 것, 혹은 리처드 델가도Richard Delgado[6]와 마리 마츠다Mari Matsuda[7]가 사용한 구문을 인용하자면 '말이 상처를 입힌다words wound'고 주장하는 것은 언어적인 어휘와 육체적인 어휘를 결합하는 것이다.[8] '상처

6) (옮긴이) 리처드 델가도(Richard Delgado, 1939~)는 앨러바마 대학교 로스쿨에서 시민권과 비판적 인종 이론critical race theory을 가르치고 있다. 법학 연구의 비판적 인종 이론 학파의 설립자이며, 또한 혐오 발언에 대한 연구와 스토리텔링을 법학 연구에 도입한 것으로 유명하다.

7) (옮긴이) 마리 마츠다(Mari J. Matsuda, 1956~)는 미국의 변호사, 활동가이자 하와이 대학교 법학과 교수이다. 하와이 대학으로 오기 전에 그녀는 불법 행위, 헌법, 법학사, 페미니즘 이론, 비판적 인종 이론, 시민권법을 전문으로 다룬 UCLA 법학과 및 조지타운 대학 법률 센터의 교수였다.

8) 마츠다는 "종속된 자들에 대한 지속적인 구두적 비하를 동반하는 치명적인 폭력"에 대해 적는다. 그리고 이어서 "인종차별적인 증오 메시지, 위협, 욕설, 폄하, 비방은 모두 표적 집단에 놓인 자들의 복부를 강타한다"고 언급한다. *Words That Wound: Critical Race Theory, Assaultive Speech, and the First Amendment*, eds. Mari J. Matsuda, Charles R, Rawrence Ⅲ, Richard Delgado, and Kimberlé Williams Crenshaw(Boulder: Westview

를 입힌다wound'와 같은 용어를 사용하는 것은 언어가 육체적인 고통과 상처를 병행하는 방식으로 행위한다는 것을 나타낸다. 찰스 R. 로렌스 3세Charles R. Lawrence III는 인종차별 발언을 '언어 폭력verbal assault'이라고 일컫는다. 인종차별적인 욕설의 효과는 "얼굴에 따귀를 맞는 것과 같다. 상처는 즉각적이다"(68)라고 강조하면서 말이다. 인종차별적인 욕설의 일부 형태는 또한 "일시적으로 희생자를 불구로 만드는 육체적인 증상을 생산한다."(68) 이런 공식들은 언어적 상처가 육체적 상처처럼 행위한다고 주장하지만, 직유법simile을 사용했다는 것은 결국 서로 다른 것들을 비교한 것임을 시사한다. 그러나 그런 비교는 그 둘이 오로지 비유적metaphor으로만 비교될 수 있다는 점을 고려해 보자. 사실, 언어적 상처의 문제에만 국한된 언어는 없는 듯 보인다. 다시 말해 언어적 상처는 육체적 상처로부터 자신의 어휘를 이끌어 낼 수밖에 없다. 이런 의미에서 육체적 취약함physical vulnerability과 언어적 취약함linguistic vulnerability 간의 비유적인 연결은 언어적인 취약함 그 자체에 대한 설명에 필수적인 것 같다. 한편으로 언어적 상처에 '고유한' 설명은 없는 것처럼 보인다는 것은, 육체적 취약함을 넘어서는 그리고 육체적 취약함에 대한 언어적 취약함의 특징을 규명하기 더욱 어렵게 만든다. 다른 한편으로 육체적인 비유들이 언어적인 상처를 설명하기 위한 거의 모든 경우를 포착한다는 것은,

Press, 1993), p. 23.

이런 육체적 차원이 언어적인 취약함을 이해하는 데 중요할 수 있다는 것을 나타낸다. 어떤 말 혹은 어떤 형태의 말 건넴은 누군가의 육체적 안녕에 대한 위협으로 작동할 뿐 아니라, 몸은 말을 건네는 방식을 통해 번갈아 가면서 존속되기도 하고 위협받기도 한다.

언어는 몸을 존속시킨다. 문자 그대로 몸을 탄생시키거나 양육함으로써가 아니다. 몸이 언어의 용어들 내에서 호명됨으로써 존속되는 것이다. 이 언어의 용어들은 몸의 특정한 사회적 실존을 처음으로 가능하게 만든다. 이를 이해하기 위해 우리는 불가능한 장면을, 아직 사회적 정의가 주어진 적이 없는 어떤 몸에 대한 장면을 상상해 보아야 한다. 엄밀히 말해 이 몸은 우리가 다가갈 수 없다. 그럼에도 불구하고 우리는 전달, 부름, 호명의 순간 이 몸에 다가갈 수 있다. 호명은 이 몸을 '발견'하는 것이 아니다. 그 몸을 근본적으로 구성한다. 우리는 말을 전달받으려면 먼저 인정받아야 한다고 생각할 수 있지만, 여기에서는 알튀세르의 헤겔에 대한 전도reversal가 적절한 듯 보인다. 그 말 걸기는 인정이 가능한 회로 안에서 존재를 구성하며, 따라서 인정의 바깥, 즉 거부(abjection, 아브젝시옹)[9] 속에서도 존재를 구성한다.

9) (옮긴이) 아브젝시옹이라는 용어는 문자 그대로 '버림받은 상태'를 의미한다. 이 용어는 본질적으로 전통적인 정체성과 문화적 개념을 교란하는 후기 구조주의에서 탐구되어 왔다. 아브젝시옹에 대한 가장 일반적인 해석으로는 특히 1980년 저서 『공포의 권력: 아브젝시옹에 관한 에세이*Powers of Horror: An Essay on Abjection*』에서 추구한

우리는 상황을 좀 더 평범한 것으로 생각할 수 있다. 즉, 이미 구성된 육체적인 주체는 우연히 이것이나 저것으로 불린다. 그런데 주체를 부르는 그 이름들은 어째서 죽음에 대한 공포 및 주체의 생존 여부에 대한 질문들을 불러일으키는 걸까? 단순히 언어적인 말 걸기가 어째서 그런 공포라는 반응을 낳는 걸까? 이는 존재를 부여해 주었고, 존재를 부여하는 형성적인 것들을 그 현재의 말 걸기가 부분적으로 상기시키거나 재연하기 때문은 아닐까? 따라서 말을 건네받는 것은 이미 누군가인 무언가가 단지 인정되는 것이 아니라, 존재에 대한 인정이 가능해지는 그 용어들을 부여받은 것을 뜻한다. 주체는 이러한 타자의 말 걸기에 대한 근본적인 의존성으로 '존재'하게 된다. 주체는 인정됨뿐 아니라 어떤 일차적인 의미에서 **인정될 수 있음**[10]으로 인해 '존재'한다. 인정을 용이하

줄리아 크리스테바의 해석이 있다. 크리스테바는 주관적인 공포(아브젝시옹)를, 개인이 자신의 "육체적 현실"이라고 그녀가 일컬은 것 또는 자아와 타자 사이의 구분의 붕괴를 경험하거나 (정신적으로나 육체적으로) 직면할 때 느끼는 감정으로 설명한다. 아브젝시옹은 존재의 절대적 실현을 막고 생물학적, 사회적, 육체적, 정신적 순환의 과정을 완성한다. 이 개념의 가장 좋은 표현은 죽음의 불가피성을 직접적으로 상기시켜 주는 인간의 사체, 즉 시체를 바라보는 사람의 반응으로 상상할 수 있다. 따라서 아브젝시옹은 '내가 아닌 것'을 나의 환경과 분리시키는 과정이다. 크리스테바의 아브젝시옹 개념은 일반적으로 여성혐오, 동성애혐오, 대량학살에서 나타나는 공포에 대한 대중문화적 서술과 차별적 행동을 설명하는 데 사용된다. 아브젝시옹의 개념은 지그문트 프로이트와 자크 라캉의 전통적인 정신분석 이론에 기초한다.

10) 이 점에 대한 보다 충분한 논의에 대해서는, 나의 *The Psychic Life of Power: Theories in Subjection*(Stanford: Stanford University Press, 1997)을 보라.

게 하는 용어들은 그 자체로 관습적이며, 종종 배제와 폭력을 통해 생존 가능한 주체들의 언어적 조건들을 결정하는 사회적 의례의 효과들이자 도구들이다.

만일 언어가 몸을 존속시킬 수 있다면, 언어는 또한 몸의 실존을 위협할 수도 있다. 따라서 언어가 폭력을 가하겠다고 위협하는 특정한 방식에 대한 물음은, 타자의 호명적이거나 구성적인 말 걸기로 인해 모든 말하는 존재가 갖는 일차적인 의존성과 관련이 있는 것 같다. 『고통스러워하는 몸*The Body in Pain*』에서 일레인 스캐리Elaine Scarry[11]는 폭력의 위협은 언어에 **대한** 위협이라는 점을 밝힌다. 이는 언어의 세계 구성적world-making인 가능성과 의미 구성적인 가능성에 **대한** 위협이다.[12] 그녀의 공식은 폭력과 언어를 서로의 반대급부로 대립시켜 놓는 경향이 있다. 그런데 만일 언어가 자기 내부에 자기 자신의 폭력과 세계 파괴적world-shattering인 가능성을 가진다면 어떨까? 스캐리에게 몸은 언어에 앞선 것일 뿐 아니라, 그녀는 몸의 고통은 언어 안에서 표현 불가능하고, 고통은 언어를 산산조각 내며, 언어가 고통을 포착할 수 없는 바로 그 순간에도 언어는 고통에 저항할 수 있다고 설득력 있게 주장한다.

11) (옮긴이) 일레인 스캐리(Elaine Scarry, 1946~)는 미국의 작가이자 영문학 교수, 미국 문학 언어 교수이다. 재현 이론, 육체적 고통에 대한 이론, 그리고 예술, 과학, 법에서의 언어적이고 물질적인 제작 구조 등에 관심을 가지고 연구했다. 『고통스러워하는 몸』은 고통과 고통의 가해에 대한 결정적인 연구로 정평이 나 있다.

12) Elaine Scarry, *The Body in Pain: The Making and Unmaking of the World*(New York: Oxford Uniersity Press, 1985), pp. 2-27.

그녀는 고통스러워하는 몸을 표현하려는 도덕적으로 정언명령적인 노력은 그 노력이 표현하고자 하는 고통의 표현 불가능성에 의해 당혹스럽게(그러나 불가능하지는 않게) 된다는 것을 보여준다. 그녀의 견해에서 고문의 고통스러운 결과들 중 하나는 고문을 받은 자가 고문의 사건을 언어로 기록할 수 있는 능력을 잃는다는 것이다. 따라서 고문의 결과들 중 하나는 스스로의 증언을 지우는 것이다. 또한 스캐리는 심문interrogation과 같은 어떤 담론적 형태들이 어떻게 고문의 과정을 목표로 삼고 이를 사주하는지를 보여 준다. 그러나 여기서도 언어는 폭력을 보조하지만, **스스로의** 폭력을 행사하지는 않는 것처럼 보인다. 이는 다음과 같은 질문들을 제기한다. 만일 특정한 종류의 폭력이 언어를 무력화한다면, 우리는 언어 그 자체가 수행하는 특정한 종류의 상처는 어떻게 설명할까?

토니 모리슨Toni Morrison[13]은 1993년 노벨 문학상 수상 연설에서 '재현의 폭력'을 구체적으로 언급한다. 그녀는 적는다. "억압적인 언어"는 "폭력을 재현하는 것 이상을 행한다. 그 자체가 폭력이다."(16) 모리슨은 언어를 '살아 있는 것'으로 비유하는 어떤 우

13) (옮긴이) 토니 모리슨(Toni Morrison, 1931~)은 미국의 소설가, 편집자, 프린스턴 대학교 명예 교수이다. 그녀의 소설들은 서사적인 주제, 생생한 대화, 풍부하고 자세한 인물 묘사로 정평이 나 있다. 대표작으로 『가장 푸른 눈*The Bluest Eye*』(1970), 『술라*Sula*』(1973), 『솔로몬의 노래*Solomon*』(1977), 『빌러비드*Beloved*』(1987) 등이 있다. 1993년 노벨 문학상을 수상했다.

화를 제시한다. 여기에서 이 비유는 거짓이나 비현실적인 것이 아니다. 그 비유는 언어에 대해 참된 어떤 것을 가리킨다. 우화에서 어린아이들은 잔인한 장난을 치면서 맹인 여성에게 그들의 손아귀에 있는 새가 살아 있는지 죽었는지 맞춰 보라고 질문한다. 맹인 여성은 질문을 거절하고 질문을 전치displace시켜 응답한다. "나도 모르겠구나. (……) 그러나 내가 아는 것은 그건 너희들 손에 달려 있다는 것이지. 그건 너희들 손에 달려 있구나(It is in your hands.)"(11)

모리슨은 이어서 그 우화 속의 여성을 능숙한 작가로, 그리고 그 새를 언어로 독해하는 방식을 채택한다. 그리고 그녀는 이 능숙한 작가가 언어에 대해 어떻게 생각하는지를 추측한다. "맹인 여성은 언어를 어느 정도로는 체계system로, 어느 정도로는 통제할 수 있는 살아 있는 것으로, 그러나 대개는 행위능력agency, 즉 결과를 갖는 행위act로 생각한다. 따라서 아이들이 그녀에게 했던 질문, '새가 살았게, 죽었게?'는 비현실적이지 않다. 그녀는 언어를 죽음, 소멸에 이르기 쉬운 것으로 생각하기 때문이다……."(13)

여기서 모리슨은 그 능숙한 여성 작가가 추측하는 것을 다시 한번 추측하는 방식을 쓴다. 이는 언어로 하는 사변인 동시에 언어에 대한 추측이며 언어의 가능성에 대한 사변이다. 모리슨은 비유적인 틀 안에 머물면서 있는 그대로의 그 틀의 '현실성'을 선언한다. 그 능숙한 맹인 여성은 언어를 살아 있는 것으로 생각한다. 모리슨은 우리에게 언어가 삶으로 비유되는 직유법, 즉 치환 행위의 수행을 제공한다. 바로 이런 직유법의 실행이 따라서 언어의 '삶'을 예증한다. 그런데 이는 어떤 종류의 실행인가?

언어는 '대체로 행위능력—즉 결과를 갖는 어떤 행위'로, 즉 어떤 확장된 행하기, 결과를 갖는 수행으로 사유된다. 이것으로는 정의가 부족해 보인다. 결국 언어는 '행위능력'으로 '사유되고' 정립되거나 구성된다. 그런데 언어가 행위능력**으로** 사유되는 이런 어떤 **비유적**인 치환이, 언어의 행위능력에 대한 사유를 가능하게 한다. 이 공식이 언어로 제공되기 때문에, 언어의 '행위능력'은 그 공식의 주제일 뿐만 아니라, 바로 언어의 행위능력을 보여 주는 행동이기도 하다. 이러한 비유뿐 아니라 정립은 문제의 행위능력을 예증하는 듯 보인다.

우리는 언어에 행위능력을 부여하는 것은 옳지 않다고, 오로지 인간 주체만이 언어를 가지고 무언가를 행한다고, 행위능력은 자신의 기원을 그 주체 내에 가지고 있다고 생각하도록 유혹받을 수 있다. 그런데 언어의 행위능력은 주체의 행위능력과 같은가? 이 둘을 구별할 수 있는 방법이 있을까? 모리슨은 행위능력을 언어에 대한 비유로 제공할 뿐 아니라, 언어를 행위능력에 대한 비유로 제공한다. 행위능력의 '현실성'은 논쟁의 여지가 없다. 그녀는 적는다. "우리는 죽는다. 그것이 삶의 의미일 것이다. 그러나 우리는 언어를 **행**한다. 그것은 우리 삶의 척도일 것이다."(22) 그녀는 '언어는 행위능력이다'라고 진술하지는 않는다. 왜냐하면 그런 종류의 단언은 언어에게서 그녀가 전달하고자 하는 그 행위능력을 박탈할 수 있기 때문이다. 모리슨에 따르면 그 맹인 여성은 아이들의 잔인한 질문에 대한 답변을 거절하면서, "권력의 주장으로부터 권력이 행사되는 도구로 주의를 환기시킨다."(12) 이와 유사하게 모리슨은 언어란 무엇인가에 관한 도그마적인 주장을 제공하기를 거부한다. 왜냐하면 이는 주장의 '도구'가 바로 그 언어라는 존재에 참여하는 방식이 은폐될 것이기 때문이다. 따라서 주장을 주장의 도구로 환원할 수 없다는 환원 불가능성은 언어를 자기 분열적인 것으로 확립시키는 것이다. 언어는 스스로 자신의 도구성이나 수사성을 제거하지 못한다. 언어는 어떤 이야기 속에서, 존재하는 것에 대한 지시 속에서, 혹은 휘발적인 대화 속에서 스스로를 제거할 수 없다.

의미심장하게도 모리슨에게 '행위능력'은 '통제'와 같지 않다. 그리고 '행위능력'은 언어의 체계성systematicity이라는 기능과도 다르다. 우리는 인간의 행위능력에 대한 설명을 먼저 하고 나서 그 다음에 인간이 언어 속에서 갖는 행위능력의 종류를 특정할 수도 없다. "우리는 언어를 **행**한다. 그것이 우리의 삶의 척도일 것이다."

우리는 언어를 가지고 무언가를 행하고, 언어를 통해 효과들을 생산하며, 언어에 대해 무언가를 행한다. 그러나 언어는 또한 우리가 행하는 바로 그것이다. 언어는 우리의 행함에 대한 이름이다. 그것은 우리가 행하는 '것'(우리가 특징적으로 수행하는 행동에 대한 이름)이며 우리가 야기하는 것, 즉 행위와 행위의 결과들이다.

모리슨이 제공하는 우화 속에서 맹인 여성은 능숙한 작가와 유사하며, 글쓰기는 어느 정도 눈이 먼 것이라고, 즉 그것이 어떤 손에 떨어질 것인가를, 그것이 어떻게 독해되고 사용되거나 어떤 궁극적인 원천에서 유래되는가를 알 수 없다고 제안한다. 우화 속의 그 장면은 문답식인데, 아이들은 그녀로 하여금 그녀가 내릴 수 없는 선택을 강요하기 위해 그녀가 맹인이라는 점을 활용하고, 여기서 그 말 걸기의 힘은 그녀가 읽는 것에서 나오며, 그녀를 부정하고자 했던 어떤 행위능력을 행사한다. 맹인 여성은 선택을 하지 않고서 '권력이 행사되는 도구'로 주의를 환기시켜, 선택은 그녀가 볼 수 없는 대화 상대자의 손에 달려 있다는 것을 확립시킨다. 모리슨의 해석에 따르면 맹인 여성은 잔인한 힘으로 말을 사용하는 자들의 손아귀 안에서 언어가 살 것인지 죽을 것인지 알 수 없다. 모리슨이 제공하는 우화와 독해 모두에서 책임의 문제가 가장 중요한 핵심이다. 책임은 아이들의 손으로 비유되는데, 사실은 언어가 살 것인가 죽을 것인가에 대한 책임을 물려받은 자들이다. 작가는 자신이 쓰는 언어의 미래를 알지 못한다. 따라서 언어는 한편으로는 지배나 통제의 형태와 구별되고 다른 한편으로는 체계의 폐쇄성과도 구별되는 '대체로 행위능력'으로 생각된다.

모리슨의 비유는 살아 있는 것이 살거나 죽을 수 있는 것처럼 언어가 살거나 죽는다는 것을 나타낸다. 그리고 언어가 어떻게 사용되는가라는 질문에 생존에 대한 질문이 가장 중요한 핵심이라는 것을 암시한다. 그녀는 "억압적인 언어는……" 단지 폭력에 대한 재현이 아니라 "폭력**이다**"라고 주장한다. 억압적인 언어는 폭력의 경험을 대체하는 것이 아니다. 그것은 그 자신의 폭력을 실행한다. 언어는 자신이 묘사하는 사건이나 삶을 "압축"(20)하거나 "포획"(21)하기를 거부할 때 살아남는다. 그러나 언어가 자신의 포획물에게 영향을 미치고자 할 때, 언어는 자신의 생명력을 잃을 뿐 아니라, 자기 자신의 폭력적인 힘을 획득한다. 모리슨은 연설 내내 이를 통제적인 언어 및 검열과 관련시킨다. 그녀는 적는다. "언어의 생명력은 언어의 화자, 독자, 저자들의 실제의 삶, 상상되는 삶, 그리고 가능한 삶을 묘사할 수 있는 자신의 능력에 놓여 있다. 비록 언어의 위상poise이 때로 경험을 대신displace하는 것에 있기는 하지만, 언어는 경험을 대체substitute하는 것이 아니다. 언어는 의미가 놓일 수 있는 장소를 향해 포물선을 그리며 날아간다."(20) 그리고 이어서 적기를, "언어의 힘, 언어의 적절성은, 표현할 수 없는 것을 향한 언어의 도달에 있다."(21) 언어의 폭력은 표현할 수 없는 것을 포획하고자 하고, 따라서 그것을 파괴하고자 하며, 언어가 살아 있는 것처럼 작동하기 위해 파악하기 어려운 것으로 남아 있는 것이 틀림없는 것을 붙잡고자 하는 노력에 있다.

아이들의 질문이 잔인한 것은 그들이 그 새를 죽였다는 것이 확실하기 때문이 아니라, 맹인 여성에게 선택을 강요하기 위한 언어의 사용이 그 자체로 언어를 장악하는 것이기 때문이다. 아이들의 질문의 힘은 그 새에 대한 파괴로부터 나온다. 아이들이 수행하는 혐오 발언은 맹인 여성을 조롱의 순간에 가둬 놓을 뿐 아니라 새에게 행해진 폭력을 그 여성에게 이전하고자 한다. 이는 위협의 특정한 시간성에 속해 있는 위험이다. 어떤 의미에서 위협은 자신이 수행하겠다고 위협하는 것의 수행을 시작한다. 그러나 그것을 완전히 수행하지는 않으면서, 위협은 그것이 수행될 것이라는 미래에 대한 확신을 언어를 통해 확립하려고 한다.

비록 위협은 위협이 예고하는 행위와 같지는 않지만, 그럼에도 위협은 어떤 행위, 즉 어떤 언어 행위로, 다가올 행위를 하겠다고 선언할 뿐 아니라 어떤 힘, 즉 뒤이은 힘을 예고하는 동시에 개시하는 어떤 힘을 언어로 등록해 두는 행위다. 위협은 종종 어떤 기대를 낳는 반면, 폭력의 위협은 바로 그 기대의 가능성을 파괴한다. 폭력의 위협은 그 속에서 기대에 대한 파괴를 기대하고, 따라서 전혀 기대를 기대할 수 없는 시간성을 개시한다.

위협은 행위를 예고하는 까닭에 단지 언어로 일어나는 반면, 위협이 하겠다는 행위는 언어를 완전히 넘어선 물리적 사례로, 몸과 몸 사이에서 발생한다고 결론 내리는 것은 잘못일 것이다. 위협의 개념에 함축된 것은 언어로 말해진 것을 몸이 행할 수 있음을 예고할 수 있다는 것이다. 즉 위협 속에서 언급되는 행위는 누군가가 실제로 행할 수 있는 행위라는 것이다. 그러나 이런 견해는 **말하기가 그 자체로 육체적인 행위**라는 것을 고려하지 못한다.

쇼샤나 펠만Shoshana Felman[14]은 저서 『문학적인 언어 행위: 동 쥐앙과 J. L. 오스틴, 혹은 두 언어의 유혹*The Literary Speech Act: Don Juan with J. L. Austin, or Seduction in Two Languages*』[15]에서 우리에게 말과 몸의 관계는 스캔들의 관계, 즉 "부적합하면서도 동시에 불가분한 관계인데 (……) 그 스캔들이란 행위가 자신이 행하고 있는 것을 알 수 없음에 있다"(96)는 것을 일러 준다. 따라서 펠만은 언어 행위란 말하는 몸speaking body이 하는 행위로서 항상 어느 정도까지는 자신이 수행하는 것에 대해 알고 있지 못하고, 항상 자신이 의도하지 않은 것을 말하며, 자신이 때로 그렇다고 자처하는 지배나 통제의 상징물이 아니라고 주장한다. 그녀는 몸이 '말하는' 것으로는 환원될 수 없는 방식으로 말하는 몸이 의미화되는 방식에 주목한다. 이런 점에서 모리슨에게 능숙한 여성 작가가 '눈이 먼 것'과 같은 방식으로, 화자는 '눈이 먼 것'이다. 즉 발언은 정확히 진술되지 않거나 전혀 진술될 수 없는 의미를 수행한다. 모리슨이 '주장이 행해지는 도구'에 주목한다면, 펠만은 그 도구를 표현을

14) (옮긴이) 쇼샤나 펠만Shoshana Felman은 미국의 문학 비평가이자 에머리 대학교 비교문학과 프랑스 문학 교수이다. 1970년에서 2004년까지는 예일 대학교 교수를 지냈다. 19세기와 20세기 프랑스 문학, 정신분석학, 트라우마와 증언, 법과 문학을 전공했다. 정신분석학적 문학 비평, 수행성 이론, 페미니즘, 홀로코스트 증언 등에 관해 연구한다.

15) Shoshana Felman, *The Literary Speech Act: Don Juan with J. L. Austin, or Seduction in Two Languages*, tr. Catherine Porter(Ithaca: Cornell University Press, 1983). 이 텍스트는 원래 *Le Scandale du corps parlant*(Éditions du Seuil, 1980)로 출판되었다.

발언하는 몸으로 규정한다. **몸은 알 수 없는 기호**가 된다. 몸의 행동들은 절대로 완전히 의식적으로 정향되거나 자유의지적이지 않기 때문이다. 펠만에게는 말과 같이 육체적인 행위에 무의식적으로 남아 있는 것은 '도구'로 해석될 수 있다. 그 도구를 통해 주장이 행해질 수 있는 것이다. 마찬가지로 그 의식되지 않는 몸은 언어 행위 내에서의 지향성intentionality[16]의 한계를 표시한다. 언어 행위는 자신이 말하고자 하는 것보다 더 많이 말하거나, 다르게 말한다.

그러나 펠만에게 이는 표현과 몸이 근본적으로 분리될 수 있다는 것을 의미하지는 않는다. 단지 전적으로 의도적인 언어 행위라는 개념은 지향성을 전복시키는 표현에 의해 끊임없이 전복된다는 것을 의미할 뿐이다. 펠만은 적는다. "만일 인간 행위의 문제

16) (옮긴이) 지향성은 어떤 것에 대한 마음의 힘으로, 사물, 속성, 사태를 표상하거나 나타내는 힘이다. 지향성은 주로 지각, 믿음 또는 욕망과 같은 심적 상태에 기인하며, 많은 철학자들은 이를 정신의 특징적인 표시로 간주해 왔다. 지향성 이론의 중심 쟁점은 지향적 존재의 문제로, 지향적 상태의 대상인 실체의 존재론적 상태를 결정하는 문제였다. 최초의 지향성 이론은 캔터베리의 안셀무스의 신의 존재에 대한 존재론적 논증, 그리고 지성 속에 존재하는 대상과 현실에 존재하는 대상을 구별하는 그의 신조와 관련이 있다. 이 생각은 중세 스콜라 시대의 종말과 함께 논의에서 벗어났지만, 최근에는 경험주의적 심리학자 프란츠 브렌타노가 부활시켰고 현대의 현상학 철학자 에드먼드 후설이 이후 채택했다. 오늘날, 지향성은 정신 철학자 및 언어 철학자들 사이에서 살아있는 관심사다. 공통된 논쟁은 지향성에 대한 자연주의, 즉 자연 과학에서 연구한 바와 같이 지향적 속성이 자연적 속성으로 환원될 수 있다는 견해와, 현상적 지향성 이론, 즉 지향성은 의식에 기반을 두고 있다는 견해 사이에 있다.

가 언어와 몸의 관계에 있다면, 이는 인간의 행위가— 수행문 분석뿐 아니라 정신분석학에 의해—언어와 몸의 분리와 대립을 동시에 문제 삼는 것으로 생각되기 때문이다. 그 행위, 즉 **말하는 몸** speaking body의 어떤 수수께끼 같고 문제적인 생산물은, 자신의 시작부터 '정신적'인 영역과 '물리적'인 영역의 형이상학적인 이분법을 파괴한다. 그리고 몸과 영혼, 물질과 언어의 대립을 붕괴시킨다."[17]

그러나 펠만에게 이러한 물질과 언어의 대립의 붕괴가 이 용어들에 대한 단순한 통일을 함의하지는 않는다. 그것들은 불일치하게 상호 관련된 것으로 남는다. 말하면서 몸이 수행하고 있는 그 행위는 절대로 완전히 이해되지 않는다. 그런 이유로 몸은 표현의 맹점이다. 몸은 말해진 것을 초과해서 행위한다. 그러나 몸은 또한 말해진 것 내에서, 말해진 것을 통하여 행위하는 것이기도 하다. 언어 행위가 육체적 행위라는 것은 그 행위가 말의 순간에 두 개로 분열된다는 것을 의미한다. 즉 말해진 내용이 있으며, 그러고 난 뒤에 발언의 육체적인 '도구'가 수행하는 말함으로 나뉜다.

17) Shoshana Felman, *The Literary Speech Act*, p. 94. 펠만은 오스틴의 유머와 아이러니에 대한 놀라운 독해를 제공한다. 수행문의 '불발misfire'이라는 되풀이되는 문제는 수행문이 항상 자신이 설명할 수 없는 실패에 괴롭힘을 당한다는 것을 드러낸다. 수행문은 관습이 완전히 지배하지 않는 방식으로, 그리고 어떠한 의식적인 의도도 완전히 규정할 수 없는 방식으로 수행한다. 이러한 모든 행위의 무의식적인 차원은 오스틴의 텍스트를 수행문 불발이라는 비극적인 희극으로 드러낸다. 그녀는 한 지점에서 라캉을 인용한다. "실패(불발)는 인간의 모든 행위 안에서 성적인 것으로 정의될 수 있다."(110)

따라서 순전히 문법적인 분석에만 근거하여 어떤 위협도 없는 듯 보이는 어떤 진술을 행할 수도 있다. 그러나 위협은 그 행위를 말하면서 몸이 수행하는 행위를 통해 출현한다. 혹은 위협은 그 행위의 몸가짐에 따라서만 무해하게 되는(모든 행위 이론은 이를 알고 있다) 어떤 수행적 행위의 분명한 효과로 나타난다. 위협은 어떤 육체적인 행위를 예고하거나 기약하지만, 그럼에도 위협은 이미 육체적 행위이며, 다가올 행위의 윤곽들을 자신의 몸짓 속에 확립시킨다. 위협하는 행위와 위협이 겨냥하는 행위는 물론 구별된다. 그러나 그것들은 꼬아진 새끼줄chiasmus처럼 관련되어 있다. 그것들은 비록 동일하지는 않지만, 모두 육체적인 행위이다. 첫 번째 행위, 즉 위협하는 행위는, 오로지 자신이 예고하는 행위의 측면에서만 의미를 가지고 있다. 위협은 어떤 시간적인 지평을 시작한다. 그 속에서 준비된 목표는 위협이 겨냥하는 행위가 된다. 따라서 위협은 자신이 겨냥하는 행위를 성취할 수 있는 행동을 시작한다. 그럼에도 위협은 이탈되고 완화될 수 있으며, 자신이 위협하는 그 행위를 제공하지 못할 수 있다. 위협은 또 다른, 곧 있을 행위가 임박했다는 확신을 진술한다. 그러나 그 진술은 자신의 필연적인 효과 중 하나로 곧 있을 행위를 스스로 생성할 수 없다. 이처럼 위협이 이행하지 못한다는 것이 그 언어 행위가 위협의 위상을 갖고 있다는 데 의문을 제기하는 것은 아니다. 이는 단지 위협의 효력에 의문을 제기하는 것이다. 그럼에도 위협에 권능을 부여하는 자만은, 위협이라는 언어 행위가 하겠다는 행위를 전적으로 표현을 통해 실현한다는 것이다. 하지만 위협은 실패에 취약하며, 이는 위협에 맞서기 위해 활용되어야만 하는 취약함이다.

위협이 작동하려면 특정한 상황들이 필요하고, 그 수행적인 효과가 실현될 수 있는 어떤 권력의 장소를 필요로 한다. 위협이 기원하는 행동의 목적론은 다양한 종류의 부적절성infelicity[18]을 통해 교란될 수 있다. 그럼에도 위협의 구조를 결정하는 주권 행위라는 환상은, 어떤 종류의 말하기는 곧 그 말하기 속에서 지칭되는 행위의 수행이라는 것이다. 이는 오스틴이 이야기한 발언내행위적인 수행문illocutionary performative, 즉 자신이 말하는 것을 즉시 행하는 것이 될 것이다. 위협은 자신이 전혀 예상하지 못했던 어떤 응답을 얻을 수 있고, 자신이 부지불식간에 생산해 버린 어떤 저항에 직면하여 스스로의 주권적 기대감을 잃을 수도 있다. 응답의 가능성을 지우고 수신자를 공포로 마비시키는 대신, 위협의 두 개

18) (옮긴이) 언어학 및 언어 철학에서, 어떤 발언이 화용론적으로 잘 형성되어 있다면, 그 발언은 적절felicitous하다. 어떤 발언이 자기 모순적이거나 사소하거나 무관하거나 발언의 맥락에 맞지 않다면, 그 발언은 부적절infelicitous할 수 있다. 의미론과 화용론 연구자들은 구문론자들이 문법 판단을 사용하는 것처럼 적절성 판단을 사용한다. 부적절한 문장은 파운드 기호pund sign로 표시된다. felicitous 및 infelicitous라는 용어는 J.L. 오스틴이 언어 행위 이론의 일부로 처음 제안했다. 그의 생각에 수행적 발언은 참도 거짓도 아니며, 문제의 발언이 선언("사형을 선고한다"), 요청("당신이 그만둘 것을 요청한다"), 경고("지붕에서 뛰어 내리지 말라고 경고한다")인지에 따라 해석이 달라지는 일련의 조건들에 의해 적절하거나 부적절하다고 간주할 수 있다.

로 분열된 행동(어떤 말하기에서 의도적이고 비의도적으로 수행된 행동)을 활용하는 다양한 종류의 수행적 행위를 통해서 위협에 대응할 수도 있다. 즉 말의 일부를 다른 일부에 맞서게 하여, 위협의 수행적 힘을 교란하면서 말이다.

위협은 언어 행위인 동시에 육체적인 행위이기 때문에, 그것은 이미 부분적으로 자기 자신의 통제를 벗어나 있다. 모리슨은 이러한 논점을 다음과 같이 분명하게 만든다. 즉 맹인 여성은 새를 쥐고 있는 자의 '손'을 지칭함으로써 아이들이 전달한 암묵적인 위협을 되돌려 준다. 말하는 자의 몸을 드러내고, 위협을 전달하는 자에게 가장 무의식적인 것을 드러내는 행위를 통해 위협 행위에 저항하고자, 맹인 여성은 그들의 언어 행위에 동기가 된 맹목성blindness을 부각시킨다. 그 맹목성은 그들이 육체적으로 행해 버린 것을 감안했을 때 과연 그들은 그들이 가지고 있는 것으로 무엇을 할 것인가라는 질문을 제기한다.

표현이 상처가 된다는 개념은 이러한 몸과 표현의 불가분하고 불일치하는 관계에 의존하고 있는 듯 보일 뿐 아니라, 결과적으로 표현 및 그 효과에 의존하고 있는 것 같다. 화자가 그 혹은 그녀의 몸을 수신된 자에게 발신한다는 것은, 이때 활동을 시작하는 것은 단지 화자만의 몸이 아니라, 또한 수신자의 몸이기도 하다. 말하고 있는 자는 단지 말만 하고 있는 것인가, 아니면 그는 타자의 몸을 말을 건네는 것에 취약한 것으로 노출시키면서 그녀 혹은 그의 몸을 타자를 향해 일치시키고 있는 것인가? 폭력적인 수사의 '도구'로서, 화자의 몸은 내뱉어진 말들을 넘어서고, 수신된 몸이 더 이상 (그리고 절대로 완전히) 자기 자신의 통제에 있지 않다는 것을 드러낸다.

예상 밖의 호명

무엇이 위협인지, 혹은 어떤 것이 상처를 주는 말인지의 문제를 결정하기 위해 단지 말을 검토하는 것만으로는 충분하지 않을 것이다. 우리는 어떤 발언의 제도적 조건을 상세히 기술하는 것이 특정한 종류의 말들은 그런 상황들에서 상처를 줄 확률을 규정하는 데 필수적이라고 생각할 수 있다. 그러나 상황들이 그 자체로 말을 상처가 되도록 만드는 것은 아니다. 혹은 우리는 어떠한 말도 상처를 입히는 말이 될 수 있고, 그것은 그 말의 사용에 달려 있으며, 말의 사용은 발언의 상황으로 환원되지 않는다고 주장하게 될 수도 있다. 이 후자는 타당하지만, 그런 견해는 어째서 어떤 말들은 그런 식으로 상처를 주며, 혹은 어째서 어떤 말들은 상처가 될 수 있는 힘으로부터 분리시키는 것이 더 어려운지를 우리에게 알려주지 않는다.

특정한 말들이 지닌 상처를 줄 수 있는 권력을 논쟁의 여지 없이 확립하려는 최근의 노력은, 그런 말들이 무엇을 의미하는지, 그리고 그것들이 무엇을 수행하는지에 대한 해석을 누가 행하는

지에 대한 질문 앞에 무너지는 듯 보인다. 군대 내의 레즈비언과 게이의 자기 정의를 통제하고 있는 최근의 규제 혹은 랩 음악을 둘러싼 최근의 논쟁들은, 발언된 말과 그것의 상처를 줄 수 있다고 추정되는 힘 간에 명확한 연결이 있는지의 문제에 관해 분명한 합의가 가능하지 않다는 것을 시사한다.[19] 한편으로 그런 말들의 모욕적인 효과는 전적으로 맥락적이며, 맥락의 변경이 그 모욕성을 악화시키거나 축소시킬 수 있다고 주장하는 것은, 그런 말들이 행사한다고 하는 힘을 설명해 주는 것이 아니다. 다른 한편 몇몇 발언들은 맥락과 상관없이 항상 모욕적이며, 그것들은 벗어나기에 너무나 어려운 자신들의 맥락들을 지니고 있다고 주장하는 것도, 맥락들이 발언의 순간에 어떻게 적용되며 어떻게 재수행되는지를 이해하는 방식을 제공해 주지 않는다.

두 견해 모두 모욕적인 발언에 대한 재수행하기restaging와 재의미부여하기resignifying, 즉 모욕적인 발언의 관습을 드러내고 이에 대항할 수 있는 언어적인 힘의 배치deplyment를 설명할 수 없다. 나는 이것들을 다음 장에서 길게 고찰하고자 하지만, 그런 모욕적인

19) 랩 음악과 폭력에 대한 관계를 복잡하게 만드는 철저한 문화적 분석에 대해서는, Tricia Rose, *Black Noise: Rap Music and Black Culture in Contemporary America*(Hanover, NH: New England Universities Press, 1994)를 보라. 랩 음악이 폭력과 맺는 복잡한 관계에 대한 탁월한 문화적 분석으로는 George Lipsitz, "Censorship of Commercial Culture: Silencing Social Memory and Suppressing Social Theory," 나는 이 글을 파일로 가지고 있는데, 이것은 게티 센터Getty Center가 1995년 12월 로스앤젤레스에서 개최한 "검열과 침묵시키기"라는 컨퍼런스에서 받은 것이다.

용어들이 얼마나 재의미부여에 자주 종속되는가를 잠깐 살펴보고자 한다. 상처를 주는 말에 대한 그런 재배가redoubling는 랩 음악이나 다양한 형태의 정치적 패러디 그리고 풍자에서 발생할 뿐 아니라, 그런 말에 대한 정치적이고 사회적인 비판에서도 발생한다. 여기에서 논증을 사용하기 위해 그런 용어들을 '언급하는 것 mentioning'[20]은 불가피하다.[21] 심지어 검열을 요청하는 법적 주장들 속내에서도 발생한다. 여기에서 이 수사들은 개탄스럽게도 법적인 발언의 맥락 속에서 불가피하게 증식한다. 역설적이게도 그런 말을 특정한 맥락들에 묶어 두고자 하는 공공연한 법적인 주장과 정치적인 주장들은 자신들의 담론에서조차 그런 말이 자신의

20) 고틀로프 프레게는 우리는 꼭 그 용어를 사용하지 않고서도 그 용어를 지칭할 수 있다고, 즉 언급할 수 있다고 주장함으로써 특정 용어들의 사용use과 언급mention의 구분을 옹호했다. 혐오 발언이 '언급되는' 사례들은 계속해서 일종의 사용이기 때문에, 이 구분은 혐오 발언에는 잘 적용되지 않는다. "On Sense and Reference," in *Translations from the Philosophical Writings of Gottlob Frege*, eds., Peter Geach and Max Black, tr. Max Black(Oxford: Oxford University Press, 1952).

21) (옮긴이) 사용-언급 구분은 분석철학의 기본 개념으로, 이에 따르면 단어(또는 구)를 사용하는use 것과 그것을 언급하는mention 것을 구별할 필요가 있고, 많은 철학 저서들은 "사용과 언급을 구분하지 못한 것에 의해" 오염되어 왔다. 구별은 때때로 현학적일 수 있으며, 특히 명백히 단순한 경우에 그렇다. 사용과 언급의 구별은 치즈라는 단어에 대해 설명할 수 있다. 사용: 치즈는 우유에서 유래한다. 언급: '치즈'는 고대 영어 단어인 ċēse에서 유래되었다. 첫 번째 문장은 "치즈"라고 불리는 물질에 대한 진술이다. 이 물질을 지칭하기 위해 "치즈"라는 단어를 사용한다. 두 번째는 기표로서의 '치즈'라는 단어에 대한 진술이다. 이는 자기 자신이 아닌 다른 것을 지칭하기 위해 그 단어를 사용하지 않고 언급한다.

이전 맥락과 단절하고 의도하지 않았던 새로운 맥락을 획득함으로써 인용적citational으로 되었다는 것에 주목하지 못한다. 혐오 발언에 대한 비판적인 담론과 법적인 담론들은 그 자체로 혐오 발언 수행에 대한 어떤 재수행이다. 현재의 담론들은 과거의 담론과 단절하지만, 절대적인 의미에서 그런 것은 전혀 아니다. 이와 달리 현재의 맥락 및 그것의 과거와의 '단절'은, 오로지 현재의 맥락이 단절시키는 과거의 측면에서만 읽을 수 있다. 그러나 현재의 맥락은 그런 말을 위한 새로운 맥락, 미래의 맥락, 즉 아직 윤곽을 그릴 수 없기에 아직 맥락이 아닌 맥락을 설명한다.

모욕적인 발언에 대한 저항적인 전유나 재수행을 지지하는 논증들은 언어 행위의 모욕적인 효과는 그 언어 행위 자체에, 즉 그 언어 행위를 발생시키거나 지속시키는 맥락이나 그것을 발생시킨 의도 혹은 원래의 배치에 필연적으로 연결된다는 견해에 의해 분명 약화된다. '퀴어queer'와 같은 용어들에 대한 가치 전도revaluation는 표현이 그 발언자에게 다른 형태로 '되돌아올' 수 있다는 것을, 자신의 원래의 목적과 반대로 인용될 수 있다는 것을, 그리고 효과의 반전을 수행할 수 있다는 것을 나타낸다. 그렇다면 이는 좀 더 일반적으로, 그런 용어들을 변경할 수 있는 힘이 일종의 담론적인 수행성을 나타낸다는 것을 보여준다. 이 담론적 수행성은 일련의 개별적인 언어 행위들이 아니라 그 기원과 끝이 고정되어 있지 않고 고정될 수 없는 관례적인 재의미부여resignification의 연쇄이다. 이런 의미에서 '행위'는 순간적인 발생이 아니라 어떤 시간적 지평의 결합, 즉 행위가 야기하는 순간을 넘어서는 어떤 반복 가능성iterability의 응축이다. 어떤 언어 행위가 이전의 맥락을 재의미부여할 수 있는 가능성은, 부분적으로 어떤 발언이 발생한 원래의 맥락 혹은 의도와 그것이 낳은 효과 사이의 간격gap에 달려 있다. 이를테면 위협으로 하여금 전혀 원래 의도되지 않았던 미래를 맞도록 하기 위해서는, 또 위협을 그 화자에게 다른 형태로 되돌아오도록 하고 그 귀환을 통해 완화되도록 하기 위해서는, 언어 행위가 획득하는 의미들과 언어 행위가 수행하는 효과들이 발언자가 의도했던 것들을 넘어서도록 해야만 하며, 이때 언어 행위가 떠맡는 맥락들은 자신이 기원한 것들(만일 그러한 기원이 발견된다면)과는 전혀 같지 않도록 해야만 한다.

어떤 언어 행위와 그것이 지닌 해로운 효과 사이의 연결을 확신을 가지고 고정하고자 하는 이들은 물론 언어 행위의 개방적 시간성을 당연히 슬퍼할 것이다. 자신의 효과로 해악을 **수행해야만** 하는 언어 행위란 없다는 것은, 언어 행위에 대한 단순한 설명만으로는 표현의 해악들을 효과적으로 판단할 수 있는 어떤 기준을 제공해 주지 못한다는 것을 의미한다. 그러나 행위와 해악의 연결이 느슨해지면, 그런 연결을 단단하게 함으로써 배제될 수 있는 대항 발언counter-speech, 즉 일종의 되받아쳐 말하기talking back를 위한 가능성이 열린다. 따라서 언어 행위와 그것의 미래의 효과를 갈라 놓는 간격은 상서로운auspicious 함축을 지닌다. 그 간격은 법적 보상에 대한 끈질긴 추구에 대안을 제공하는 언어적인 행위능력 이론을 시작한다. 발언의 사례 사이의 간격은 그 발언의 반복과 재의미부여를 가능하게 한다. 그뿐 아니라 말이 어떻게 시간이 지남에 따라 해악을 줄 수 있는 자신의 힘으로부터 분리되어 더욱 긍정적인 방식들로 재맥락화recontexualize될 수 있는지를 보여 준다. 말은 '행위능력의 가능성을 열어 두자'는 것이며, 이때의 행위능력은 표현의 주권적 자율성의 부활이, 즉 지배에 대한 관습적인 개념의 복제가 아님을 적극적으로 분명히 하고자 한다.

이 책의 주된 관심사는 수사적이고 정치적이다. 법에서 '격분하기 쉬운excitable' 말들은 어떤 강압에 못 이겨 행해진 말, 즉 대체로 그 말이 화자의 안정된 정신 상태를 반영하고 있지 않기 때문에 법정에서 사용될 수 없는 증언이다. 내 추정은 표현은 항상 어떤 점에서는 우리의 통제를 벗어난다는 것이다. 언어 행위에 대한 펠만의 독해를 예상하는 공식에서, 오스틴은 "행위들은 일반적으로(전부는 아니다) 강압에 못 이겨, 혹은 우연히, 혹은 이런저런 다양한 실수로, 혹은 그렇지 않다면 고의가 아니게 행해지기 쉽다"(21)고 적는다. 오스틴은 이어서 몇몇 사례 속에서 언어 행위와 그 주체의 연결을 끊을delink 수 있는 계기를 찾는다. 즉 "많은 경우 우리는 일부 그런 행위에 대해 단순히 그것이 행해진 것이라거나 혹은 그가 행한 것이라고 분명 마지못해 말한다."(21) 언어 행위를 그 주권 주체sovereign subject로부터 떼어 놓는untether 것은 어떤 대안적인 행위능력 개념을, 궁극적으로는 책임감 개념을 정초한다. 이 책임감은 주체가 언어로 구성되는 방식과 주체가 창조하는 것이 또한 어떻게 주체가 다른 어딘가로부터 차용한 것인지를 보다 충분히 인정하는 것이다. 몇몇 비평가들은 주권성에 대한 비판을 행위능력의 파괴로 오해하는 반면, 나는 행위능력은 주권성이 약화되는 곳에서 출발한다고 주장한다. 행위하는 자(주권적 주체와는 같지 않은 자)는 그 혹은 그녀가 행위자로 구성되는 정도까지 행위하며, 따라서 처음부터 무언가를 가능하게 하는 제한된 언어적 영역 내에서 작동한다.

주권적 자만sovereign conceit은 혐오 발언 담론 속에서 몇 가지 방식으로 출현한다. 혐오 발언을 하는 자는 주권 권력sovereign power을 행사하는 것으로, 즉 혐오 발언이 말해질 때 그 혹은 그녀가 말하는 것을 행하는 것으로 상상된다. 이와 유사하게 국가의 '표현'은 종종 주권 형태를 취하며 이로 인해 선언이라는 말하기는 종종 문자 그대로 법의 '행위'가 된다. 그러나 그런 발언내행위적인illocutionary 발언의 예시들을 찾아내려는 노력은 오스틴에게 어려움을 안겨주었고, 결국 그로 하여금 수행문 지형의 복잡성을 고려하는 일련의 단서 조항과 새로운 구별들을 고안하도록 이끌었다. 발언내행위든 발언효과행위든 수행문의 형태를 취하는 모든 발언이 실제로 작동하는 것은 아니다. 이런 통찰은 혐오 발언의 효력으로 추정되는 것을 고찰할 때 중요한 귀결점이 된다.

어떤 말은 혐오를 전달할 뿐 아니라 해로운 행위에 해당한다고 수사적으로 주장하는 것은, 언어가 행위한다는 것을 가정할 뿐 아니라 언어가 해악을 주는 방식으로 그 말을 건네받은 자에게 작용한다는 것을 가정한다. 그러나 이 둘은 서로 다른 주장이란 점에서 중요하며, 모든 언어 행위가 타자에게 그런 힘을 가지고 작용하는 행위의 일종인 것은 아니다. 예를 들어 내가 "나는 당신에게 유죄를 선고한다"고 말할 때 나는 어떤 언어 행위, 즉 오스틴적인 의미에서 발언내행위를 발언하는 것이다. 그러나 내가 내 말을 구속력 있게 만들 수 있는 지위에 있지 않다면, 나는 어떤 언어 행위는 했을지 몰라도 그 행위는 오스틴적인 의미에서 불행unhappy하거나 부적절infelicitous하다. 당신은 멀쩡하게 그 행위에서 벗어나 버린다. 따라서 많은 언어 행위는 좁은 의미로 '행위'지만, 그것들 모두 효과를 만들어 낼 수 있거나 일련의 결과를 일으킬 수 있는 힘을 갖는 것은 아니다. 이런 점에서 그것들 가운데 상당수는 희극적인 것이며, 누군가는 오스틴의 『말을 가지고 무언가를 행하는 법*How To Do Things with Words*』을 그처럼 실패한 수행문들의 우스꽝스러운 모음집으로 읽을 수 있다.

어떤 언어 행위는 반드시 효과적인 행위가 아니라 하더라도 여전히 어떤 행위일 수 있다. 만일 내가 어떤 실패한 수행문을 발언한다면, 다시 말해 내가 명령을 내렸는데 아무도 듣거나 복종하지 않는다면, 내가 인사를 했는데 인사가 행해질 수 있는 누군가가 앞에 없다면, 나는 여전히 어떤 행위를 수행하기는 하지만 효과가 없거나 거의 없는 (혹은 최소한 그 행위에서 기대되는 효과가 없는) 행위를 수행한 것이다. 적절한 수행문felicitous performative은 내가 그 행위를 수행할 뿐 아니라 내가 그것을 수행한다는 사실에서 어떤 일련의 효과들이 따라 나오는 것이다. 언어적으로 행위하는 것이 반드시 효과를 생산하는 것은 아니며 이런 의미에서 언어 행위가 항상 효과적인 행위인 것은 아니다. 표현과 행동 사이에 불분명함이 있다고 말하는 것이 반드시 말은 효과적으로 행위한다고 말하는 것은 아니다.

오스틴은 수행문인 발언행위locution의 종류에 대한 잠정적인 유형을 제공한다. 발언내행위는 무언가를 말하는 동시에 무언가를 행하는 것이다. "나는 선고한다"라고 말하는 판사는 무언가를 행하려는 어떤 의도를 진술하거나 그가 행하고 있는 것을 묘사하는 것이 아니다. 그의 말은 그 자체로 일종의 행함이다. 발언내행위는 효과를 낳는다. 오스틴은 그것이 언어적이고 사회적인 관습에 뒷받침된다는 것을 알려준다. 한편 발언효과행위는 일련의 결과를 개시하는 발언이다. "무언가를 말하는 것은 어떤 결과를 낳을 것이다." 그러나 말하는 것과 생산된 결과는 시간적으로 구분된다. 결과는 언어 행위와 같은 것이 아니라, "무언가를 말함으로써 야기하거나 성취하는 것"(109)이다. 발언내행위는 관습을 통해 진행되는 반면(107), 발언효과행위는 결과를 통해 진행된다. 이 구분에 함축된 것은 발언내행위적인 언어 행위는 시간의 경과 없이 효과를 낳고, 그 말이 그 자체로 행위이며, 그것들이 서로 동시적이라는 개념이다.

오스틴은 발언효과행위의 일부 결과들이 의도에서 벗어날 수 있다고 언급하고, 그가 제공하는 예시는 고의성 없는 모욕이다. 따라서 그는 언어적 상처를 발언효과행위의 궤도 내에 위치시킨다. 오스틴은 상처는 주어진 언어 행위가 적용하는 관습들이 아니라, 언어 행위가 만들어 내는 구체적인 결과에 내재한다고 주장한다.

오스틴의 작업은 최근 법학자들과 철학자들(그중에서도 캐서린 매키넌[22]Catharine MacKinnon, 레이 랭턴[23]Rae Langton[24])이 포르노그래피적인 표현물들은 수행적이라고, 즉 그것들은 견해를 진술하거나 어떤 현실을 보고하는 것이 아니라 일종의 행동에 해당된다고 주장하는 데 인용되었다. 이 학자들은 더 나아가 그 행동이 포르노그래피적인 표현물 속에서 굴욕적인 방식으로 묘사되는 자들을 "침묵시킨다"고 주장한다.

이 주장들은 다음 장에서 상세히 고찰할 것이지만 소개의 목적

22) (옮긴이) 캐서린 앨리스 매키넌(Catharine Alice MacKinnon, 1946~)은 미국의 페미니스트, 학자, 변호사, 교사, 활동가이다. 매키넌의 사상은 성희롱, 포르노그래피, 국제 노동이라는 세 개의 주요 영역으로 나뉜다. 또한 사회 이론, 정치 이론, 방법론에 대한 참여에 관심을 기울인다. 페미니스트 활동가 안드레아 드워킨과 함께 포르노그래피를 일종의 성차별로, 좀 더 최근에는 일종의 인신매매로 규정함으로써 포르노그래피에 대한 법적인 가정들의 변화를 시도하는 데 적극적이다.

23) (옮긴이) 레이 헬렌 랭턴(Rae Helen Langton, 1961~)은 케임브리지 대학교 철학과 교수이다. 매사추세츠 공과대학, 에딘버러 대학교, 모나쉬 대학교 등에서 가르쳤다. 칸트 철학, 도덕철학, 정치철학, 형이상학, 페미니즘 철학 등에 관해 광범위한 저서를 출판했다. 또한 포르노그래피와 대상화objectification에 관한 작업으로 유명하다.

24) Catharine MacKinnon, *Only Words*(Cambridge, Mass.: Harvard University Press, 1993), 그리고 Rae Langton, "Speech acts and unspeakable acts", *Philosophy and Public Affairs*. Vol. 22, No. 4(Princeton: Princeton University Press, 1993), pp. 293-330을 보라.

을 위해 포르노그래피가 일종의 혐오 발언처럼 해석된다는 것, 그리고 포르노그래피의 수행적인 힘이 발언내행위로서 설명된다는 것에 주목하는 것이 중요하다. 의미심장하게도 포르노그래피에 반대하는 매키넌의 주장은 발언효과행위적인 모델에 개념적으로 의존해 있다가 발언내행위적인 모델로 이동했다.[25] 마리 마츠다의 저서에서 혐오 발언은 자신의 청자에게 영향을 끼칠 뿐 아니라(발언효과행위적인 장면), 혐오 발언을 건네받은 자의 사회적 구성에 기여하는 것(따라서 사회적 호명 과정의 일부가 된다)으로 이해된다.[26] 청자는 사회적 지위를 떠맡고 있는 것으로 이해되거나 그런 지위와 동일한 것으로 이해된다. 그리고 사회적 지위 그 자체는 서로 고정적이며 계급적인 관계 내에 위치하는 것으로 이해된다. 그 혹은 그녀가 떠맡고 있는 사회적 지위로 인해, 청자는 그 발언의 결과로 상처를 받는다. 그 발언은 또한 주체에게 종속적인 사회적 지위를 다시 떠맡도록 명령한다. 이 견해에 따르면, 그런 발언은 지배의 구조적 관계를 재소환하고 재기입하며, 그런 구조적인 지배의 재구성을 위한 언어적 계기가 된다. 비록 혐오 발언에 관한 이런 견해가 때때로 그런 발언이 생산하는 일련의 결과들(문제에 대한 발언효과행위적인 견해)을 열거하기는 하지만, 수행문의

25) Catharine MacKinnon, *Only Words*, p. 21.

26) *Words That Wound: Critical Race Theory, Assaultive Speech, and the First Amendment*, eds. Mari J. Matsuda, Charles R, Rawrence Ⅲ, Richard Delgado, and Kimberlé Williams Crenshaw(Boulder: Westview Press, 1993)에 대한 마츠다의 서문을 보라.

힘이 관습적인 수단을 통해 획득되는(발언내행위론) 이 견해의 또 다른 공식이 존재한다. 이를테면 마츠다의 공식에서 말은 단지 사회적 지배의 관계를 **반영**하는 것이 아니다. 말은 그런 사회적 구조가 회복되는 수단이 되기 때문에, 지배를 **실행**한다. 이러한 발언내행위론에 따르면, 혐오 발언은 발언의 순간에 말을 전달받은 자를 **구성**한다. 혐오 발언은 어떤 상처를 묘사하거나 상처를 결과로 생산하지 않는다. 혐오 발언은 그런 발언의 말하기에 있어서 상처 그 자체의 수행이며, 여기에서 상처는 사회적인 종속으로 이해된다.[27]

그렇다면 혐오 발언이 행하는 것은 종속적인 지위로 주체를 구성하는 것이다. 그런데 무엇이 혐오 발언으로 하여금 그런 효력을 가지고 주체를 구성할 수 있는 권력을 부여하는가? 혐오 발언은 이런 설명에서 보이는 것처럼 적절한felicitous 것인가? 혐오 발언의 구성적인 힘을 위의 설명이 암시하는 것보다는 덜 적절한 것으로 만드는 충돌 지점들faultline은 있는가?

나는 혐오 발언의 결과로 겪는 고통을 축소하기 위해서가 아니라, 혐오 발언의 실패가 비판적인 대응의 조건이 될 수 있는 가능성을 열어 놓기 위해서, 혐오 발언이 항상 효과가 있다는 가정을 잠깐 의심하고자 한다. 만일 혐오 발언의 상처에 대한 설명이 그

27) *The Alchemy of Race and Rights*(Cambridge, Mass.: Harvard University Press, 1991), p. 236에서 퍼트리샤 윌리엄스Patricia Williams에 의해 제시된 인종차별 발언 행위의 구성주의적인 권력에 관한 주장들을 보라.

런 상처에 대해 비판적으로 대응할 수 있는 가능성을 배제한다면, 그 설명은 그런 상처의 어떤 총체적인 효과를 확정해 주는 것이다. 그런 논증들은 법적인 맥락에서는 종종 유용하지만, 국가 중심적이지 않은 형태의 행위능력과 저항을 사유하는 데는 역효과를 낳는다.

비록 혐오 발언이 담론적 수단을 통해 주체를 구성하도록 작동한다고 하더라도, 그런 구성이 반드시 최종적이며 효과적인가? 그런 표현이 만들어 낸 효과를 방해하고 전복시킬 수 있는 가능성, 즉 담론적 구성 과정의 실패를 초래하는 노출된 충돌 지점은 있는가? 표현이 그런 성공을 가지고 주체를 구성할 수 있는 힘을 가지고 있는 것으로 여겨질 때, 어떤 종류의 힘이 그런 표현에 부여되는가?

마츠다의 논증은 혐오 발언의 순간에 어떤 사회적 구조가 선언enunciate된다는 것을 전제한다. 혐오 발언은 지배의 지위를 재소환하며, 발언의 순간에 그것을 재강화한다. 마츠다에게 혐오 발언은 사회적 지배의 언어적인 재표명rearticulation으로서, 권력의 기계적이며 예측 가능한 권력의 재생산을 위한 장소가 된다. 어떤 의미에서 표현의 기계적인 고장이나 '불발' 그리고 예측 불가능성에 대한 질문은 오스틴이 언어 행위가 잘못될 수 있는 다양한 방식을 조망할 때 반복해서 강조한 것이다. 그러나 더 일반적으로 정적인 '사회 구조' 개념이 혐오 발언 속에서 재복제되는지, 아니면 그런 구조들이 재반복되고, 되풀이되고, 재표명되면서 파괴를 겪는지를 의심해야 할 근거들이 존재한다. 만일 우리가 선언된다고 할 수 있는 '구조'의 시간적인 삶을 고려하게 된다면, 혐오 발언의 언어 행위는 그다지 효과적이지 못한 것으로, 즉 혁신과 전복에 좀 더 취약한 것으로 인식될 수 있지 않을까? 만일 그런 구조가 자신의 지속을 위해 자신에 대한 선언에 의지하고 있다면, 지속성에 대한 물음이 제기되어야 하는 곳은 선언의 장소에 있을 것이다. 그런 구조를 중단시키는 선언, 혹은 표현의 반복을 통해 그런 구조를 전복시키는 선언은 있을 수 있는가? 혐오 발언은 일종의 초혼주문invocation으로서 과거의 행위들을 되불러내고, 지속되기 위해 미래의 반복을 필요로 하는 행위이다. 언어 행위의 반복이 해로운 효과를 강화하는 것이 아니라 교란시키는, 언어 행위를 뒷받침하고 있는 관습으로부터 언어 행위를 분리시킬 수 있는 반복은 있는가?

발언의 장면들

언어 행위에 대한 이론적인 문제들을 개발하는 것이 현재의 정치적인 언어 행위의 작동에 대한 일련의 명확한 해결책을 제공해 줄 것이라고 생각하는 것은 잘못일 것이다. 이론과 정치의 관계는 반대로 작동하곤 한다. 이론적인 접근은 언제나 그런 이론들의 전략적 가치가 지닌 무언가를 노출시키는 정치적 맥락들 속에서 전유되고 배치된다. 언어 행위가 출현하는 정치적인 사건들에 대한 피상적인 검토는 어떤 언어 행위를 법적인 의미에서 '표현'이라기보다는 행동으로 간주해야 하는지에 관해 상당한 이견이 있다는 것을 보여 준다. 표현/행동 구분의 붕괴를 지지하는 널리 고려되는 논증은 국가 규제 옹호를 강화하고 수정헌법 제1조[28]에 대한 참조를 중단시키는 경향이 있다. 한편 언어 행위는 행동이기보다는 표현이라고 주장하는 논증은 국가 개입의 중단을 지지하도록 작동하곤 한다. 1장인 "불태우는 행위들"에서, 나는 R.A.V. 대 세인트폴St. Paul 사건[29]에서 대법원 다수 의견이 흑인 가족의 집 앞에 놓인 불타고 있는 십자가를 '도발적인 표현fighting words'[30]으로 해석한 조례안을

28) (옮긴이) 1791년 12월 15일에 채택된 미국 수정헌법 제1조는 종교의 자유로운 행사를 방해하고 표현의 자유를 축소하며 언론의 자유를 침해하고 평화로운 집회를 방해하거나 고충에 대한 정부의 보상을 청원하는 것을 금지하는 종교의 설립과 관련한 어떤 법률의 입법도 금지한다.

29) (옮긴이) R.A.V. 대 세인트폴 사건은 혐오 발언과 미국의 수정헌법 제1조의 표현의 자유 조항과 관련된 미국 연방 대법원 판례였다. 1990년 6월 21일 아침에 10대 몇몇이 의자 다리를 테이프로 붙여 조악하게 만든 십자가를 아프리카계 미국인 R.A.V.의 집 마당에서 태웠다. 당시 10대들은 세인트폴 시의 편견 동기 범죄 조례 위반으로 고발되었다. 하지만 그들의 변호인은 이 조례가 실질적으로 너무 넓고 편향된 내용에 기반하고 있기에 허용될 수 없으며, 수정헌법 제1조에 부합하지 않는다며 해당 조례의 폐지를 신청했고, 대법원은 만장일치로 미네소타 주의 편견 동기 범죄 조례의 폐지를 결정했다.

30) (옮긴이) '도발적인 표현'은 일반적으로 표적을 향한 증오나 폭력을 선동하는 글 혹은 말로 된 표현을 뜻한다. 도발적인 표현은 그 표현이 발언될 경우 단순한 사용에 의해 언어적이거나 물리적인 대립(의도적이든 아니든)을 만들어 낼 수 있는 표현에 대한 일반적인 의미로 사용되기도 한다. 미국 헌법에서 '도발적인 표현 원칙'은 수정

폐지했다는 것에, 그리고 그 '표현'의 종류가 단지 "메시지를 소통하고" "견해"—그 "견해"가 또한 "비난받을 만한" 것일 때조차—를 표현하는지를 물었다는 것에 주목했다.[31] 법원은 십자가 소각이 표현이자 동시에 행동이라는 좀 더 최근의 법적 논증, 다시 말해 열등성에 대한 메시지일 뿐 아니라 차별 행위('백인 전용'이라는 표지판이 어떤 관념을 표현하고 동시에 그 자체로 차별 행위에 해당한다는 의미에서)의 의사소통이라는 논증을 무시했다.

매키넌의 최근 저서인 『그냥 말인데 뭐*Only Words*』에서 포르노그래피는 표현이자 행동으로, 즉 수행적인 발언으로 해석된다. 그리고 포르노그래피는 상처를 주는 방식들로 여성들에게 "영향을 끼칠" 뿐 아니라(발언효과행위론), 재현을 통해서 여성을 열등한 계급으로 구성하는 것으로 인식된다(발언내행위론). 십자가 소각은 둘 다 상처를 재현하고 실행하는 한에서 포르노그래피적 발언과 유사한 것으로 이해된다. 그러나 발언내행위론이 십자가 소각에

헌법 제1조의 보호를 받는 표현의 자유를 제한하게 된다. 1942년 미국 고등법원은 채플린스키 대 뉴햄프셔 사건 판결에서 9대 0으로 그 원칙을 확립했다. 그 결정은 "모욕적이거나 '도발적인' 표현들, 즉 그 발언으로 인해 고통을 가하거나 직접적인 평화의 파괴를 조장하는 표현들"은 "명확하고 좁게 제한된 표현의 유형들 가운데 하나이며, 이것들에 대한 금지나 처벌은 그 어떤 헌법적인 문제를 야기하는 것으로 생각될 수 없다"고 주장했다.

31) '도발적인 표현'에 대한 철저한 논의와 수정헌법 제1조에 관한 흥미로운 주장에 대해서는, Kent Greenawalt, *Fighting Words: Individual, Communities, and Liberties of Speech*(Prinston University Press, 1995)를 보라.

대해 행해질 수 있는 것처럼 그것이 포르노그래피에 대해서도 그렇게 쉽게 행해질 수 있을까? 재현 이론, 수행성 이론은 이 경우 각각 다르다. 나는 일반적으로 고려했을 때 포르노그래피의 시각적 텍스트는 십자가 소각이 할 수 있는 것과 같은 방식으로 '위협'하거나 '비하'하거나 '저하'할 수 없다고 주장하고자 한다. 두 사례들이 모두 같은 종류의 언어 행위를 예시한다고 주장하는 것은 어떤 판단 착오일 뿐 아니라, 포르노그래피의 해로운 힘을 강화하기 위해, 인종 폭력의 기호를 활용하는 것(어떤 환유적 미끄러짐 metonymical slippage을 통해)이다.

우리는 최근 어떤 식의 행동을 '선동한다'는 표현에 대해 들은 적이 있다. 이스라엘 언론은 이스라엘 내 우익의 선동적인 수사와 그런 수사가 이츠하크 라빈Yitzhak Rabin[32]의 암살에 책임이 있는지에 관해 많은 주목을 기울였다. 그런 사례들에서 우리가 표현이 행동으로 밀어 넣었다고 생각하는 이유는 무엇일까? 우리는 표현이 들리고, 동기로 받아들여지며, 기계적이거나 전염적으로 청자를 행위하게끔 유도한다고 어떻게 상상하는가? 낙태 반대 활동가들은 제한적인 입법에 성공했으며 인터넷에 보이는 '낙태'와 같은 용어가 그 자체로 '외설'이라고 주장했고 제한적인 입법을 성공시켰다. 그리고 나는 최근에 비행기에서 '낙태'라는 낱말을 말

32) (옮긴이) 이츠하크 라빈(Yitzhak Rabin, 1922~1995)은 이스라엘의 15대 총리로, 팔레스타인 해방기구(PLO)와 오슬로 협정에 조인하였다. 이 때문에 1995년 11월 4일 이스라엘 극우 극단주의자 이갈 아미르Yigal Amir에 의해 암살되었다.

하는 도중 '무음처리' 하는 영화를 본 적이 있다. 그 말은 일련의 감수성을 모욕할 뿐 아니라, 어떤 상처에 해당되는 것으로 인식되었다. 마치 그 단어가 행위를 수행한다는 듯이, 그리고 상처를 입은 당사자가 무방비의 '태아'라는 듯이, 어떤 상처에 해당되는 것으로 인식되었다. 말에 그런 마법적인 효력을 귀속시키는 것은, 누군가가 동성애자임을 밝히는 선언을 동성애에 대한 뭔가를 전달하는 것으로 여기는, 따라서 일종의 동성애 행위로 여기는 미국 군대의 맥락에서 출현한다.

의미심장하게도 이런 수행문에 대한 마법적인 견해는 표현이 행위로부터 폭력적으로 분리되는 정치적 사건들에서는 작동하지 않는다. R.A.V. 대 세인트폴 사건에서 십자가 소각을 잠재적으로 보호를 받는 '표현'으로 간주하고자 하는 법원의 의지는 특정 종류의 인종차별 행위를 옹호하기 위해 표현에 대한 비수행문적인 견해가 확장될 수 있다는 것을 보여 준다. 즉 특정한 정치적 목적을 달성하기 위해 표현과 행동의 구분을 조작하는 것을 옹호하는 것이다. 마찬가지로 포르노그래피를 수행적 표현으로, 따라서 표현물의 해로운 행위로 해석해 달라는 국가를 향한 매키넌의 호소는 표현물과 행위의 관계에 대한 이론적인 질문을 해결하는 것이 아니라, 시각적인 성적 표현물에 대한 국가 규제의 권력을 강화하기 위해 그 구분을 붕괴시킨다.

그러나 이런 국가 권력의 확장은 레즈비언과 게이 정치의 담론적 작용에 가장 커다란 위협 중 하나로 다양한 방식으로 나타나게 된다. 그런 정치에 핵심적인 것은 모욕적이고 해로운 행위로 해석될 수 있고 해석되어 왔던 많은 '언어 행위들'이다. 이를테면 로버트 매플소프Robert Mapplethorpe[33]의 포르노그래피에서와 같은 시각적인 자기 재현, 커밍아웃의 실천에서 발생하는 것과 같은 공개적인 자기 선언, 그리고 에이즈 교육에서와 같은 공개적인 성교육 같은 것이다. 이러한 세 경우들에서 동성애를 표현하는 것은 그 표현이 상당히 수행적인 차원을 자신에게 가진다 하더라도 그것을 수행하는 것과 정확히 같지 않다는 점에 주목하는 것이 중요하다. 누군가가 동성애자라고 선언할 때, 그 선언은 어떤 수행적인 행위이지 동성애 자체는 아니다. 우리가 동성애는 그 자체로 단지 일종의 선언에 불과한 것이라고 주장(이 주장은 어떤 기이한 비약이 될 것이다)하고자 하지 않는 한 말이다. 마찬가지로 에이즈 교육에서 성적 행위를 표현하는 것은 에이즈를 유포하는 것도 특정 종류의 섹슈얼리티를 권장하는 것(안전한 섹스를 권장하는 게 그런 교육의 목표 중 하나라고 이해하지 않는다면)도 아니라고 주장하는 것은 중요하며 옳은 듯하다. 이와 관련된 방식으로 보수적인 비평가들이 갱스터 랩 음악이 도시 범죄와 여성 비하에 책임이 있다

33) (옮긴이) 로버트 매플소프(Robert Mapplethorpe, 1946~1989)는 미국의 사진작가로, 흑백 사진에 논쟁적인 주제를 다룬 것으로 유명하다. 그의 가장 논쟁적인 작품은 뉴욕의 1960년대 후반과 1970년대 초반의 언더그라운드 BDSM 장면이다. 이 작품의 동성애는 논쟁적인 예술작품에 대한 공적 후원을 둘러싼 국가적인 논쟁을 부채질했다.

고 주장할 때, 그들은 표현물을 단지 수행적인 것이 아니라 인과적인 것으로 해석한다. 갱스터 랩 음악에 대한 공적인 반대를 요청하면서, 윌리엄 베넷William Bennett[34]과 C. 델로어즈 터커C. Delores Tucker[35]는 그 음악을 후원하는 기업들에 대한 국가 개입을 요구한 것은 아니었지만, 그런 음악(및 가사)이 발언효과행위적인 영향들을 가지고 있다는 견해를 유포시켰으며, 표현물이 그 자체로 폭력범죄를 선동하고 있다고 주장했다. 표현과 행위의 붕괴는 따라서 도시 폭력의 원인을 국부화시키도록 작동하며, 어쩌면 선동적 수사에 대한 이스라엘의 우려에서처럼 우익 폭력을 생산하는 더 넓은 제도적 조건들에 대한 담론을 침묵시킨다. 미국에서 갱스터 랩 음악의 가사에 대한 반대는 또한 인종, 빈곤, 분노 등의 상황이 어째서 도시의 아프리카계 미국인의 대중적 음악 장르에서 생생하게 드러나는지를 더 근본적으로 분석하지 못하게 왜곡한다.[36]

불행하게도, 일부 혐오 발언 주장에 대한 전유는 인종적 상처의

34) (옮긴이) 윌리엄 존 빌 베넷(William John Bill Bennet, 1943~)은 로널드 레이건 대통령 밑에서 1985년부터 1988년까지 교육부 장관을 역임한 미국 보수주의 정치인, 정치 이론가이다. 1985년 그는 갱스터 랩 음악의 폭력 미화와 여성 비하를 비판하는 광고를 만들기 위해 C. 델로어즈 터커(Cynthia Delores Tucker, 1927~2005)와 협력했다. 터커는 시민권 운동 참여와 갱스터 랩 음악에 반대하는 입장으로 잘 알려진 미국 정치인이다. 터커는 생애의 마지막을 랩 음악과 힙합 곡의 노골적인 가사를 비난하는 데 헌신했다.

35) Op-Ed, *New York Times*, June 2, 1995.

36) George Lipsitz, "Censorship of Commericial Culture……"을 보라.

결과들은 축소시키는 경향이 있는 반면, 성적인 상처의 영역은 가능한 한 확장하곤 한다. 또한 랩 음악에 대한 보수적인 공격에 상처를 주는 재현물에 반대하는 페미니즘 논증들이 암묵적으로 이용되는 것 같다. '품위decency'에 대한 새로운 기준들은 어떤 도시 폭력의 조건들을 표현하지 않을 것을 요구한다. 동시에 여성에 대한 성적인 상처는 인종차별적인 비유를 통해 이해된다. 여성의 존엄성은 재생산 자유의 약화와 광범위한 사회 보장의 상실이라는 공격을 받는 것이 아니라, 주로 노래를 부르는 아프리카계 미국인 남성의 공격을 받는 것으로 인식된다.

페미니스트든 안티 페미니스트든, 인종차별주의자든 반反인종차별주의든, 호모포비아든 안티 호모포비아든, 발언내행위 형태와 발언효과행위 형태 모두에서 효과적인 수행문 모형을 지지하는 견해들이 존재한다. 따라서 언어 행위의 효력에 대한 견해를 일반적인 정치적 견해나 좀 더 구체적으로 수정헌법 제1조의 적절한 권한에 대한 견해와 상호 관련시킬 수 있는 단순한 방법은 없다. 그럼에도 널리 해석되는 '표현'의 제한에 대한 판례들은 혐오 발언에 대한 발언내행위론에 의해 뒷받침된다는 것은 분명한 것 같다. 그러나 표현과 행위 간의 연결이 더욱 견고해질수록, 적절한 행위와 부적절한 행위 간의 구별이 더욱 완전히 배제될수록, 표현은 자신의 결과들 중 하나로 상처를 생산할 뿐 아니라, 그 자체로 상처에 해당하며, 따라서 명백한 형태의 행위가 된다고 주장할 근거는 더 강력해진다. 표현이 행동에 잠식되고 표현과 행동의 간격이 메워지면 국가 개입을 위한 사례를 지지하는 경향이 나타난다. 만일 위의 사례들 중 어떤 '표현'이라도 행위에 완전히 포섭할 수 있다면, 수정헌법 제1조의 법망을 우회하는 것이기 때문이다. 그러나 표현과 행위의 간격을 주장하는 것은 비사법적인 형태의 저항, 즉 법원에서 결정된 것들을 넘어서는 맥락 속에서 표현을 재수행하고 재의미부여하는 방식을 지지하는 것이다. 따라서 진보적인 법 운동과 사회 운동 측에서 고안된 전략들은 문제의 쟁점에 대해 국가 권력, 구체적으로는 법적 권력을 확장시킴으로써 바로 그 운동을 배반하게 되는 위험을 감수한다. 외설의 범위를 확장하든 혹은 도발적인 표현 원칙의 이행(현재까지 성공적이지 못한)을 시도하든 혹은 언어를 차별 행동으로 포함하고자 하는 차별금지법을 확장해서든, 그런 전략들은 문제의 쟁점들에 대한 국가의 규제를 강화하곤 하며, 국가에 자신들의 법 원칙을 수용하라고 요구했던 사회적 운동들에 반하는 판례들을 적용할 수 있는 권능을 잠재적으로 부여한다.

호명으로서의 언어 행위

만일 혐오 발언이 발언내행위적인 방식으로 행위하여 표현의 순간에 그리고 표현의 순간을 통해 상처를 입히고 그 상처를 통해 주체를 구성한다면, 혐오 발언은 어떤 호명적인 기능을 행사하는 것이다.[37] 언뜻 보기에, 오스틴적인 발언내행위적 발언 개념은 알튀세르적인 호명interpellation 개념과 조화되지 않는 듯 보인다. 오스틴에게 말하는 주체는 문제의 표현에 선행한다. 알튀세르에게 주체를 언어적 존재로 탄생시키는 언어 행위는 문제의 주체에 선행한다. 알튀세르에서 주체에 선행하고 주체를 형성하는 호명은 오스틴의 분석 영역을 채우는 주체-중심적인 언어 행위에 대한 선험적인 조건을 구성하는 것 같다. 그러나 오스틴은 수행문의 작동이 항상 화자의 의도에 의존하고 있다고 생각하지 않는다는 것을 분명히 한다. 그는 그가 고찰하는 첫 번째 언어 행위들 가운데 하나인 약속에는, 그 행위를 정당화하기 위해 '허구적인 내적 행위들'이 약속에 동반되어야 함을 요구하는 일종의 심리주의를 거부한다. 비록 선한 의도가 약속을 적절하게felicitous 만들 수 있기는 하지만, 그 행위를 수행하지 않으려는 의도가 언어 행위에서 약속의 지위를 박탈하는 것은 아니다. 따라서 약속은 여전히 수행된다.(11) 언어 행위의 힘은 언어 행위의 의미와 분리될 수 있으며, 발언내행위적인 힘은 관습을 통해 확보된다.[38] 오스틴에게 아무도

37) 알튀세르의 호명 이론에 대해 더 충분한 설명을 보려면, 나의 "Conscience Doth Make Subjects of Us All"를 보라. 이는 *Yate French Studies*, #88(Winter, 1995), pp. 6-26에서 처음 출간되었고, *The Psychic Life of Power: Theories in Subjection*(Stanford: Stanford University Press, 1997)에서 재출판되었다.

38) 언어 관습의 지위에 관한 현재의 논쟁을 훌륭히 개괄한 것은, *Rules and Conventions: Literature, Philosophy, Social Theory*, ed. Mette Hjort(Baltimore: Johns Hopkins University Press, 1992)이다. 특히 그 책의 "The Temporality of Convention: Convention Theory

이행하고자 하지 않는 약속의 경우조차 약속하기의 제도를 지배하고 있는 관습이 구두로 존중받는 것과 마찬가지로, 알튀세르에게 있어서도 이데올로기에 대한 선험적이고 진실된 믿음이 있든 없든 우리는 이데올로기의 '의례' 속으로 진입하게 된다.

발언내행위적인 언어 행위는 관습적인 '의례적' 혹은 '관례적' 차원을 통해 좌우된다는 오스틴의 견해는, 이데올로기가 '의례'의 형태를 가지고 있으며 그 의례는 "이데올로기적 장치의 물질적 실존"에 해당한다는 알튀세르의 주장과 대응한다. 의례는 그것이 생산적인 한 물질적이다. 다시 말해 의례는 그것의 '뒤에 있는' 듯 보이는 믿음을 생산한다. 따라서 알튀세르는 이데올로기의 관례적 차원을 설명해야 할 때 터무니없게도scandalously 종교적 믿음에 대한 파스칼의 언급을 인용한다. "파스칼은 대략 다음과 같이 말한다. '무릎 꿇고 기도하면서 입술을 움직여라, 그리 하면 믿

and Romanticism" by Claudia Brodsky Lacour를 보라. 관습에 대한 거의 후기 오스틴주의적인 분석의 핵심은 David K. Lewis, *Convention: A Philosophical Study*(Cambridge, Mass.: Harvard University Press, 1986)를 보라. 스탠리 카벨은 '관습' 개념을 일상언어의 보다 넓은 개념 속에서 암묵적으로 확장시킴으로써 언어에 대한 오스틴의 관습을 비트겐슈타인주의적인 방향으로 확장시키는 설득력 있는 논증을 펼친다. 그는 또한 문학적 언어에 대한 오스틴의 견해에 반대하고자 하는 자들에 맞서 오스틴을 옹호한다. Cavell, "What Did Derrida Want of Austin?" in *Philosophical Passages: The Bucknell Lectures in Literary Theory*(Cambridge, UK: Basil Blackwell, 1995), pp. 42-65를 보라. "Counter-Philosophy and the Pawn of Voice" in *A Pitch of Philosophy: Autobiographical Exercises*(Cambridge, Mass.: Harvard University Press, 1994), pp. 53-128에서의 카벨의 유사한 논의를 또한 보라.

게 될 것이다.'" 공허한 몸짓은 시간 속에서 채워지게 되며, 관념ideation은 이 의례화된 관습의 반복 과정에서 생산된다. 알튀세르에게 '관념들ideas'은 그런 행위들에 **선행하여 있는** 것이 아니라 "의례의 지배를 받는 관습적 행동 속에 기입되어 있는 것이다."(170) 알튀세르가 제공하는 유명한 호명의 장면에서 경찰은 "어이, 거기 당신"이라는 말로 행인을 불러세우고, 자기 자신임을 인정하고 그 부름에 대답하기 위해 뒤를 돌아보는 자(거의 모든 사람)는, 엄밀히 말해 그 호명에 앞서 존재하지 않는다. 알튀세르의 장면은 따라서 우화적fabulous이기는 한데, 그것이 의미할 수 있는 것은 무엇일까? 행인은 죗값을 치르고 구매한 어떤 정체성을 획득하기 위해 정확하게 뒤를 돌아본다. 인정recognition 행위는 어떤 구성 행위가 된다. 즉 그 말 걸기가 주체를 존재하게 한다.

오스틴적인 약속promise이나 알튀세르적인 기도prayer 모두 자신들이 행하는 방식으로 '수행하기' 위해 이미 존재하는 정신 상태를 필요로 하지 않는다. 그러나 오스틴이 말하는 주체를 가정했다면, 알튀세르는 경찰이 보행자를 불러 세우는 장면에서 주체를 존재하게 하는 어떤 목소리를 상정했다. 오스틴적인 주체는 **관습적으로** 말한다. 즉 그것은 절대로 완전히 개별적인 목소리로서 말하지 않는다. 그 주체는 어떤 공식(이는 규칙을 따르는 것과 완전히 같은 것은 아니다)을 발동시키며, 이는 말해지고 있는 것의 관습적 특성에 대한 반성이 없거나 거의 없이 행해질 수 있다. 관습의 의례적인 차원은 발언의 순간이 그 순간 자체가 은폐하는 과거와 미래의 순간들을 통해 알려지게 된다는 것을 나타낸다. 관습이 말한다면 누가 말하는 것일까? 관습은 어느 때에 말하는 걸까? 어떤 의미에서 관습은 상속된 일련의 목소리들, 즉 '나'로서 말하는 타자들의 메아리다.[39]

오스틴적인 견해와 알튀세르적인 견해를 연결하기 위해서는, 타자의 말 건넴을 통해 구성된 주체가 그러고 나서 어떻게 타자에게 말을 건넬 수 있는 주체가 되는지에 대한 설명을 제공할 필요가 있다. 그런 경우 주체는 언어와 순전히 도구적 관계를 갖는 주권 행위자도 아니고, 그의 행위능력이 이전의 권력 작용과 순전히 공모한 단순한 효과도 아니다. 이전의 말 걸기가 구성한 타자에 대한 취약함은 행위능력에 대한 가정 속에서는 절대로 극복되지 못한다('행위능력'은 '지배'와 같지 않다는 것이 하나의 이유이다).

혐오 발언은 발언내행위라는 주장, 즉 혐오 발언은 주체를 종속subordination의 자리로 만들어 낸다는 주장은, 주체가 관례의 형태를 행사하는 자신보다 앞선 목소리에 의해 호명된다는 견해에 가깝다. 혐오 발언에서 문제의 의례는 종속의 의례인 듯 보인다. 혐오 발언에 대한 국가 규제를 지지하는 가장 강력한 논증 중 하나는 특정한 종류의 발언을 권력의 자리에 있는 자들이 이미 종속된

39) 이러한 오스틴주의적인 반복iteration의 특징은 쇼샤나 펠만으로 하여금 오스틴의 작업을 라캉의 작업과 비교하도록 이끌었다. Felman, *The Literary Speech Act*, Chapter IV를 보라. 그것이 가능하게 하는 '나'에 대한 언어적인 관습의 무관심에 관해서는, 에밀 방브니스트Emile Benveniste에 대한 펠만의 논의, pp. 13-22를 보라.

자들을 향해 전달한다면, 이는 그런 발언을 건네받은 자들을 재종속resubordinating시키는 효과를 갖는다는 것이다.

그런 견해가 설득력을 얻으려면 사회적으로 우연적이며 회피 가능한 상처의 종류와 주체의 구성적 조건이 되는 종속의 종류를 구분해야 한다. 전자의 발언은 후자의 선험적 가능성을 활용하는 것으로 보이기 때문에, 이런 구별은 불가능하지는 않지만, 어렵다. 혐오 발언은 언어에 대한 어떤 선험적인 취약함을, 우리가 호명됨으로써 일종의 존재를 갖게 되는 취약함, 즉 존재하기 위해 타자의 말 걸기에 의존하고 있다는 것을 노출시킨다. 인정recognition을 규제하고, 할당하며, 거부하는 그 용어들이 좀 더 넓은 사회적 호명 의례의 일부인 만큼, 누군가가 타자—헤겔적이며 프로이트적인 가정—에 대한 의존을 통해 '존재하게 된다'는 것은 언어학적인 용어들로 재구성되어야 한다. 존재를 간청하는 인정의 부름에 대한 근본적인 취약성과 민감성으로부터, 즉 잠정적인 존재론적 지위를 얻기 위해 우리가 전혀 만든 적 없는 언어에 대한 근본적인 의존으로부터 보호받을 수 있는 방법이란 없다. 따라서 우리는 때때로 우리를 고통스럽게 하는 그 용어들에 매달린다. 왜냐하면 최소한 그 용어들은 우리에게 어떤 형태의 사회적이고 담론적인 존재를 제공하기 때문이다.[40] 행위능력의 가능성을 개시하는

40) 언어적인 진술들을 답변 가능하게 하며 인간의 의사소통을 가능하게 하는 언어적 진술들의 '불완전한 특성'을 강조하는 유사한 견해에 대해서는, J.G.A. Pocock, "Verbalizing a Political Act: Towards a Politics of Speech" in Micheal J. Shapiro,

그 말 걸기는 단박에 근본적인 자율성[41]의 가능성을 배제한다. 이런 점에서 '상처'는 주체가 자연 발생autogenesis할 가능성을 배제하는 (그리고 바로 그 환상을 불러 일으키는) 호명 행위에 의해 수행된다. 따라서 언어에 대한 근본적인 어떤 것을, 좀 더 구체적으로는 주체의 언어적 구성에 대한 근본적인 어떤 것을 파괴하지 않고서는, 언어의 잠재적으로 해로운 효과를 완전히 규제하는 것은 불가능하다. 한편 우리가 어쨌든 어떤 행위능력을 실천하기 위해 말을 건네받은 방식에 의존하고 있다는 것이 얼마나 불가피한 것인지를 깨닫게 된다면, 주체에 대한 규제와 주체의 구성을 지배하는 언어에 관한 비판적 관점은 더더욱 절대적인 것이 된다.

혐오 발언의 발언은 우리가 주체화되는 지속적이고 연속적인 과정의 일부분으로, 호명 작용인 계속되는 주체화assujestiment이며, 주체가 주체화 속에서 형성되는 지속적으로 반복되는 담론의 행위다. 담론적인 모독의 장소를 모욕적인 용어들은 그것들이 실행

Language and Politics(New York: New York University Press, 1984), pp. 25-43을 보라.

41) (옮긴이) 발달 심리학과 도덕 철학, 정치 철학, 생명 윤리 철학에서 자율성은 정보에 입각한, 비강제적인 결정을 내릴 수 있는 능력이다. 자율적인 조직 또는 기관은 독립적이거나 자치적이다. 자율성은 또한 인적 자원 관점에서 정의될 수 있는데 여기서 자율성은 직원의 업무에서 직원에게 부여되는 (상대적으로 높은) 수준의 재량을 나타낸다. 이 경우 자율성은 일반적으로 직무 만족도를 높이는 것으로 알려져 있다. 자아 실현된 개인은 외부 기대치에 따라 자율적으로 작동하는 것으로 생각된다. 의학적 맥락에서 환자의 개인적 자율성에 대한 존중은 의학의 많은 기본 윤리 원칙 중 하나로 간주된다.

되는 발언에 선행하며 그 발언을 야기한다. 그 발언은 호명 작용이 갱신될 수 있는 계기가 된다. 실제로 호명 작용은 '언어 행위'를 통해서만 예시되지만, 호명 작용은 그런 행위의 유무에 관계없이 발생하는 것이다. 우리는 침묵을 통해서도, 즉 말을 건네받지 않음을 통해서도 호명될 수 있고, 장소에 놓일 수 있으며, 장소가 주어질 수 있다. 그리고 이는 우리가 우리 자신이 전혀 말을 건네받지 않는 것보다 비하되는 경우를 더 선호하고 있음을 알게 될 때 고통스럽게도 분명해진다.

우리는 해로운 언어의 존재를 다음 순서의 윤리적인 질문을 제기하고 있는 것으로 이해하고 싶은 유혹에 빠질 수 있다. 우리는 어떤 언어를 사용해야 하는가? 우리가 사용하는 언어는 다른 이들에게 어떻게 영향을 미치는가? 만일 혐오 발언이 인용적이라면, 이는 그것을 사용하는 우리가 그것을 사용하는 데 책임이 없다는 것을 뜻하는가? 우리는 우리 자신이 사용하고 있음을 그저 깨닫게 되는 이런 발언을 다른 누군가가 만들었다고, 이로써 우리 스스로 모든 책임에서 벗어난다고 말할 수 있는가? 나는 담론에 대한 인용 가능성은 담론에 대한 우리의 책임감을 증대시키며 강화시킨다고 주장하고자 한다. 혐오 발언을 발언하는 자는 그런 표현이 반복되는 방식에, 그런 표현을 재활성화시킨 것에, 혐오와 상처의 맥락을 재확립시킨 것에 책임이 있다. 화자의 책임은 무에서 ex nihilo 언어를 다시 만드는 데 있는 것이 아니라, 오히려 화자의 표현을 제한하고 가능하게 하는 사용의 유산과 협상하는 것으로 이루어져 있다. 시작부터 불순물impurity에 의해 괴롭힘을 당하는 이러한 책임감을 이해하려면, 우리는 화자를 그 혹은 그녀가 사용하는 언어로 형성된 것으로 이해할 필요가 있다. 이 역설은 표현을 시작할 때 빚어지는 어떤 윤리적 딜레마를 암시한다.

표현을 어떻게 최선으로 사용하는가라는 질문은 오로지 나중에서야 출현할 수 있는 어떤 명시적인 윤리적 질문이다. 그 질문은 일련의 근본적 질문들을 전제한다. 즉 언어 없이는 우리가 우리일 수 없는 우리는 누구이며, 언어 내에서 우리가 '존재한다'는 것은 무엇을 의미하는가? 해로운 언어는 어떻게 언어적 지속과 언어적 생존이라는 바로 그 가능성의 조건을 공격하는가? 만일 말하는 주체가 그녀 혹은 그가 말하는 언어에 의해 또한 구성되기도 하는 것이라면, 언어는 단지 표현의 도구인 것이 아니라 말하는 주체를 위한 가능성의 조건인 것이다. 이는 주체는 자신의 '존재'를 주체에 앞서고 주체를 넘어서는 언어 안에 연루시킨다는 것을, 즉 언어의 역사성은 말하는 주체의 역사성을 넘어서는 과거와 미래를 포함하고 있다는 것을 의미한다. 그럼에도 불구하고 이런 '초과excess'가 주체의 발언을 가능하게 하는 것이다.

미셸 푸코Michel Foucault는 "담론은 삶이 아니다. 따라서 담론의 시간은 당신의 것이 아니다"[42]라고 하면서 이러한 언어에 대한 통

42) Micheal Foucault, "Politics and the Study of Discourse," in *The Foucault Effect: Studies in Governmentality*, ed. Graham Burchell, Colin Gordon, and Peter Miller(Chicago: University of Chicago Press, 1991), p. 71.

제의 상실을 언급했다. 푸코는 이 말을 통해 누군가의 삶은 자신이 말하는 담론이나 그의 삶을 발생시키는 담론의 영역으로 환원될 수 없다는 것을 의미하는 것처럼 보인다. 그러나 그가 강조하지 못하는 것은, 담론의 시간이 주체의 시간과 근본적으로 통약불가능incommensurability[43]할 때에도 주체의 말하는 시간을 **가능하게 한다**는 것이다. 주체가 통제할 수 없는 언어적인 영역은, 말하는 주체가 행사하는 통제의 영역이 무엇이든 이를 위한 가능성의 조건이 된다. 표현의 자율성은 그것이 존재하는 한, 그 역사성이 말하는 주체의 역사를 모든 방향에서 초과하는 언어에 대한 근본적이며 근원적인 의존성에 의해 조건지어진다. 그리고 이런 초과적인 역사성과 구조는 잠재적으로 주체의 언어적인 죽음뿐 아니라, 주체의 언어적인 생존을 가능하게 한다.

이름들의 해로운 행위

몇몇 상처를 주는 언어들은 타자를 어떤 이름으로 부름으로써 이름의 사용에 의존하는 반면, 다른 형태들은 기술구descriptions나 심지어 침묵에 의존하는 듯하다. 그렇다 하더라도 우리는 이름이

43) (옮긴이) '통약불가능성incommensurability'이라는 용어는 고대 그리스 수학에서 기원한 말로, 처음에는 두 등급 간에 공통된 척도가 없다는 것을 의미했으나 후에 '동일한 척도가 없다'는 의미로 자리 잡았다.

지닌 권력에 대한 고찰을 통해 언어적인 상처받기 쉬움을 조금이나마 이해할 수 있다. 자크 라캉Jacques Lacan은 다음과 같이 적는다. "이름은 대상object의 시간이다." 그러나 이름은 또한 타자Other의 시간이기도 하다. 다시 말해 누군가는 이름 붙여짐을 통해 사회적 공간과 시간으로 이동된다. 그리고 그는 그의 이름에 대해, 즉 개별성을 부여하는 것으로 여겨지는 그 지명designation에 대해 타자에 의존한다. 어떤 관습으로서의 이름은 그 이름이 타자들에 의해 공유되든 되지 않든, 비록 그것이 개별성을 부여할 수 있는 힘을 행사하는 것으로 이해되기는 하지만, 결코 근본적으로 개별적이지 않은 어떤 보편성과 역사성을 가지고 있다. 적어도 이것이 **고유명사**에 대한 일반적인 인식이다. 그러나 다른 종류의 이름들, 기술구들, 언어적인 정향들(침묵을 포함하여)은 고유명사의 구성적인 힘의 일부를 차용하고 도출해 내는가? 그것들은 공간적이고 시간적인 특수성을 부여하여, 언어의 시간과는 같지 않은 주체의 시간을 시작하고, 통약불가능성으로부터 도출되는 주체의 유한성에 대한 감각을 강화하는가?

여기서 잠깐 이름 붙이기에 대한 좀 더 일반적인 조건을 고찰해 보자. 우선 이름은 누군가 혹은 일련의 누군가들에 의해 제공되고, 주어지고, 부과된다. 그리고 그것은 다른 누군가에게 귀속된다. 이름은 상호주관적인 맥락을 필요로 할 뿐 아니라, 또한 **전달 방식**a mode of address을 필요로 한다. 이름은 **타자에 대한 신조어의 건넴으로, 그리고 그 말 건넴 속에서 고유한 신조어의 제공으로** 출현하기 때문에, 말 걸기 방식a mode of address을 필요로 한다. 이름 붙이기의 장면은 그렇다면 먼저 일방적인 행동으로 나타난다. 즉 자신들의 표현을 타자에게 건네는 자들, 이름을 차용하고, 합치며, 주조하고, 이름을 이용 가능한 언어적 관습에서 이끌어내어, 그런 파생을 이름 붙이는 행위에서 적절한 것으로 확립시키는 자들이 있다. 그렇다 하더라도 이름 붙이는 자, 즉 타자에 대한 이름을 찾고자 언어 내부에서 작업하는 자는 이미 이름 붙여진, 이미 언어 내에서 근본적이거나 시원적인 말 걸기에 종속된 자로 추정된다. 이는 그런 어떤 언어 내 주체가 말을 건네받은 것이자 동시에 말을 건네는 것으로 배치된다는 것을, 타자에게 이름 붙일 수 있는 가능성은 그가 우선 이름 붙여져야 함을 필요로 한다는 것을 나타낸다. 이름 붙여진 표현의 주체는, 때가 되면 잠재적으로 타자에게 이름 붙일 수 있는 자가 된다.

비록 우리가 이 행위를 무엇보다 고유명사를 부여하는 행위라고 생각할 수 있기는 하지만, 이 행위가 불가피하게 그런 형식을 취하는 것은 아니다. 귀에 거슬리고 심지어 끔찍하기도 한 이름 붙이기의 힘은, 언어적인 존재를 개시하고 존속시킬 수 있으며 개별성을 장소와 시간 안에 부여할 수 있는 이런 이름의 최초의 힘을 상기시키는 듯 보인다. 고유명사를 얻고 난 후 우리는 또다시 이름이 붙여진다. 이런 점에서 이름 붙여짐에 대한 취약함은 말하는 주체의 어떤 지속적인 조건에 해당한다. 만일 우리가 한 번이라도 불린 적이 있는 이름들을 모두 열거하게 된다면 어떻게 될까? 그것들이 정체성에 대한 곤혹스러움을 나타내지 않을까? 그것들 중 일부는 타자의 영향을 취소할까? 우리는 자신에 대한 감각을 끌어내기 위해 어떤 경합하는 일련의 이름들에 근본적으로 의존하고 있다는 것을 알게 될까? 우리는 다른 어딘가로부터 건네진 이름들 속에서 우리 자신을 발견함으로써, 우리 자신이 언어 속에서 소외되어 있다는 것을 알게 될까? 따라서 에밀 방브니스트[44]가 제시했듯이, 언어 안에서 '내'가 될 수 있는 가능성의 조건은 우리가 되는 '나'와는 무관한 것으로 남는다. 우리가 언어 안에서 우리 자신을 찾고자 할수록, 우리는 우리가 찾는 바로 그곳에서 우리 자신을 상실한다.

말을 건네받고 건네는 것으로 배치되고, 교차된 권력의 벡터의 내부에 자신의 방향을 잡음으로써, 주체는 존재하기 위해 어떤 말 걸기를 필요로 함으로써 타자에 의해 수립될 뿐 아니라, 그의 권력은 언어적인 취약함 및 언어적인 관습 둘 다로서의 말 걸기의 구조로부터 파생된다. 만일 주체가 말 걸기를 통해 존재하게 된다면, 우리는 그 혹은 그녀의 언어적 정향linguistic bearing과 떼어 놓은 채 어떤 주체를 상상할 수 있을까? 타자에게 말을 건네고 타자에 의해 말을 건네받을 수 있는 근본적인 가능성을 떼어 놓고는 우리는 그들을 상상할 수 없거나 그들은 그들 자신일 수 없다. 만일 이

44) (옮긴이) 에밀 방브니스트(Émile Benveniste, 1902~1976)는 프랑스의 구조주의 언어학자이자 기호학자이다. 인도-유럽어족 언어에 대한 작업과 페르디낭 드 소쉬르에 의해 확립된 언어학적 패러다임에 대한 확장으로 잘 알려져 있다.

주체들이 서로를 향한 언어적 정향 없이는 그들 자신일 수 없다면, 이 언어적인 정향이야말로 주체들이 누구인가에 대한 본질적인 어떤 것으로서의, 즉 그것이 없이는 그들이 존재한다고 할 수 없는 어떤 것으로서의 자격을 갖는 것이 당연하다. 따라서 서로를 향한 그들의 언어적인 정향, 즉 서로를 향한 그들의 언어적인 취약함은, 서로에 대한 그들의 사회적 관계에 단순히 덧붙여진 어떤 것이 아니다. 그것은 이런 사회적 관계가 갖는 최초의 형태들 중 하나다.[45]

우리가 고찰해 온 언어적인 장면은 말을 건네고 건네받은 관계에 있는 주체들이 있는 장면이다. 거기에서 말을 건넬 수 있는 능력은 건네받은 적이 있음으로부터 파생된 듯 보이며, 언어 내에서의 특정한 주체화는 이런 전도 가능성reversibility에 의해 구성된다. 그러나 이원적 관계를 가정하는 것이 호명에 대한 우리의 인식을 제한할 필요는 없다.

45) 물론 하버마스를 비롯한 이들은 우리가 모든 언어 행위 내에서 공통적으로 전제되는 것으로 인해 일종의 보편적인 공동체에 참여한다고 주장하기 위해 이런 근본적으로 하이데거주의적인 주장에 따라 추론하겠지만, 내 생각에 이는 현재 우리가 펼치고 있는 고찰에서 멀리 벗어나는 것이라고 생각한다. 좀 더 제한적이고 그럴듯한 주장은 사회적 맥락이 언어에 내재하게 된다는 것이다. 사회적 맥락들이 언어의 문자 그대로의 사용과 언어 행위 속에 어떻게 내재하게 되는가에 관한 탁월한 논문은, William F. Hanks, "Notes on Semantics in Linguistic Practice," in *Bourdieu: Critical Perspectives*, eds. Craig Calhoun, Edward LiPuma, and Moishe Postone(Chicago: University of Chicago Press, 1993), pp. 139-154를 보라.

누군가가 그가 이름 붙여진다는 것을 알지 못하고서 이름 붙여지는 상황을 고찰해 보자. 이는 결국 시작에 있는, 그리고 심지어 때로는 시작에 선행하는 우리 모두의 조건이다. 이름은 그를 사회적으로 구성하지만, 그의 사회적인 구성은 그의 인식 없이 발생한다. 그는 그가 사회적으로 구성되는 방식과는 정반대의 방식으로 스스로를 상상할 수 있다. 다시 말해 그는 불시에, 불안 혹은 쾌락으로, 심지어는 충격을 받고서 사회적으로 구성된 자아를 만날지 모른다. 그리고 그런 마주침은 이름이 그 이름을 지닌 자와는 무관한 방식으로 구성의 언어적인 힘을 행사하는 방식을 강조한다. 주체는 구성이 효과적인 방식으로 작동하기 위해 구성되는 방식을 인식하거나 기록할 필요가 없다. 구성의 척도는 그 구성에 대한 반성적인 전유에서가 아니라 자기 인식의 범위를 넘어서는 의미작용의 연쇄에서 발견되기 때문이다. 담론의 시간은 주체의 시간이 아니다.

이런 점에서 호명에 대한 알튀세르의 견해는 수정되어야 한다. 주체는 어떤 주체로 구성되기 위해 언제나 뒤돌아볼 필요가 있는 것은 아니다. 그리고 주체를 개시하는 담론은 어떤 목소리의 형태를 취할 필요가 전혀 없다.

「이데올로기와 이데올로기적 국가 장치Ideology and Ideological State Apparatuses」에서 알튀세르는 이름을 붙이고, 이름을 붙이면서 주체들을 탄생시키는 신성한 목소리라는 비유에 의지함으로써 이데올로기의 주체-구성 권력을 설명하고자 한다. 신성한 이름은 이름은 자신이 이름 붙이는 것을 만들지만, 그것은 또한 자신이 만드는 것을 종속시킨다. 사회적 이데올로기는 신성한 목소리와 유사한 방식으로 작동한다고 주장하면서, 알튀세르는 무심코 사회적 호명을 신성한 수행문과 동일시 한다. 종교의 예시는 따라서 이데올로기를 다음과 같은 것으로 사고하는 전형적인 지위를 가정한다. 즉 이데올로기의 '목소리', 즉 호명의 '목소리'의 권위는, 거부하기가 거의 불가능한 어떤 목소리로 여겨진다. 알튀세르에게 호명의 힘은 유명한 예시에서 도출된다. 베드로(그리고 모세)의 이름을 부르는 신의 목소리와, 국가 권위의 대표자들로 추정되는 목소리에 있어서의 신의 목소리의 세속화, 즉 다루기 힘든 행인을 "어이, 거기 당신!"이라고 불러 세우는 경찰관의 목소리.

다시 말해 이름을 붙이는 신성한 힘이 주체의 이데올로기적 구성을 설명하는 호명 이론을 구성한다. 신은 '베드로'라는 이름을 붙이고, 이 말 걸기는 신을 베드로의 기원으로 확립시킨다.(177) 따라서 그를 이름 붙인 자의 이름 속에 거주하고 있는 암묵적이고 계속적인 현전을 통해서 그 이름은 베드로에게 영구적으로 부착된 채로 남는다. 그러나 알튀세르가 예시한 용어들 안에서, 이런 이름 붙이기는 건네받은 자 측의 어떤 준비 자세readiness 혹은 예상하는 욕망 없이는 성취될 수 없다. 이름 붙이기가 어떤 말 걸기인 한, 말을 건네받은 자는 그 말 걸기에 앞서서 이미 존재한다. 그러나 말 걸기가 자신이 이름 붙이는 것을 창조해 내는 어떤 이름이라는 점을 고려한다면, '베드로'는 '베드로'라는 이름 없이 나타나지 않으며, '베드로'는 존재에 대한 언어적 보장을 제공해 주는 그 이름 없이는 존재하지 않는다. 이런 의미에서 주체 형성의 어떤 근본적이고 본질적인 조건으로서, 권위적인 호명으로 강제되는 어떤 준비 자세가 있다. 이는 신성한 목소리의 부름에 굴복하기 전에 그 목소리와 이미 구속적인 관계에 있다는 것을 나타낸다. 다시 말해 그는 이름을 부르는 그 목소리에 이미 소유되는 것이며, 그가 뒤이어 굴복하는 권위에 이미 종속되어 있는 것이다.

알튀세르의 도식은 그것이 유용한 만큼 호명 개념을 어떤 목소리의 행위로 제한시키며, 자신이 이름 붙이는 것을 발생시킬 수 있는 능력에 있어서 신성한 목소리라는 비유를 상기시키고 재강화하는 목소리에 창조적인 힘을 귀속시킨다. 호명이 자신의 효력이 그것의 선언되는 순간으로 환원될 수 없는 담론의 도구와 체계가 되기 위해서는, 목소리라는 비유와 분리되어야 한다. 사회적 효과의 생산, 특히 주체의 구성에 있어서 기술되거나 재생산된 언어의 효력을 고찰해 보자. 그러나 어쩌면 가장 중요하게 고찰해야 하는 것은 그 목소리가 **주권** 권력 개념에, 즉 어떤 주체에서 발산하는 것으로 비유되는 권력, 그 효과가 목소리의 마법적인 효과인 것 같은 어떤 목소리 속에서 활성화되는 권력 개념에 연루된다는 것이다. 다시 말해 권력은 이름 붙이기의 신성한 힘이라는 모형 위에서 이해되고, 거기에서 발언하는 것은 발언된 효과를 창조하는 것이 된다. 인간의 표현은 그 표현을 국가 권력, 판사의 권력, 출입국 관리 당국이나 혹은 경찰이 지지해 주는 경우를 제외하고서는 신성한 효과를 흉내 내기가 거의 불가능하다. 그리고 그럴 때라 하더라도 그 권력을 반박하고자 하는 의지가 분명 존재한다. 권력을 가지고 말하는 자, 즉 그녀 또는 그가 말하는 것을 실현시키는 자는 무엇보다 먼저 말을 건네받았음에 의해 그/그녀의 발언에서 무언가를 가능하게 할 수 있게 되었으며 따라서 그 말 걸기를 통해 언어적 능력을 시작했다는 것을 우리가 만일 인정한다면, 말하는 주체의 권력은 언제나 어느 정도까지는 파생적이며, 그 말하는 주체의 권력은 말하는 주체 내에 그 원천을 갖지 않을 것이라는 결론이 따라 나오게 된다.

거리에서 행인을 불러 세우는 경찰관은 반복되는 관습의 힘을 통해 그 부름을 가능하게 할 수 있다. 이는 경찰관이 수행하는 언어 행위 가운데 하나이며, 그 행위의 시간성은 문제의 발언의 그 시간을 넘어선다. 어떤 점에서 경찰관은 부름의 관습을 **인용**cite하며 그것을 말하는 자와 무관한 어떤 발언에 참여한다. 그 행위는 언어 행위의 인용적 차원, 즉 선언의 순간을 초과하고 가능하게 하는 관습의 역사성으로 인해 부분적으로 '작동한다.' 알튀세르에게는 뒤돌아 보는 자, 즉 그가 불린 그 용어를 반성적으로 전유하는 자가 존재해야 한다. 오로지 이러한 전유적 몸짓이 발생할 때에만 불러 세우기는 호명된다. 그런데 만일 예컨대 우리가 목소리가 들리지 않는 곳에서, 이를테면 삼인칭 담론의 지시 대상으로 주체가 구성되는 경우처럼 주체의 언어적 구성이 주체가 알지 못하는 사이에 발생할 수 있다는 개념을 받아들인다면, 호명은 '뒤를 돌아봄' 없이도, 누군가가 언제고 "네, 저 여기 있습니다"라는 말함 없이도 기능할 수 있는 것이다.

누군가가 어떤 이름으로 불리고 나서 오로지 그 이름에 항의하기 위해 뒤를 돌아보는 꽤 있을 법한 장면을 상상해 보자. "그건 제가 아니에요, 당신은 오해한 게 틀림없어요!" 그러고 나서 그 이름이 계속해서 스스로를 당신에게 강제하고, 당신이 차지한 공간을 묘사하며, 사회적 위치성positionality[46]을 구성하는 것을 상상해 보자. 당신의 항의에 무관심한 호명의 권력은 작동을 계속한다. 그는 여전히 담론에 의해 구성되지만, 그 자신과는 동떨어져 있는 것이다. 호명은 자신의 표지를 자주 놓치는 어떤 말 걸기이며, 어떤 권위에 대한 인정을 요구하는 동시에 그런 인정을 성공적으로 강제함으로써 정체성을 부여한다. 정체성은 그런 순환의 기능이지, 그 순환에 앞서 존재하는 것이 아니다. 호명이 만들어 내는 표지는 진술적인 것이 아니라, 개시inaugurate적인 것이다. 호명은 어떤 존재하고 있는 것을 보고하기보다는 어떤 현실을 도입하고자 한다. 호명은 기존 관습의 인용을 통해 이런 도입을 달성한다. 호명은 그 '내용'이 참도 아니고 거짓도 아닌 언어 행위이다. 즉 호명은 진술을 자신의 주된 임무로 가지고 있지 않다. 호명의 목적은 어떤 종속된 주체를 지시하고 확립시키는 것이며, 주체의 사회적 윤

46 (옮긴이주) 위치성은 인종, 계급, 성별, 성, 능력 상태와 관련하여 정체성을 만드는 사회적, 정치적 맥락이다. 위치성은 또한 당신의 정체성이 어떻게 세상에 대한 이해와 전망에 영향을 미치고 잠재적으로 편견을 갖게 하는지를 설명한다.

곽들을 시공간 내에 생산하는 것이다. 호명의 반복적인 작용은 시간이 지남에 따라 자신의 '위치성'을 축적시키는 효과를 갖는다.

호명적인 이름은 어떤 화자 없이도 도달할 수 있다. 관료주의적인 형태로, 검열로, 입양 서류로, 고용 지원서로. 누가 그런 말들을 발언하는가? 주권 권력의 관료적이며 규율적인 분산은 어떤 주체가 없어도 작동하지만, 자신의 작동 과정 속에서 주체를 구성하는 담론 권력의 지형을 생산한다. 이는 그렇다고 양식을 작성하고 배포하는 개인들이 없다는 것을 의미하지는 않는다. 이는 단지 그들은 그들이 전달하는 담론의 창시자가 아니라는 것과 그들의 의도가 얼마나 강하든 그들의 의도가 최종적으로 그 담론의 의미를 통제하는 것이 아니라는 것을 의미할 뿐이다.

비록 주체는 물론 말하며, 어떤 주체가 없다면 말함도 없지만, 주체는 자신이 말하는 것에 주권 권력을 행사하지 못한다. 그 결과 주권 권력이 분산된 이후 호명은 자신의 종료만큼 불투명한 어떤 기원을 가지고 있다. 그 말 걸기는 누구에게서 출현하며, 그것은 누구에게 건네지는가? 만일 말 걸기를 전달하는 자가 그것의 저자가 아니라면, 그리고 말 걸기에 의해 표시된 자가 그것에 의해 기술되는 것이 아니라면, 호명 권력의 작동은 그것의 용어들이 구성한 주체들을 초과하는 것이며, 그렇게 구성된 주체들은 그들을 탄생시킨 호명을 초과하는 것이다.

호명의 작동이 필연적일 수는 있다. 그러나 그것이 그런 까닭에 기계적이거나 전적으로 예측 가능한 것은 아니다. 상처를 줄 수 있는 이름의 권력power은 그것을 통해 그 권력이 행사되는 효력efficacy과는 구별된다. 오히려 권력은 일부 언어 행위 이론이 나타내는 것처럼 그렇게 식별하거나 국한하기 쉽지 않다.[47] 혐오 발언을 하는 주체는 그런 표현에 분명히 책임이 있지만, 그 주체가 그런 표현의 창시자인 경우는 거의 없다. 인종차별 발언은 관습의 발동을 통해 작동한다. 그것은 순환하고, 말하기를 위해 주체를 필요로 하기는 하지만, 그것은 말하는 주체나 사용되는 특정 이름으로 시작하거나 끝나지 않는다.

푸코는 권력의 개념화를 국한시키려는 노력을 하지 말아야 한다고 조언하며, 그의 권력 이론은 권력을 이름 속에 위치시키려는 시도와 관련이 있다. 그의 언급은 이름의 권력보다는 **권력의 이름**과, 그리고 마치 권력을 그것이 이름인 것처럼 해석하는 데 동조하는 유명론[48]적인 가정들과 더 많은 관련을 맺고 있다.

그는 적는다. (『성의 역사』, 93) "우리는 의심의 여지 없이, 유명론

47) J. L. 오스틴에 관한 스탠리 카벨의 작업은 이 규칙에 대한 중요한 예외인 것 같다. 카벨은 결정적인 의도를 언어 행위에 귀속시키고자 하는 시도는, 의도가 발언내행위에 구속력을 부여하는 관습만큼 중요하지 않다는 오스틴의 주장을 놓친다고 주장한다. 진지함seriousness의 질문과 관련하여 오스틴을 어떻게 독해할 것인가에 관한 예리한 일련의 주장뿐 아니라 이 견해에 대한 보다 충분한 상술에 대해서는, 위에서 인용된 Stanley Cavell, *A Pitch of Philosophy*를 보라.

48 유명론은 보편자 혹은 일반 개념이 어떠한 상응하는 현실이 없는 이름일 뿐이고, 오직 특정한 사물만이 존재한다는 원칙이다. 한편 ,속성, 숫자, 집합은 존재하는 것들을 고려하는 방법의 특징들로만 여겨진다. 중세 스콜라 사상에서 중요한 유명론은 특히 오캄의 윌리엄William of Occam과 관련이 있다.

자가 될 필요가 있다. 즉 권력은 어떤 제도가 아니며, 어떤 구조가 아니다. 그것은 우리가 부여받는 어떤 힘도 아니다. 권력은 우리가 특정한 사회 속의 **어떤 복잡한 전략적 상황에 붙이는 이름**이다." 권력은 우리가 쉽게 이름 붙일 수 없는 어떤 복잡성에 귀속시키는 이름이다. 권력은 어떤 이름의 형태로 도달하지 않는다. 그리고 권력의 구조와 제도는 권력이 무엇이든 그 이름이 완벽하게 들어맞는 것처럼 보이지 않는다. 이름은 고정하고, 동결시키며, 한계 짓고, 실체를 부여하곤 한다. 실제로 이름은 실체의 형이상학을, 즉 구체적이고 개별적인 종류의 존재들의 형이상학을 소환하는 것 같다. 따라서 이름은 미분화된undifferentiated 시간적인 과정이나 '상황'이라는 미명하에 진행되는 복잡한 관계의 수렴과 같지 않다. 그러나 권력은 우리가 이러한 복잡성에 귀속시키는 이름, 그 복잡성을 대체하는 이름, 그렇지 않으면 너무 까다롭거나 복잡할 수 있는 것과, 그 복잡성으로 인해 이름이 전제하는 무언가를 제한하고 실체화하는 존재론에 반항할 수 있는 것을 관리할 수 있게끔 하는 이름이다. 물론 푸코가 "권력은 우리가 전략적인 상황에 붙이는 이름이다"라고 주장했을 때, 권력은 단지 우리가 붙이는 일 뿐이고, 그 이름은 권력이란 무엇인가에 대한 자의적이거나 생략된 형태인 듯 보이지만, 그때 푸코는 어떤 설명을 제공한다. "특정한 사회 속의 어떤 전략적 상황." 그리고 다음과 같은 질문이 나타난다. 즉 이러한 설명은 이것이 대체하는 이름에 비해, 즉 이 설명을 대체하는 이름에 비해 자의적이지 않거나 생략적이지 않은 것일까? 다시 말해 이 설명도 이름과 마찬가지로 어쨌든 대체하는 것은 아닌가?

이런 관점에서 봤을 때, 권력이란 무엇인가? 만일 권력이 우리가 부여받은 어떤 힘이 아니라면, 권력은 어쩌면 언어가 부여받은 어떤 힘인 것일까? 만일 권력이 둘 다 아니라고 한다면, 즉 권력이 '부여받은 힘'으로서 모든 주체에 내재하는 것이라고 할 수 없다면, 혹은 그 점에서 '부여된 힘'으로 일련의 이름들에 내재하는 것이라고 할 수 없다면, 우리는 정확히 어떤 주체가 부여받거나 혹은 어떤 이름이 부여받은 것으로 권력이 나타나게 되는 그런 경우들을 어떻게 설명할 것인가?

권력은 위장을 통해 작동한다. 즉 권력은 스스로가 아닌 것으로 나타나게 되며, 실은 어떤 **이름**으로 나타나게 된다. 푸코는 그 용어를 따옴표 안에 위치시켜, '권력'이라고 쓴다. 즉 소위 권력, 사람들이 말하는 것으로서의 권력 말이다. 권력, 즉 이름은, 다름 아닌 이런 모든 유동성에서 출현하는 총체적 효과이다. 즉 "이러한 ['유동성들'] 각각에 의지하고 있으면서 **그것들의 운동을 구속하고자 하는** 연결concatenation"이다. 권력은 운동이고, 권력은 연결, 즉 유동성 위에 의지하는 연결(『성의 역사』, 93)이지만, 권력은 어떤 의미에서 유동성들에서 파생된 연결, 즉 유동성들을 거슬러서 운동 그 자체를 구속하고자 하는 유동성들에서 파생된 연결이다. '이름'은 혹시 그런 구속이 수행되는 하나의 방식일까? 권력에 대해 사유하는 낯선 방식은 권력을 운동의 구속으로, 즉 스스로를 정지하거나 구속하게 되는 운동—명목화nominalization를—으로 사유하는 것이다. 권력이라는 그 이름은 스스로의 내부에 자신이 구속하는 어떤 역사의 운동을 담고 있다.

명백히 해로운 이름들은 어떤 역사를, 발언의 순간에 발동되고 재강화되는 역사를 가지고 있지만, 명시적으로 말해지지는 않는다. 이는 단지 그 이름들이 어떤 맥락에서, 무슨 목적을 위해, 어떻게 사용되어 왔는지에 대한 역사는 아니다. 오히려 그것은 그런 역사들이 그 이름 속에서 그리고 그 이름에 의해 설치되고 구속된 방식이다. 그 이름은 따라서 어떤 **역사성**을, 즉 어떤 이름에 내재되어, 어떤 이름의 현재 의미를 이루게 된 역사로 이해될 수 있는 것을 가지고 있다. 이는 바로 그 이름의 일부가 된 사용들의 축적으로, 이런 축적, 반복이 그 이름을 응축시키고 그 이름에 힘을 부여하는 것이다.[49]

49) 하이데거는 역사성은 역사의 내재적인 작용일 뿐 아니라, 또한 역사의 필수적인 작용이라고 적으며, 역사성을 순간들의 합으로 환원시키는 것을 경고한다. "현존재Dasein는 잇따라 생기고 사라지는 경험의 순간적인 사실들의 합으로 존재하는 것이 아니다. (……) 현존재는 '삶의' 궤적 또는 연장을 자신의 순간적인 사실들로 채우는 것이 아니다. 현존재는 자기 자신의 존재가 뻗어-있음으로 미리 구성되는 그런 방식을 따라 스스로 뻗어 있는 것이다." Martin Heidegger, *Being and Time*, ed. John Macquarrie and Edward Robinson(New York: Harper & Row, 1962), p. 426. 한스 게오르크 가다머는 이 역사성은 그것이 속해 있는 듯 보이는 순간에 묶여 있지 않다는 것을 강조한다. 하이데거를 전복시킴으로써, 그는 "인간 삶의 역사적인 운동은 그것이 절대로 완전히 어떤 하나의 관점에 얽매여 있지 않으며, 따라서 완전히 닫힌 지평을 절대로 가질 수 없다는 사실에 있다"고 적는다. *Truth and Method*(New York: Seabury Press,

만일 우리가 이름의 힘을 이름의 역사성의 결과라는 것을 이해한다면, 그런 힘은 가해진 타격의 인과적 효과가 아니라, 암호화된 기억이나 외상을 통해 부분적으로 작용하며, 언어 속에서 거주하고 언어로 전달된다. 이름의 힘은 자신의 반복 가능성에 달려 있을 뿐 아니라, 외상과 연결되는 반복의 형태에, 엄밀히 말하자면 기억되는 것이 아니라 되살아나고, 외상적인 사건에 대한 언어적인 대체 속에서 그리고 대체를 통해 되살아나는 것에 달려 있다. 외상적인 사건은 재현에 저항하는 동시에 재현을 전파하는 어떤 확장된 경험이다.[50] 사회적 외상은 기계적으로 반복되는 어떤 구조의 형태가 아닌, 계속되는 주체화의 형태, 즉 그 장면을 은폐하는 동시에 재연하는 기호들을 통해 상처를 재수행하는 형태를 취한다. 반복은 외상이 되풀이되는 방식뿐 아니라, 외상이 얽매이게 된 역사성과 단절되는 방식 둘 다일 수 있을까? 외상의 장면에서 반대의reverse 인용에 기여하는 것은 무엇이며, 혐오 발언을 스스로에 반대되도록 어떻게 인용할 수 있을까?

혐오 발언을 규제하고자 하는 제안들은 예외 없이 그런 표현

1991), p. 235.

50) 캐시 캐루스Cathy Caruth는 "외상trauma은 단순한 억압이나 방어로 경험되는 것이 아니라, 처음 순간의 충격을 넘어서 개인적인 것을 지니고 있는 시간적인 지연으로 경험된다. 외상은 사건의 되풀이되는 고통이다"라고 한다. "Psychoanalysis, Culture, and Trauma," *American Imago*, 48.1(Spring, 1991), p. 6. 또한 Shoshana Felman and Dori Laub, M.D., *Testimony: Crisis of Whitnessing in Literature, Psychoanalysis, and History*(New York: Routledge, 1992)를 보라.

을 결국 상세하게 인용하고, 사례들의 장황한 목록들을 제공하며, 그런 발언을 규제적인 목적을 위해 성문화하고, 그런 발언을 통해 전달되어 온 상처들을 교육학적 방식으로 시연하게 된다. 반복은 불가피한 것 같고, 전략적인 질문이 남는다. 반복이 활용되어야 하는 최선의 사용은 무엇일까? 이는 멀리서 행위능력을 행사하는 것이 아니라, 강요의 제약들 내에서 투쟁하는 것이다. 혐오 발언의 경우 그런 표현에 대한 검열을 요청하는 공적 담론의 맥락 속에서 재순환이 발생한다 하더라도, 혐오 발언의 재순환을 통하지 않고서는, 그것의 효과를 개선할 수 있는 방법은 없는 것 같다. 검열은 자신이 금지하고자 하는 표현을 되풀이하지 않을 수 없다. 그런 표현에 대한 반대가 아무리 격렬하다 하더라도, 그것의 재순환은 불가피하게 외상을 또한 재현한다. 이를테면 인종차별주의에 대한 감수성, 외상, 그리고 일부 사람들에게는 흥분을 불러 일으키지 않고서는 인종차별 발언 사례들을 인용할 수 있는 방법은 없다.

나는 1995년 여름에 비평과 이론을 위한 다트머스 스쿨에서의 힘든 경험을 통해 그런 언어의 사례들을 제공하는 것이 어떤 경우에는 그것들의 사용을 조장한다는 것을 알게 되었다. 한 학생이 강의 내용에 화답하려는 듯이 강의실 내의 다양한 학생들에게 그들의 인종과 섹슈얼리티에 대해서 다 '알고 있다'는 추측을 곁들인 혐오로 가득 찬 편지를 보냈다. 그녀 혹은 그는 이름을 첨부하지 않은 편지를 써서 보냈다. 이름이 없는 채로 이름들을 부르고,

편지의 저자만이 타자에게 말을 건넬 수 있을 뿐 답례로 말을 건네받을 수는 없는 일방적인 말 걸기로 호명 작용을 증류하고자 시도한 것이다. 이로써 예제의 외상은, 말하자면 서명되지 않은 편지의 외상으로 되돌아왔다. 그 후에도 강의실에서 교육학적 목적을 위해서 외상은 또다시 되풀이되었다. 그러나 외상에 대한 담론의 조장은 트라우마를 개선시키도록 작동하지 않았다. 비록 그 용어들에 대한 냉정한 검토가 그 발언에 동조했던 일부에게는 흥분의 격발을 개선시킬 수 있는 무언가를 행했던 어떤 방식이 있었음에도 말이다. 그런 용어들을 사용하고 있는 것이 아니라 단순히 언급하고 있다는 듯이 그 용어들을 지칭할 수 있다는 자유주의적인 능력은, 고통을 주는 순환을 허용하는 부정disavowal의 구조를 지지할 수 있다. 그 말들은 발언되고 발언의 순간 부인되며, 그것들에 대한 비판적인 담론은 바로 정확하게 그것들의 가해 도구가 된다.

이 이야기는 저항 전략으로서의 재의미부여의 한계와 위험을 강조한다. 나는 혐오 발언의 교육학적인 재순환이 항상 그런 표현에 저항하거나 완화하려는 기획을 좌절시킨다고 주장하지는 않겠지만, 그런 용어들은 자신들이 의도했을 수 있는 목적들을 초과하는 의미들을 내포하고 있으며 따라서 그런 표현에 저항하고자 하는 담론적 노력들에 고통을 가하고 패배시키도록 작동할 수 있다는 사실을 강조하고 싶다. 그런 용어들을 말하지 못하고 말해질 수 없도록 막는 것도 또한 그것들을 제자리에 고정시키고, 그것들이 상처를 줄 수 있는 힘을 보존하며, 그것들의 맥락과 목적을 변경시킬 수 있는 재작업의 가능성을 구속하도록 작동할 수 있다.

그런 언어가 외상을 동반한다는 것이 그것의 사용을 금지해야 하는 이유가 되는 것은 아니다. 외상의 잔재가 정화된 언어는 없으며, 반복 과정을 향하는 데 드는 끈질긴 노력을 거치지 않고서 외상을 돌파할 수 있는 방법은 없다. 트라우마는 낯선 종류의 자원, 그리고 반복, 즉 괴롭지만 희망적인 도구에 해당될지도 모른다. 결국 타자에 의해 이름 붙여지는 것은 외상적인 것이다. 즉 그것은 내 의지에 선행하는 행위이며, 내가 행위능력의 행사를 어쨌든 그 뒤에 시작할 수 있는 언어적인 세계로 나를 이동시키는 행위인 것이다. 행위능력의 장면은 근본적인 종속이기는 하지만, 계속되는 사회적 삶의 호명들 속에서 반복된다. 이것이 내가 불려온 것이다. 나는 무언가로 불렸기 때문에 언어적 삶으로 들어간 것이며 타자가 준 언어를 통해 나 자신을 지칭하게 된 것이지만, 이는 아마 내 언어가 의미하는 것과 같은 용어들로는 전혀 아닐 것이다. 우리가 불리게 된 용어들은 거의 우리가 선택한 것들이 아니다(그리고 우리가 어떻게 이름 붙여지는가에 관한 항목을 도입하고자 할 때조차 대부분 실패한다). 그러나 우리가 정말로 선택한 적이 없는 이 용어들은, 우리가 그럼에도 행위능력이라고 부를 수 있는 것, 또 다른 목적을 위해 원래의 종속을 반복하는 것, 그 미래가 부분적으로 열려 있는 것을 위한 계기가 된다.

요약

행위능력이 화자의 주권에서 도출되지 않는다면, 언어 행위의 힘은 주권적인 힘이 아닌 것이다. 그러나 언어 행위의 '힘'은, 아무리 어울리지 않는다 하더라도, 표현을 통해 굴절되고 전달되는 몸과 관련이 있다. 그런 표현은 격분하기 쉬운excitable 것으로 화자가 의도한 동시에 의도하지 않은 효과이다. 말하는 자는 그런 표현의의 창시자가 아니다. 주체는 이전의 수행적 표현의 행사, 즉 호명을 통해서 언어로 생산되기 때문이다. 더욱이 주체가 말하는 언어는 관습적이며, 그런 정도까지, 인용적이다. 해로운 표현을 억제하려는 법적인 노력은 마치 화자가 그러한 표현의 기원이라는 듯이 '화자'를 과실이 있는 행위자로 고립시키는 경향이 있다. 따라서 화자의 책임은 오해된다. 화자는 표현의 인용적 특성을 통해 책임을 떠맡는 것이다. 화자는 그런 발언을 재표출하고 재활성화함으로써 공동체의 언어적 징표들을 갱신renew하고, 그런 표현을 재발행reissue하고 재활성화reinvigorate한다. 책임은 따라서 시작으로서가 아니라 반복으로서의 표현과 연결된다.

만일 해로운 표현의 수행성이 발언효과행위(표현이 효과로 이어지기는 하지만, 언어 자체가 효과는 아니다)로 여겨진다면, 그런 표현은 일련의 필연적이지 않은 효과들을 생산하는 정도까지만 자신의 해로운 효과를 작동시키게 된다. 그 발언으로부터 다른 효과들이 따라 나올 수 있어야만 그런 발언에 대한 전유하기appropriating,

전복하기reversing, 재맥락화하기recontextualizing가 가능해진다. 일부 법적 접근들이 혐오 발언에 대해 발언내행위적인 지위(표현은 해로운 효과의 직접적이고 필연적인 행사이다)를 가정하는 한, 대항 발언counter-speech을 통해 그런 표현의 힘을 약화시킬 수 있는 가능성은 배제된다. 의미심장하게도 혐오 발언의 수행성에 대한 지위가 발생하는 법적 담론은, 그 자체가 수행적인 행사이다. 현재의 미국의 정치적 분위기에서 혐오 발언 문제를 결정하는 법은 더 나아간 반동적인 정치적 목적을 위해 일관되지 않게 적용되곤 한다. 시각적인 섹슈얼리티 표현물이 문제가 되는 경우 언어 행위는 명백히 해로운 행위(언어 행위에 대한 발언내행위적인 견해)인 것으로 여겨진다. 군대 내에서의 게이와 레즈비언의 자기 선언은 그런 사례 중 하나다. 인종차별 발언의 경우 표현과 행위의 관계는, 결정할 수 없지는 않은 경우, 법원은 불분명한 것으로 간주한다.

내 견해는 표현이 행위라고 주장하고자 하는 노력을, 성적 표현은 성행위라는 견해를 지지하기 위해 보수적인 법원이 채택한다는 것이다. 그러나 법원은 인종차별적인 언어와 관련된 문제에는 표현과 행위의 융합에 반박하는 경향이 있다. 이는 인종적 소수자들이 성적으로 유해한 표현물(랩 음악에서처럼)의 근원이나 기원을 대표하게 되는 경우나 애니타 힐Anita Hill[51]의 표현이 성애화된 인

51) (옮긴이) 애니타 페이 힐(Anita Faye Hill, 1956~)은 미국의 변호사이자 학자이다. 브랜아이스 대학교 여성학 교수이자 브랜다이스 헬러스쿨의 사회정책 및 관리 교수진이다. 그녀는 1991년 미국 교육부와 평등고용기회위원회의 상관인 미국 고등법원

종차별적인 광경이 되어 신뢰성을 박탈당하게 될 때 국가 스스로가 포르노그래피적인 타락을 자행하는 지점에서 고통스럽게 분명해진다. 혐오 발언 모델을 인종에서 성별로 옮겨 놓는 것은 따라서 일련의 정치적으로 문제가 되는 귀결들을 생산하지 않고서는 작동하지 못한다. 인종차별적인 비유는 성별과의 잘못된 비유를 위해 악용되며, 둘 사이의 교차점은 비판적으로 심문되지 않은 채 남게 된다.

이 책이 혐오 발언에 대한 최근 논증들의 특징들을 인식하고자 하는 만큼, 여기서는 정치적 담론의 수행성에 대한 좀 더 일반적인 이론을 또한 개괄하고자 한다. 중요한 것은 수행적인 것에 대한 이론의 정치적 귀결들을 열거하는 것이 아니라, 수행적인 것에 대한 이론이 정치적 담론의 행사 속에서 이미 어떻게 작동하고 있는지를 보여 주는 것이다(이론은 은폐되고 순간적인 방식으로 작동할 수 있다). 수행성을 분명한 기원이나 목적이 없는 갱신 가능한 행위로 인식하는 것은, 표현이 그것의 구체적인 화자나 기원한 맥락에 의해서 최종적으로 제한되지 않는다는 것을 시사한다. 표현은 사회적 맥락에 의해서 정의될 뿐 아니라, 또한 맥락과 단절할 수 있는 그 능력에 의해서도 표시된다. 따라서 수행성은 자신이 단절되는 맥락에 의해 가능해지게 되는, 자신만의 사회적 시간성을 가지고 있다. 수행성의 핵심에 있는 이런 양가적인 구조는 저

장 후보자 클래런스 토마스를 성희롱으로 고발하며 국가적인 인물이 되었다.

항과 반항의 용어들이 자신들이 반대하는 권력에 의해 정치적 담론 내에서 부분적으로 생산된다는 것을 나타낸다(이는 후자가 전자로 환원될 수 있다거나 전자에 의해 항상 이미 흡수된다고 말하는 것이 아니다).

상처의 힘에 대항하여 언어 행위의 힘을 재작업rework할 수 있는 가능성은 표현의 힘을 과거의 맥락들로부터 부당 전유misappropriating하는 데 있다. 그러나 언어의 상처에 저항하는 언어들은 상처를 정확하게 재현하지 않고서 그 상처를 반복해야 한다. 그런 전략은 혐오 발언이 비판적 대응에 필요한 행위능력을 파괴하지 않는다는 것을 단언한다. 혐오 발언이 '피해자 계급'을 생산한다고 주장하는 자들은 비판적 행위능력을 부정하고 행위능력이 전적으로 국가에 맡겨지는 개입을 지지한다. 국가 주도의 검열을 대신해서, 언어에 대한 사회적이고 문화적인 투쟁이 발생하는데, 여기에서 행위능력은 상처로부터 파생되고 바로 그 파생을 통해 상처에 대항한다.

해로운 작동에 저항하고자 해로운 언어의 힘을 부당 전유하는 것은 한편으로는 국가 주도의 검열에 대한 해결책에 저항하고, 다른 한편으로는 주권적인 개인의 자유라는 불가능한 개념으로의 회귀에 저항하는 어떤 전략에 해당한다. 주체는 읽기 쉽고 알기 쉬운 주체의 용어가 규제되는 선택적 과정을 통해 언어로 구성(호명)된다. 그 주체는 이름으로 불리지만, 그 주체가 '누구'인가는 그 혹은 그녀가 전혀 불린 적이 없는 이름에 달려 있다. 언어적 삶을 위한 가능성들은 이름을 통해 시작되고 동시에 배제된다.

따라서 언어는 배제, 즉 표현에서의 행위능력의 가능성을 이루는 표현에 대한 일종의 비공식적인 검열이나 일차적인 규제를 통해서 주체를 부분적으로 구성한다. 말할 수 없는 것의 경계 위에서 발생하는 일종의 말하기는, 표현에서 동요하고 있는 정당성의 경계들을 노출시킬 것을 약속한다. 주권의 한계에 대한 추가적인 표시로서, 이런 견해는 행위능력이 언어의 한계에서 파생된다는 것을, 그런 한계는 그것의 함의에 있어서 전적으로 부정적인 것이 아니라는 것을 시사한다.

우리는 언젠가는 사유될 수 있게 되고, 말할 수 있게 되고, 독해할 수 있게 되는 세계에 대해 생각하듯이, 폐쇄된 것을 여는 것과 말할 수 없는 것을 말하는 것은 언어적인 생존의 영역을 확장하기 위해 저질러야만 하는 바로 그 '범행offence'의 일부가 된다. 발언에 대한 재의미-부여하기resigni-fication는 새로운 맥락을 열 것을, 아직 정당화되지 않은 방식으로 말할 것을, 따라서 새로운 미래의 형태의 정당성을 만들어 낼 것을 요청한다.

1장

불태우는 행위, 상처가 되는 말[52]

e x c i t a b l e
s p e e c h

J. L. 오스틴의 저서 『말로 무언가를 행하는 법*How To Do Things With Words*』의 제목은 '무언가는 말로 행해질 수 있다'고 말하는 것이 무엇을 뜻하는가라는, 수행성performativity[53]에 관한 질문을 제기

52) 나는 이 장의 이전 형태에 대해 주어진 웬디 브라운, 로버트 구딩-윌리엄스, 모리스 캐플런, 로버트 포스트, 그리고 헤이덴 화이트의 사려 깊은 독해에 큰 감사를 표한다. 모든 부정확성과 오독들은 물론 전적으로 나의 책임이다. 나는 원고를 준비하는 데 도움을 준 제인 말모에게 감사를 표한다.

53) 수행성performativity은 세계의 변화에 야기하는 언어의 힘이다. 즉 언어는 단순히 세계를 설명할 뿐 아니라 사회적 행동의 한 형태로 기능할 수도 있는 것이다. 수행적 언어 개념은 철학자 J. L. 오스틴이 처음 설명했는데, 그는 세계를 설명하고 참 또는 거짓으로 평가할 수있는 진술적 언어constative language와, 세계에서 무언가를 하는 수행적 언어performative language 사이에 차이가 있다고 상정했다.

한다. 수행성의 문제는 따라서 이행성transitivity에 대한 질문으로 직접적으로 엮이게 된다. 말이 이름을 지을 뿐 아니라 어떤 점에서는 수행하며 특히 자신이 이름 붙이는 것을 수행한다는 것은 무엇을 의미하는가? 한편으로 말은—현재로선 어떤 말인지 혹은 어떤 종류의 말인지 알지 못한다—자신이 이름 붙이는 것을 실행하는 듯하다. 여기에서 '말이 이름 붙이는 것'의 '것what'은 이름 자체 및 그 '것'에 대한 수행과는 구별되어 있다. 결국 오스틴 저서의 제목은 말로 행위하는 방법을 질문하며 말은 무언가를 수행하는 데 도구가 된다는 것을 암시한다. 물론 오스틴은 언어의 발언내행위와 발언효과행위, 즉 말로 수행하는 행위와 말의 결과로서 수행되는 행위를 구별한다. 그 구별은 까다로우며 언제나 안정적인 것은 아니다. 발언효과행위적인 견해에 따르면, 말은 행위를 달성하는 도구가 되지만, 말이 그 자체로 행위—말이 달성하는 데 도움을 주는—인 것은 아니다. 이러한 형태의 수행문은 말과 행해진 것이 결코 같은 것이 아니라는 것을 나타낸다. 그러나 발언내행위적인 언어 행위에 대한 그의 견해에 따르면, 그 **이름 자체**가 수행되며, 수행 과정에서 행위가 된다. 즉 선언은 언어 행위인 동시에 행위를 말하는 것이다. 그런 어떤 행위에 관해 누군가는 합리적으로 '지시 대상referent'을 물어볼 수 없다. 발언내행위의 효과는 그 자신을 넘어 지시하는 것이 아니라, 그 자신을 수행하는 것이기 때문에, 언어적 내재성이라는 기이한 연출을 만들어 낸다.

오스틴의 저서 제목 『말로 무언가를 행하는 법』은 발언효과행위적인 방식의 행함, 즉 수행된 것의 영역과 '말'이라는 도구적인 영역이 있다는 것을 암시한다. 또한 그 행위에 선행하는 의도가 있다는 것과 말은 말이 행하는 것과는 구분된다는 것을 암시한다.

그런데 만일 그 제목을 발언내행위적 형태의 말에 대한 강조로 읽는다면 어떻게 될까? 말이 무언가를 '행한다'는 것은 무엇을 의미하는가를 물음으로써 말이다. 이 경우 행함은 도구적이라기보다는 이행적이 된다. 아니, 말이 무언가를 '행한다'는 것이나, 그점에 있어서 말이 무언가를 '망쳐놓는다'는 것은 무엇을 뜻하는가? 그런 경우 그 무언가는 자신을 행하게 하거나 망가뜨려 놓는 말과는 언제 그리고 어디에서 구분되며, 말과 무언가의 결합은 어디에서 그리고 언제 분리될 수 없는 것처럼 보이게 되는가? 만일 말이 무언가를 '행한다'고 말할 수 있다면, 이는 말은 무언가를 의미할 뿐 아니라 이러한 의미 작용이 또한 그런 무언가의 실현enactment인 것처럼 보인다. 여기서 수행적인 행위의 의미는 의미부여하기signifying와 실행하기enacting의 명백한 일치 속에서 발견되어야만 하는 것처럼 보인다.

그럼에도 수행문의 이러한 '유사 행위act-like'적인 성질은 그 자체로 또 다른 질서의 성취인 것 같다. 우리가 언어가 '행위'한다고 주장할 때 비유가 발생하지는 않는가라고 물은 드 만de Man은, 분명히 무언가를 알아낸 것 같다. 즉 언어가 스스로를 일련의 구별되는 행위들 가운데 자신을 위치시킨다는 것과, 언어의 주된 기능을 이러한 일종의 주기적인 행위로 이해할 수 있다는 것 말이다.

내 생각에 행위자와 행위 간의 꼬아진 새끼줄 같은 관계에 대한 프리드리히 니체Friedrich Nietzsche의 설명에 대한 일반적인 해석은 '행위deed'[54]의 지위에 대한 어떤 혼동에 의거하고 있는 것 같다. 니체는 어떤 형태의 도덕은 주체를 필요로 하며 그런 필요성의 결과로 주체를 도입한다고 주장할 것이다. 이 주체는 어떤 행동의 고통스러운 결과에 대한 비난과 책임을 떠맡기 위해 그 행위에 앞서는 것으로 설치될 것이다. 어떤 존재가 상처를 입었고, 그 고통을 도덕적으로 설명하기 위해 등장하는 어휘는 주체를 해로운 행위의 의도적인 기원자로 고립시키는 것이다. 니체는 이를 첫째, 고통pain과 피해injury가 등가적으로 되는 도덕화로, 둘째, 추측된 의도로 가득 찬 고통스러운 결과의 영역의 생산으로 이해한다. 그런 순간에 주체는 상처로 재배정되는 고통스러운 결과에 선행하는 인과적인 기원이라고 날조될 뿐 아니라, 그 결과가 해로운 행동은 더 이상 행동, 즉 지속적인 현재의 '행동doing'이 아닌, 어떤 '개별적인 행위singular act'로 축소된다.

『도덕의 계보학*Zur Genealogie der Moral*』에서 인용한 다음 부분은 대개 행위deed에 앞서 행위자를 소급적으로 위치시키는 것에 대한 강조로 독해된다. 그러나 이러한 소급적인 배치와 동시에 발생하는 것은 지속적인 '행동'을 주기적인 '행위'로 도덕적으로 해결하

54) '행동doing'은 '몸을 움직여 동작을 하거나 어떤 일을 함'을 의미하고, '행위act'는 '사람이 의지를 가지고 하는 짓'을 뜻한다는 점에서 구별된다.

는 것임에 주목하자. 즉 "행하기, 영향을 미치기, 되기 뒤에 '존재'는 없다. '행위자'는 그 행위에 부가된 단순한 허구일 뿐이다.— 행위가 모든 것이다. (……) es gibt kein 'Sein' hinter dem Tun, Wirken, Werden; 'der Täter' ist zum Tun blos hinzugedichtet—das Tun ist alles." 독일어로, '행위die Tat'에 대한 언급은 없고 오로지 '행동das Tun'에 대한, 그리고 범법자der Täter에 대한 언급만 있으며, 이는 단지 '행위자doer'[55]라고 번역된다. 여기에서 '행함'이 '주체'의 의도적인 효과로 소급적으로 허구화되는 바로 이 용어는, '행위자'의 개념을 무엇보다도 범법자로 확립시킨다. 더욱이 책임을 주체에 귀속시키기 위해, 해당 주체의 행위의 기원이 허구적으로 확보된다. 행동을 대신하여 어떤 주체가 무엇보다도 해로운 행위에 책임을 지는 기원자로 생산되는 사유에는 문법적이며 사법적인 제약이 나타난다. 따라서 도덕적인 인과관계가 주체와 주체의 행위 사이에 설치되어 주체와 주체의 행위는 둘 다 도덕적 필요에 앞서고 무의식적인 듯 보이며 좀 더 시간적으로 확장된 '행함'으로부터 분리된다.

니체에게 주체는 책임에 대한 요구의 결과로만 출현한다. 일련의 고통스러운 결과는 그러한 결과의 '원인'을 개별적이고 의도적인 행위자 내에 고립시키고자 하는 도덕적인 틀에 의해 취해지며,

55) 이러한 형사적인 의미의 행위자actor는 상업적인 용어Händlerin와 연극적인 용어Schauspielerin 모두로부터 각각 구별되어야 한다.

이 도덕적인 틀은 어떤 편집증적인 날조와 효율성의 경제를 통해 작동한다. 그렇다면 주어진 피해에 대해 누가 책임을 지는가라는 물음이 주체에 앞서서 주체를 도입하는 것이며, 주체 그 자체는 그런 문법적이고 사법적인 장소에 거주하도록 지명됨으로써 형성되는 것이다.

어떤 의미에서 니체에게 주체는 오로지 책임에 대한 도덕적 담론의 필요 내에서만 존재하게 된다. 비난의 필요성은 주체를 어떤 행위의 '원인'으로 간주한다. 이런 점에서 비난할 만한 행위가 없다면 주체도 없고, 니체에 따르면 처벌의 제도 없이는 책임의 담론과 동떨어진 '행위'도 있을 수 없다.

그러나 여기서 『도덕의 계보학』에서의 주체 설명에 대한 니체의 설명은 자신의 설명이 불가능하다는 것을 드러내는 것 같다. 왜냐하면 만일 '주체'가 해로운 행위의 기원이라고 여겨지기 때문에 고발accusation을 통해 형성된다면, 그 고발은 주체에 앞서 질문하고, 주체에 앞서 효과적인 말의 작동을 전제하는 수행문으로부터 나와야만 할 것 같기 때문이다. 누가 그러한 형성적인 판결을 언도하는가? 만일 주체가 그 안에서 형성되는 처벌 제도가 존재한다면, 주체를 탄생하도록 수행적으로 선고할 수 있는 어떤 법의 인물 또한 존재하지 않는가? 이는 어떤 의미에서 선행적이며 좀 더 강력한 주체에 대한 니체의 추측이 아닌가? 니체 자신은 "행위자는 행위에 부가된 것이다der Täter ist zum Tun blos hinzugedichtet"라고 주장함으로써 이러한 문제를 생략한다. 이러한 시적이거나 허구적으로 추가된, 덧붙여진, 혹은 적용된 수동적인 동사 형태 '부가 되다hinzugedichtet'는, 누가 혹은 무엇이 이 같은 상당히 결정론적인 형성을 실행하는가를 불분명하게 남겨 둔다.

만일 고통의 경우에 있어서 주체가 행위의 기원으로서 행위에 사후적으로 귀속되고, 그 주체에 귀속된 그 행위가 주체의 결과로서 다시 귀속된다면, 이러한 이중 귀속은 상처로 이어지는 결과를 주체와 주체의 행위에 귀속시키는 세 번째 귀속에 의해 당혹스럽게 된다. 해로운 결과를 책임의 영역 내에 확립시키기 위해, 그리고 피해를 낳는 행위의 효력뿐 아니라 행위 자체의 개별성과 분리성을 확립시키기 위해 주체를 세우는 것은 불가피한 것인가? 피해가 특정가능한 행위로 추적될 수 있다면, 그것은 기소대상으로서의 자격을 갖추게 된다. 즉 법정에 세워 책임을 질 수 있게 된다. 피해를 주체의 행위로 추적하고 사법적인 영역에 사회적 상처를 협상하는 장소로 특권을 부여하는 것은, 담론이 어떻게 주체와 주체가 말한 행위를 고유 출발 지점으로 간주함으로써 피해를 생산하는지를 분석하는 것을 부지불식간에 지연시키는 것은 아닐까? 그리고 그것이 리처드 델가도Richard Delgado의 표현을 빌리자면 상처를 입히는 말words that wound인 경우, 우리는 어떻게 말과 상처의 관계를 이해하게 되는가? 만일 그것이 인과 관계가 아니고 의도의 실현이 아니라면, 그것은 어쩌면 자신의 역사성과 폭력 내에서 구체화될 필요가 있는 일종의 담론적인 이행성은 아닐까? 이러한 이행성과 피해를 입힐 수 있는 힘 간의 관계는 무엇일까?

로버트 커버Robert M. Cover[56]는 인상적인 논문 「폭력과 말Violence and the Word」에서 법적 해석의 폭력을 "**법관들이** 근대 국민-국가의 도구로 사용하는 폭력"[57]으로 설명한다. 그는 "법관들은 고통과 죽음을 다룬다"고 주장한다. "왜냐하면 처벌의 개념을 사용하면서 법관이 해석할 때 그들은 재소자들을 제약하고, 다치게 하며, 무기력하게 만들도록—다른 이들을 통해—행위하는 것이기도 하기 때문이다." [자유주의 페미니즘이 여성적인 것이 보편적인 것이라고 법률을 제정하기로 결정할 때의 불행한 함축에 주목하라.] 커버의 분석은 말을 통해 폭력을 실행하는 **사법부**의 권력을 강조하기 때문에 혐오 발언을 기소하는 문제와 관련되어 있다. 혐오 발언에 대한 기소 옹호론자들은 정부 및 행정부가 아니라 행위자들이 말을 통해 상처를 줄 수 있는 권력을 행사한다는 것을 인정하는 분석으로 입장을 변경했다. 어떤 유사성이 국가 행위와 시민 행위 사이에 세워지게 되는데, 이를테면 두 종류의 행위가 모두 헌법의 평등 보호 조항[58]으로 보장받는 권리 및 자유를 부인할

56) (옮긴이) 로버트 커버(Robert M. Cover, 1943~1986)는 예일 대학교 법학과 교수였다. 그의 가장 유명한 저서들은 『고발된 정의: 반노예법과 사법 절차*Justice Accused: Antislavery and the Judicial Process*』, 『폭력과 말*Violence and the Word*』, 『노모스와 내러티브*Nomos and Narrative*』를 포함한다.

57) Robert M. Cover, "Violence and the Word," 96 *Yale Law Journal* 1595, 1601 n I (1986).

58) (옮긴이) 평등 보호 조항Equal Protection Clause of the Constitution은 어떤 주도 미국 시민의 특권이나 면제를 약화시킬 수 있는 법을 만들거나 집행할 수 없고, 어

수 있는 권력을 가지고 있는 것으로 이해되는 것이다. 결과적으로 혐오 발언에 관한 법률을 제정하려는 현재의 노력 앞에 놓인 하나의 장애물은 '국가행위원칙state action doctrine'[59]이 그런 경우 평등보호 조항에 의지하는 자격을 획득한다는 것이다.[60] 오로지 정부만이 권리와 자유를 박탈하는 결과를 낳는 해로운 대우의 행위자가 될 수 있다고 가정하기 때문이다. 시민들이 상처를 주는 말을 통해 **서로의** 자유와 권리를 효과적으로 박탈할 수 있다고 주장하기 위해서는 국가행위원칙에서 도입한 제한들을 극복해야 한다.[61]

떤 주도 정당한 법 절차 없이 어떤 사람의 생명, 자유 또는 재산도 박탈할 수 없으며, 관할권 내의 어떤 개인에게도 법의 동등한 보호를 부인할 수 없다는 내용을 담은 미국 헌법.

59) (옮긴이) 국가행위원칙state action doctrine은 수정헌법 제14조는 사적인 존재자가 아닌, 오로지 국가와 지방 정부에 적용된다는 원칙을 말한다. 국가행위원칙 아래에서는 정부의 외부에 있는 사적인 당사자들은 수정헌법 제14조에 따른 절차적이거나 실질적인 정당한 법 절차를 따를 필요가 없다.

60) "국가행위원칙은 비록 누군가가 자유를 박탈하거나 평등보호법을 부정한 것으로 묘사될 수 있는 일종의 해로운 대우를 겪었다 하더라도, 그 사건은 피해의 가장 가까운 능동적인 가해자가 국가 정부의 특별한 권위나 권력을 행사하고 있는 사람을 포함하고 있지 않는 한, 어떠한 헌법적인 관심도 불러일으키지 않는다는 것을 담고 있다." Frank Michelman, "Conceptions of Democracy in American Constitutional Argument: The Case of Pornography Regulation," 56 *Tennessee Law Review* 291, 306 (1989).

61) Charles Lawrence Ⅲ, "If He Hollers Let Him Go: Regulating Racist Speech on Campus," in *Words That Wound: Critical Race Theory, Assaultive Speech, and the First Amendment*, eds. Mari J. Matsuda, Charles R, Rawrence Ⅲ, Richard Delgado, and Kimberlé Williams Crenshaw(Boulder: Westview Press, 1993), p. 65.

커버는 언어를 통해 고통을 가하는 **사법적인** 권력을 강조하는 반면, 최근의 법학은 그 용어를 국민-국가nation-states에 의해 실행되는 해석적인 폭력으로부터 시민 주체들이 소수자 집단 구성원을 향해 실행하는 폭력으로 변경했다. 이러한 변경을 통해 시민들은 국가처럼 행위한다고 할 수 있을 뿐 아니라, 국가의 권력은 시민 주체가 행사하는 권력으로 재형태화된다. 국가행위원칙을 '중단'시킴으로써, 혐오 발언 기소 지지자들은 국가 권력에 대한 비판적인 인식을 또한 중단시키고, 국가 권력을 시민 주체의 행위능력과 효과로 재배치할 수도 있다. 사실 혐오 발언에 대한 기소를 사법부의 형태로 국가가 결정할 경우, 국가는 중립적인 법 집행 도구로 암묵적으로 간주된다. 따라서 커버가 뜻하기로는, 국가행위원칙의 '중단'은 국가 권력 및 국가 폭력 모두에 대한 비판적인 통찰의 중단을 포함할 수 있을 뿐 아니라, 그 권력을 시민에게 전가하는 것을 포함할 수 있다. 시민의 말이 이제 다른 주권자들에게서 기본권과 자유를 박탈할 수 있는 국가 권력처럼 작동하는 어떤 권력을 지니고 있는 주권자로 비유되기 때문이다.[62]

국가에 의해 행해진 피해로부터 시민 및 비정부 기구들에 의해 행해진 시민에 대한 피해로 강조점을 옮기는 과정에서, 권력이 담론 속에서 그리고 담론을 통해 어떻게 작동하는가에 대한 재평가

62) 나는 대화를 통해 나에게 이 마지막 비유를 제공해 준 로버트 포스트에게 감사한다.

역시 진행 중이다. 상처를 주는 말이 국민 국가의 행위가 아닐 경우——국민 국가와 그 사법부가 시민들이 서로에게 제기한 주장의 중재자로 다가설 경우——언어 폭력에 대한 분석은 어떻게 변화하게 될까? 법원이 자행하는 폭력은 부지불식간에 혐오 발언 문제를 판정함에 있어서 법원의 공정함과 효율성을 전제하는 모종의 정치적 배경을 이루고 있는 것은 아닐까? 그리고 국가행위원칙이 중단될 경우 국가 폭력의 잠재성은 어느 정도로 더 커지게 될까?

주권으로서의 주체는 수행성에 대한 오스틴적인 설명에서 전제된다. 즉 말하는 인물, 말하면서 그녀/그가 말하는 것을 수행하는 인물은, 법관이나 기타 다른 법의 대표자다. 법관은 형벌을 선고한다. 그리고 그 법관이 정당한 법관이며 조건이 적절하게 충족되는 한, 그 선고는 행위가 되며 그로써 형벌은 무엇보다 구속력 있게 된다. 수행문을 효과적으로 말하는 자는 논란의 여지가 없는 권력을 따라 작동한다고 여겨진다. 아이를 받고 "여자아이입니다"라고 선언하는 의사는 아이를 이행적으로 여자아이로 만드는 일련의 호명을 시작한다. 젠더는 의례적으로 반복되며, 반복은 실패할 위험과 응축된 축적 효과를 모두 야기한다. 켄들 토머스Kendall Thomas는 주체는 항상 '인종화'되며 규제 기관에 의해 그 시작부터 이행적으로 인종화된다는 유사한 주장을 한다.[63] '인종

63) Kendall Thomas, "The Eclipse of Reason: A Rhetorical Reading of 'Bowers v. Hardwick'," 79 *Virginia Law Review*, 1805-1843(Oct. 1993).

화'할 수 있는 권력 및 젠더화할 수 있는 권력은 그런 권력을 말하는 '누군가'에게 선행하는 것임에도, 말하는 자가 그 권력을 가지고 있는 것처럼 보이는 것이다.

수행성이 영향을 미칠 수 있거나 자신이 명명하는 것을 실현시킬 수 있는 권력을 필요로 한다면, 그러한 권력을 가지고 있는 '자'는 누구이며, 그러한 권력은 어떻게 사유될 것인가? 우리는 그런 틀 안에서 **해로운 말**, 즉 사회적 주체를 명명할 뿐 아니라, 명명 속에서 주체를 구성하며, 모욕적인 호명을 통해 주체를 구성하는 말을 어떻게 설명할 수 있을까? 해로운 이름을 사용하여 그런 피해를 입히는 것은 '한 사람'의 힘일까,, 아니면 어떤 주체가 해로운 말을하는 순간에 은폐된 시간을 통해 발생한 힘일까? 그 용어를 말하는 '주체'는 그 용어를 **인용**하는 것이며, 그로 인해 그 또는 그녀 자신을 그 권위의 장본인이자 동시에 파생적인 지위로 확립시키는 것은 아닐까? 그런 화자의 공동체와 역사가 그런 발언이 내뱉어지는 순간에 마법적으로 인용되는 것은 아닐까? 그리고 만일 그런 발언이 피해를 가져오는 경우, 피해의 원인은 그 발언이나 발언자일까? 아니면 그런 발언은 개별 주체에게서 기원하는 인과적이거나 의도적인 과정으로는 환원될 수 없는 어떤 이행성을 통해 피해를 수행하는 것인가?

오히려 반복성 혹은 인용성이라는 것은 이런 것이 아닐까? 즉 **도치법**matalepsis**의 작동을 통해 수행문을 '인용하는' 주체는 그 수행문 자체의 사후적이고 허구적인 기원으로 일시적으로 생산된다.** 사회적으로 해로운 말을 발언하는 주체는 일련의 해로운 호명을 통해 동원된다. 주체는 스스로를 그런 발언의 기원으로 수행하면서 그런 발언을 인용하는 일시적인 지위를 획득한다. 그러나 주체-효과는 그 인용의 결과인 것이다. 그것은 파생적이고 사후적인 도치법의 결과인 것이며, 이로써 인용된 호명의 유산은 주체와 주체의 발언의 '기원'으로 위장된다. 그런 발언이 기소되어야 한다면, 언제 어디서 기소가 시작되며 언제 어디서 끝나게 될까? 이는 자신의 시간성으로 인해 재판으로 회부될 수 없는, 어떤 역사를 기소하고자 하는 노력과 같은 어떤 것은 아닐까? 만일 허구적인 기원이라는 주체의 기능이 그 주체가 형성되는 계보학을 막기 위한 것이라면, 주체는 주체가 숨긴 역사에 대한 책임 부담을 떠맡기 위해 설치되는 것이기도 하다. 따라서 역사에 대한 사법화는 책임을 져야 할 기소할 대상을 찾아 근본적으로 기소 불가능한 역사의 문제를 일시적으로 해결함으로써 정확하게 달성된다.

이는 주체가 자신들의 상처를 주는 말에 대해 기소되지 말아야 한다고 말하는 것은 아니다. 나는 그들이 그래야 한다면 그래야 할 경우들이 어쩌면 존재할 것이라고 생각한다. 그러나 상처를 주는 말이 재판에 회부되는 경우 정확히 무엇이 기소되고 있는 것이며, 그것이 최종적으로 그리고 완전히 기소 가능한 것일까?

말이 상처를 준다는 것은 논란의 여지 없이 참이며, 증오로 가득 찬 발언, 인종차별 발언, 여성혐오 발언, 동성애혐오 발언에 격렬히 저항해야 한다는 것은 논쟁할 여지 없이 옳은 것 같다. 그러나 말이 상처를 줄 수 있는 자신의 권력을 어디에서 이끌어 내는가에 대한 이해가, 상처를 줄 수 있는 권력에 저항하는 것은 무엇을 의미할 수 있을 것인가에 대한 우리의 개념을 변경시킬까? 우리는 해로운 표현을 개별적인 주체와 행위에 귀속시킬 수 있다는 개념을 받아들여야 하는가?

주체를 그런 분석에 대한 출발 지점으로 전제할 경우 권력의 담론적인 역사성에 대한 분석은 어떻게 부지불식간에 제한되는가? 분명히 어떤 목적론적인 구성, 즉 주체가 수행적인 행위의 인과적인 기원이라고 상정하는 것은, 자신이 명명하는 것을 만들어 낸다는 것으로 이해된다. 그리고 실은 이러한 신의 권능을 부여받은 주체는 명명이 그 자체로 생성이 되도록 만드는 자다. "빛이 있으라!"라는 수행문에 대한 성서적인 해석에 의하면, **주체의 권력 혹은 의지**로 인해 어떤 현상이 존재로 명명되는 것 같다. 비록 그 문장이 가정법 속에서 말해지기는 하지만, 그것은 오스틴적인 의미에서 "위장된masquerading" 수행문의 자격을 갖춘다. 수행문에 대한 비판적인 재정초에서 자크 데리다Jacques Derrida는 오스틴과 관련하여 이 권력이 기원적인 의지의 기능이 아니라 항상 파생적이라는 것을 분명히 한다.

> 만일 수행적 발언의 공식이 '규범적'이거나 반복 가능한 발언을 되풀이하지 않는다면, 다시 말해 모임을 개최하고, 배를 진수시키거나 결혼식을 하기 위해 내가 선언하는 공식이 반복 가능한 전형을 따

르고 있는 것으로 인식될 수 없다면, 그것이 어떤 점에서 '인용'으로 인식될 수 없다면, 어떤 수행적인 발언은 과연 성공할 수 있을까? (……) 그런 유형에 있어서 의도의 범주는 사라지지 않을 것이다. 그것은 자신의 장소를 가질 것이다. 그러나 그 장소로부터 의도는 더 이상 발언[l'énonciation]의 전체 장면과 체계를 지배하지 못할 것이다.[64]

담론은 언어적인 권위의 관습, 즉 그 자체로 인용의 유산인 관습을 인용함으로써 자신이 명명하는 것을 야기할 수 있는 권위를 어느 정도까지 획득하는가? 주체는 그/그녀가 조건지어지고 동원되는 인용의 관습이 표시되지 않은 채 계속되는 한, 담론적인 효과의 저자로 출현하는가? 그/그녀의 효과의 기원자로서의 주체가 생산되는 것은 바로 이러한 위장된 인용성의 결과일 수 있지 않을까?

만일 어떤 수행문이 잠정적으로 성공한다면(그리고 나는 '성공'은 항상 잠정적일 뿐이라고 주장하겠다), 이는 의도가 언어 행위를 성공적으로 통제하기 때문이 아니다. 오로지 그 행위가 **과거의 행위를 반영하고, 이전의 권위적인 일련의 관습을 반복하거나 인용함으로써 권위의 힘을 축적하기** 때문이다. 이는 표현 행위가 관습 내에서 발생하는 것이 아니라, 표현 행위 자체가 의례화된 관습인 것이다. 그렇다면 이것이 의미하는 것은 어떤 수행문은 자신이 동원된 근

64) Jacques Derrida, "Signature, Event, Context," in *Limited Inc.*, ed. Gerald Graff, tr. Samuel Weber and Jeffrey Mehlman(Evanston, 1988), p. 18.

본적인 관습에 **의지하고 그것을 은폐**하는 정도까지 '작동'한다는 것이다. 이런 점에서 어떠한 용어나 진술도 권력의 역사성을 축적하고 위장하지 않고서는 수행적으로 기능할 수 없다.

해로운 말이 상처를 줄 때(그리고 나는 정말로 그렇다고 생각한다는 것을 분명히 하겠다), 그것은 권력의 축적과 위장을 통해 상처를 입힌다. 인종차별적인 욕설을 발언하는 자는 따라서 그 용어를 인용하고 있는 것이며, 화자의 역사를 갖는 언어적인 공동체를 구성하고 있는 것이다. 그렇다면 이것이 의미할 수 있는 것은, 어떤 수행문이 자신의 해악을 실행시키는 반복 가능성은 해당 피해에 대한 최종적인 책임을 개별적인 주체와 주체의 행위에서 찾는 데 영구적인 어려움을 확립시킨다는 것이다.

***

최근 두 사건에서 연방 대법원은 '혐오 발언' 현상과 관련하여 보호받는 표현protected speech[65]과 보호받지 못하는 표현unprotected speech의 구분을 재고했다. 어떤 형태의 심기를 불편하게 하는 말은 '도발적인 표현fighting words'으로 해석되어야 하는가? 그리고

65) (옮긴이) 미국에서 모든 표현은 몇 가지 제한된 예외에 해당하지 않는 한 헌법상 보호되는 것으로 간주된다. 그것들은 대부분의 경우 선동, 음란, 도발적인 표현, 모욕, 협박이다. 또한 법원은 시간, 장소 및 방식에 따라 발언을 합리적으로 제한하는 법을 유지했다.

만일 그렇다면, 그것들은 일종의 수정헌법 제1조의 보호를 받지 못하는 말로 적당하게 간주되는 것일까? 첫 번째 사건인 R.A.V. 대 세인트폴(112 S. Ct. 2538, 120 L. Ed. 2d 305; 1992) 사례에서, 문제의 조례는 1990년 세인트폴 시의회에서 통과된 것이었고, 그 일부는 다음과 같다.

> 누구든 공유지나 사유지에 불타는 십자가나 나치 철십자가를 포함할 수 있지만 이에 국한되지는 않는 상징, 물건, 명칭, 묘사나 낙서, 즉 타인에게 인종, 피부색, 신념, 종교 혹은 젠더에 기반하여 분노, 공포, 원한을 불러일으킨다고 누군가가 알고 있거나 알 합리적인 근거가 있는 어떤 것을 놓는 자는, 풍기 문란을 범하는 것이며 경범죄 처벌을 받는다.[66]

한 백인 10대 소년이 어느 흑인 가족의 집 앞에서 십자가를 불태운 후 이 조례에 따라 고발되었다. 고발은 1심 법원trial court에서는 기각되었지만 미네소타 주 대법원에서 복권되었다. 그리고 1심 법원에서 논쟁이 된 것은 조례 자체가 "사실상 너무 광범위하며 용인될 수 없는 내용에 기반하고 있는 것은 아닌가" 하는 물음이었다. 피고 측은 흑인 가족의 집 앞에서 십자가를 불태운 것은 보호받는 표현의 사례로 해석되어야 한다고 주장했다. 주 대법

66) 세인트폴 시 편견 동기 범죄 조례, 4조 292.02 미네소타 주 법률 규정(1990).

원은 첫째로 십자가 소각은 채플린스키Chaplinsky 대 뉴햄프셔New Hampshire 사례[67](315 미 연방, 568, 572; 1942)에서 정의한 "도발적인 표현"에 해당되기 때문에 보호받는 표현으로 해석될 수 없으며, 둘째로 "공공 안전과 질서에 대한 편견에서 고조된 위협으로부터 사회를 보호하는 데 정부의 의무적인 관심"(「R.A.V.의 복지에 관한 소건」, 474 N.W.2 507, 510; 미네소타 주, 1991)을 고려한다면 조례의 범위는 허용 가능하다고 주장하면서 1심 법원의 결정을 뒤집었다.

연방 대법원은 십자가 소각은 첫째로 "도발적인 표현"의 사례가 아니라, "사상의 자유 시장" 내에서의 "견해"이며, 그러한 "견해"는 수정헌법 제1조에 의해 범주적으로 보호받는다"[68]는 점을

67) (옮긴이) 채플린스키 대 뉴햄프셔 사례는 법원이 도발적인 표현 원칙, 즉 표현의 자유를 보장하는 수정헌법 제1조에 대한 제한을 표명한 미국 법원 판례이다. 1940년 4월 6일 여호와의 증인인 월터 채플린스키는 로체스터 거리에서 팸플릿을 나눠주고 기성 종교를 '사기꾼'이라고 주장하고 다녔다. 한바탕 소란이 벌어지자 경찰이 그를 연행했다. 경찰서장을 보자마자 채플린스키는 경찰서장을 향해 "이 좆같은 폭력배"와 "저주받을 파시스트"라고 말했고, 그는 체포되었다. 이로 인해 그는 공공장소에서 타인을 향해 의도적으로 모욕적인 말을 발언하는 것을 금지하는 뉴햄프셔 주법에 따라 기소되었다. 뉴햄프셔의 모욕 행위법에 따르면 "길거리나 공공장소에서 정당하게 있는 누군가를 조롱하거나 화나게 하는 말들을 건네거나 그를 어떤 모욕적이거나 조롱하는 이름으로 부르는 것"을 불법으로 금지한다. 채플린스키는 그 법이 '모호'하며 수정헌법 제1조와 제14조의 표현의 자유의 권리를 침해한다고 주장하면서 항소했다.

68) 찰스 로렌스 3세는 "그것은 단지 규제되지 않은 사상의 시장에서 완전하고 평등한 인간성을 그럼에도 추구하는 개인들에 대해 옹호 불가능한 패러다임을 구성하는 인종차별주의적인 사상의 횡행과 극성이 아니다. 진정한 문제는 비백인의 인종적인 열등성에 대한 사상이 시장의 작동을 오염시키고, 왜곡시키며, 불가능하게 한다

근거로 주 대법원 결정을 기각하고 되돌려 보냈다. 연방 대법원의 다수(스칼리아, 렌퀴스트, 케네디, 수터, 토머스)는 조례가 위헌이라고 선언한 **두 번째** 이유—이는 많은 법학자들을 놀라게 한 사법적인 운동이었다—를 제공했다. 판사들은 단지 그 말 속의 "내용"이나 "주제"에 근거해서 표현에 대한 금지를 부과하는 것은 위헌이라고 주장함으로써 "도발적인 표현"의 가능한 이론적 범위를 엄격하게 제한했다. 표현이 도발적인 표현인지 판단하기 위해서 표현의 내용과 주제에 결정적으로 의존하는 것은 있을 수 없다는 것이다.

판사들의 의견이 일치한 듯 보이는 한 결정은, 도발적인 표현에 해당된다고 여겨지지 **않는** 형태의 표현이 그럼에도 불구하고 그 조례에 의해 금지될 수 있다는 것을 고려한다면 그 조례가 표현에 대해 지나치게 광범위한 제약을 부과했다는 것이다. 그러나 미네소타 주 조례가 모든 판사에게 너무 광범위한 것으로 드러난 동안, 스칼리아, 토머스, 렌퀴스트, 케네디, 수터는 이 기회를 이용하여 향후 도발적인 표현 원칙의 적용을 엄격하게 제한했다. 다수 의견에서 논란이 되는 것은 '표현'은 언제 그리고 어디서 수정헌법 제1조의 보호를 받는 지위를 상실하는 종류의 해로운 행위의 요소에 해당하게 되는가일 뿐 아니라, 무엇이 '표현' 그 자체의 영역에 해당하는가이다.

는 것이다"라고 주장한다. "If He Hollers Let Him Go: Regulating Racist Speech on Campus," in *Words That Wound*, p. 77.

이 결정에 대한 수사학적인 해석—확립된 법적 해석을 따르는 관례와 구별되는—을 따르자면, 법원은 무엇이 '표현'으로 여겨지거나 여겨지지 않는지를 결정할 수 있는 국가가 승인한 언어적 권력을 단언하고 있는 것으로 이해될 수 있으며, 법원은 그 과정에서 잠재적으로 해로운 형태의 사법적인 표현을 실행한다. 그렇다면 이로부터 도출되는 것은 표현은 어떻게 그리고 언제 해악이 되는가에 대해 법원이 제공하는 설명 뿐 아니라, 넓은 의미에서 '표현'이라고 여겨질 수 있는 그런 설명 자체가 갖는 해로운 잠재력을 고려하는 해석이다. 법적인 결정이 언어와 폭력의 결합에 관여할 수 있다는 커버의 주장을 상기하면서, 무엇이 보호받는 표현으로 간주될 것인지 아닌지의 결정이 그 자체로 일종의 표현이라는 것을 고려해 보자. 이는 표현을 규제하고 검열하며 제한하기 위해 투입되는 담론 권력의 문제에 국가를 연루시킨다.

아래에서 나는 '표현'을 독해할 것이다. 여기에서 결정은 그 결정 속에서 보호를 받는 내용이라고 공식적으로 정해진 '표현'의 형태에 반하여 표명된다. 이 독해의 중점은 그 결정 속에서 작동하고 있는 모순적인 일련의 수사적인 전략을 드러내는 것뿐 아니라 무엇이 '표현'으로 여겨질 것인가 아닌가를 생산할 뿐 아니라 그 구분의 은밀한 조작을 통해 정치적인 투쟁의 영역을 규제하는 담론 영역의 권력을 고찰하는 것이다. 더욱이 나는 넓은 의미에서 표현으로 해석되는 그런 행위의 해악성을 설명하는 바로 그 이유들이 그 행위에 대한 기소를 어렵게 만든다고 주장하고자 한다.

마지막으로 나는 법원의 표현은 **스스로의** 폭력을 지니고 있으며, 혐오 발언 문제를 결정할 수 있는 권위를 부여받은 기관은 자신이 결정하고자 하는 바로 그 언어와 종종 협력함으로써, 그런 혐오를 자신의 상당히 결정론적인 표현으로, 그리고 그런 표현으로서 재순환하며 재정향한다고 주장하고자 한다.

스칼리아가 작성한 작성된 다수 의견은 그 행위, 즉 십자가 소각에 대한 구성으로 시작한다. 그리고 쟁점이 되는 하나의 질문은 이 행위가 해악에 해당하는가 아닌가, 즉 그것이 '도발적인 표현'으로 해석될 수 있는가, 혹은 그것이 좋건 나쁘건 수정헌법 제1조의 보호를 받는 내용을 전달하는가이다. 소각의 형태는 의견 전반에 걸쳐 반복된다. 첫째, 십자가 소각이 사상의 시장 내에서의 표현의 자유의 견해로 해석되는 맥락 속에서, 둘째, 야외에서의 화재를 금지하는 조례를 위반했다면 불법으로 간주할 수 있지만, 그것이 사상의 표현이라면 불법으로 간주할 수 없는 국기 소각 사례 속에서이다. 그런데 이후 스칼리아는 또 다른 불에 대한 의지를 통해 최종 변론을 한다. "누군가의 앞마당에서 십자가를 태우는 것은 비난받을 만하다는 우리의 믿음에 대해서는 오해가 없도록 하자." "그러나", 스칼리아는 계속한다. "세인트폴 시는 수정헌법 제1조에 소각fire을 추가하지 않고서도 그런 행동을 막을 수 있는 충분한 수단들을 가지고 있다."(R.A.V. 대 세인트폴 112 S. Ct. 2550, 120 L. Ed. 2d at 326)

의미심장하게도 스칼리아는 여기서 둘다 화재를 일으키기 때문에 십자가 소각 행위와 조례를 옹호하는 사람들을 일치시키지만, 십자가 방화범의 불은 헌법적으로 보호를 받는 표현인 반면, 조례 입안자들의 언어는 표현의 자유를 소각하는 것으로 간주된다. 이 비유는 조례 자체가 일종의 십자가 소각이라는 것을 시사하며, 스칼리아는 이어 조례 자체가 파괴적이라는 자신의 주장을 강조하기 위해 십자가 소각의 파괴적인 함의에 의지한다. 그 비유는 따라서 연방 대법원 결정 자체가 효과적으로 부인하는 십자가 소각의 파괴성—사상의 시장 내에서 보호받는 언어 통화verbal currency의 지위로 막 상승한 행위의 파괴성—을 긍정한다.

법원은 따라서 조례의 자리와 십자가 소각의 자리를 뒤바꿔 놓을 뿐 아니라 수정헌법 제1조를 흑인 가족 및 그들의 집—작성 과정에서 '누군가의 앞마당'으로 축소되어 버린—과 유사한 관계에 있는 것으로 비유한다. 고소인의 형상에서 흑인성과 가족을 제거하는 것이 중요한데, 왜냐하면 법원은 문제의 표현 행위, 즉 십자가 소각의 이른바 화자와 수신자를 구성하는 사회적 권력의 차원을 부인하기 때문이다. 그리고 법원은 어떤 정해진 수신자를 향한 추가적인 폭력을 표시하고 겨냥하며, 따라서 더 많은 폭력을 예고한 KKK의 십자가 소각 관습의 인종차별적인 역사를 부인한다. 따라서 스칼리아는 전체적으로 봤을 때 자기 자신을 조례가 점화하고 수정헌법 제1조가 부채질한 불을 끄고 있는 자로 생각한다. '누군가'의 앞마당에서 십자가를 소각하는 명백히 '비난받을 만한' 행위와 비교한다면, 조례 자체가 훨씬 강력한 차원에서 불태우고 있는 듯 보인다. 스칼리아가 지켜야 할 의무가 있는 경전을 불태워 버리겠다고 위협하고 있기 때문이다. 스칼리아는 따라서 헌법에 불을 지르고자 하는 자들—훨씬 위험한 차원의 십자가 소각범들—에 저항하는 자로 스스로를 대변한다.[69]

조례의 합법성에 찬성론을 펼치고 있는 법률가들은 자신들의 호소를 도발적인 표현 원칙에 근거를 두었다. 채플린스키 대 뉴햄프셔(315 U.S. 568, 572)(1942) 사례에서 정초된 이 원칙은, 헌법의 보호를 받지 못하는 언어 행위들은 사상의 소통에 본질적인 것이 아닌 언어 행위들이라고 주장했다. 즉 "그러한 발언들은 사상 표현의 본질적인 부분이 전혀 아니며, 진리를 향한 발걸음으로서 보잘것없기 때문에, 그것들로부터 파생될 수 있는 이득은 질서와 도덕성에 있어서의 사회적 이익보다는 명백히 크지 않다." 스칼리아는 다음 주장을 정당화하기 위해 이 구절을 취한다. "헌법의 보호를 받지 못하는 표현의 특징은, 그것들의 구두적인 성질에도 불

69) 십자가 소각 사건에 대해 조례의 적용을 옹호하는 법률가들은 다음 논증을 펼쳤다. "우리는 '십자가 소각'에 의해 표현된 '표현적인 행동'의 '내용'을 성찰할 것을 법원에 요청한다. 그것은 다름아닌 인종차별적인 폭력 행위의 첫걸음이다. 그것은 칼로 찌르기 전에 칼을 흔드는 것, 총을 발사하기 전에 총을 겨누는 것, 불을 지르기 전에 성냥을 켜는 것, 린치를 가하기 전에 올가미를 거는 것과 동일한 것이었으며 불행하게도 여전히 동일하다. 그것은 정치적인 진술도, 심지어 비겁한 증오의 진술도 아니다. 그것은 폭력 행위의 첫걸음이다. 그것은 단지 피해자의 머리에 총을 겨누고 있는 것에 지나지 않을 수 없다. 그것이 어쩌면 '도발적인 표현'의 궁극적인 표현일 것이다." R.A.V. 대 세인트폴 112 연방 대법원 보고서 2559-2570, 각주 8, 120 2번째 변론 320(진정인에 대한 신청서 요약).

구하고 의사소통의 본질적으로 '비표현non-speech' 요소들이다." (R.A.V. 대 세인트폴 112 S. Ct. 2550, 120 L. Ed. 2d at 326) 모든 의사소통의 내용을 규제로부터 보호하고자 하는 노력의 일환으로, 스칼리아는 표현 내용과 표현 수단의 구분을 확립한다. 규제 가능한 것은 표현 수단이며, 표현 내용은 그렇지 않다. 그는 계속한다. "도발적인 표현들은 따라서 시끄러운 소리를 내는 트럭에 비유된다." (같은 글) 상처가 되는 것은 그렇다면 소리이지, 메시지가 아니다. 오히려 "정부는 표현된 기본 메시지를 향한 적대—혹은 환대—에 기반하여 표현의 사용을 규제할 수 없다."(같은 글)

십자가 소각의 상징적인 힘과, 의사소통에서 무엇이 표현 요소이고 무엇이 아닌지 대한 스칼리아의 퇴보적이고 새롭고 비판적인 구별과의 연결은, 판결문 어디에서도 표시되지 않는다.[70] 스칼리아는 십자가 소각은 메시지, 견해의 표현, '주제'나 '내용'에 대한 토론이라고 가정한다. 즉 간단히 말해 십자가 소각 행위는 완전히 그리고 전적으로 **진술적인**constative 언어 행위로 번역 가능해진다. 따라서 결국 흑인 가족의 마당에서 십자가를 소각하는 것은, 순전히 가솔린에 대해 50퍼센트의 세금을 부과해야 하는가 마는가에 관해 개인이 공적으로 말하는 것과 정확히 유사해진다—그리고 도덕적으로 동일해진다. 중요한 것은 스칼리아가 만일 십

70) 내가 지칭하는 새롭고 비판적인 가정이란, 주어진 판결문을 특징짓는다고 할 수 있는 분리될 수 있고 완전히 형식적인 통일성에 대한 것이다.

자가가 말할 수 있다고 한다면 무엇을 말할 것인가에 대해 우리에게 알려주지 않지만, 그는 십자가가 행하고 있는 것은 견해를 표현하고 있는 것이라고, 그런 까닭에 물론 논쟁적이기는 하지만 규제되어서는 안 되는 내용에 관해 토론하고 있는 것이라고 주장한다는 것이다. 따라서 십자가 소각을 표현의 자유로 옹호하는 그 행위를 공적인 주장과 애매모호하게 비교하는 것에 의지하고 있다. 이러한 말은 그것이 모욕적일 수 있는 일련의 '내용'의 표명일 때조차 행동, 행위 또는 해악이 아니라는 것이다.[71] 따라서 해악은 감수성의 정도에 따라 영향을 받는 것으로 해석되며, 이는 어떤 모욕은 표현의 자유에 따른 어쩔 수 없는 위험 부담 가운데 하나라는 것이다.

십자가를 소각하여 방화 파괴를 하는 것은 집이나 가족의 땅에 방화 파괴를 재현하겠다는 의도의 징후로는 간주되지 않는다. 따라서 십자가를 소각하는 것과 공동체나 가족 혹은 개인에게 추가적인 폭력을 표시하는 것의 역사적인 상관관계 또한 무시된다. 얼마만큼 십자가 소각은 선언적declarative이거나 진술적constative인 명제로 번역 될 수 있는가? 그리고 우리는 십자가 소각이 정확히 어떤 진술적인 주장을 하고 있는지를 어떻게 알게 되는가? 만일 십자가가 견해의 표현이라면, 그것은 "나는 흑인이 이 동네에서 살

71) 모든 판사들은 세인트폴 시 조례가 '주제 문제subject-matter'를 모욕적인 것이라고 고립시키며, (a) 조례에 정치적인 공감을 표하는 자들에 의해서조차 주제 문제에 대한 토론을 잠재적으로 금지시키고, (b) 주제 문제로 인한 피해와 그것이 표명되는 맥락을 구분하지 못하기 때문에 너무 광범위하다는 데 만장일치를 보인다.

면 안 된다고 생각한다", 아니면 심지어 "**나는 흑인에게 폭력이 가해져야 한다고 생각한다**"는 선언인가? 아니면 "태워! 죽여!"의 형태를 취하는 명령처럼 발언효과행위적인 수행문인가? 십자가 소각은 그 불이 흑인들을 폭력의 표적으로 표시하는 데 복무해 왔던 과거의 소각 행위를 떠올리게 한다는 점에서뿐 아니라, 그 불이 십자가로부터 십자가에 의해 표시된 표적으로 옮겨붙을 수 있는 것으로 이해된다는 점에서 자신의 권력을 환유적으로 작동시키는 경고가 아닐까? 십자가 소각과 개인 및 재산 둘 다를 방화하는 것의 상관관계는 역사적으로 확립되어 있다. 따라서 이런 점에서 십자가 소각은 직접적인 말 걸기와 **위협**의 지위를 취하며, 그로써 위해 행위의 초기 순간 또는 위해를 입히려는 의도를 진술하는 것으로 해석된다.[72]

72) 스티븐스 판사는 다수 주장과는 분리될 수 있게 제공된 결정문에서, 십자가 소각은 곧 위협이며, 어떤 주어진 '표현'이 위협인가 아닌가는 오로지 **맥락적으로만** 결정될 수 있다고 주장한다. 스티븐스는 그의 결론을 채플린스키 판결에 근거를 두는데, 채플린스키 판결은 도발적인 표현의 헌법적인 지위를 정당화하는 특성 가운데 하나는 "바로 그 발언을 통해 위해를 가하거나 즉각적인 평화의 파괴를 선동하는 경향이 있는" 말들이라고 주장했다(채플린스키 대 뉴햄프셔, 315 U.S. 568, 572, 1942). 여기서 스티븐스는 첫째, 어떤 종류의 내용들은 항상 금지 가능했으며, 둘째, 도발적인 표현 원칙은 내용의 종류들 가운데 차별할 수 있는 능력의 충족에 의존해 왔고(이를테면 정치적인 표현은 외설적인 표현에 비해 더 충분히 보호를 받는다. 등등), 그뿐 아니라 셋째, 위협으로 해석되는 도발적인 표현은 그 자체로 해악을 주며 도발적인 표현은 쟁점이 되는 분리할 수 있는 '맥락'이 아니라 해악을 주는 말의 특성이라고 주장한다. 그러나 그가 계속하듯이, 스티븐스는 어떤 표현이 해로운가 아닌가는 주어진 텍스트 내에서 표현의 힘을 결정하는 문제라고 재빨리 지적한다. 맥락들은 또한 확고하게

비록 스티븐스 판사는 미네소타 주 조례를 폐기하는 결정에 동의하기는 했지만, 그는 도발적인 표현 원칙을 제한시킨 것에 대해

한정 가능한 것이 아니라고 우리가 가정하기 때문에, 이러한 결정은 절대로 완전히 예측될 수 없다. 만일 누군가가 역사적인 상황뿐 아니라 발언 그 자체의 역사성을 고찰한다면, 관련된 맥락의 구획은 상처가 되는 내용의 구획만큼이나 험난할 것이다. 스티븐스는 금지 가능성 여부의 문제에 대한 범주적인 접근은 있을 수 없다고 스칼리아와 화이트에게 반대하면서, 내용, 해로운 수행성, 그리고 맥락을 함께 연결시킨다. "수정헌법 제1조 내의 몇몇 안 되는 구분선은 곧고 확고부동하며, 범주화의 노력들은 불가피하게 애매한 경계선들을 낳을 뿐이다. (……) 범주들과 하위 범주들을 통한 이론적인 확실성에 대한 문제는, 내 생각에, 실패할 운명이다."(R.A.V. 대 세인트폴, 112 S. Ct. at 2561, 120 L. Ed. 2d at 346) 더욱이 그는 "어떤 표현과 표현의 규제에 대한 정당성은 오로지 맥락 속에서만 결정될 수 있다"라고 주장한다.(같은 글) 이 지점에서, 그는 홈스 판사의 '말word'에 대한 비유적인 설명을 인용하는데, 그 용어는 수정헌법 제1조 체계 내에서 널리 해석될 때 제유법적으로 '표현'을 나타낸다. 홈스로부터의 인용은 다음과 같다. "말은 수정같이 맑고 투명한 변화 불가능한 것이 아니다. 말은 삶을 통해 겪는 피부이며 그것이 사용되는 상황과 시간에 따라 색깔과 내용에서 거대하게 변화할 수 있다"(11-12). 우리는 이런 비유를 '말'을 '색깔'에 따라 변화하는 '피부'로 묘사하는 인종차별적인 메타포뿐 아니라 그것이 적용하는 의미론에 대한 이론의 측면에서도 고찰할 수 있다. 비록 스티븐스는 '표현들의' 의미론적인 '내용'이 역사적으로 변화하는 본성을 단언하고자 하는 어떤 비유를 인용하고 있다고 믿고 있기는 하지만, 그 사용의 역사적인 상황에 따라 색깔과 내용에서 변화하는 '피부'에 의해 지시되기 때문에, 표피라는 메타포가 현상에서 분리된dephenomenalized 채로 남아 있는 살아 있으며 육체에서 분리된 사고, 즉 실체론적인 삶의 성질, 피부가 없는 형태의 살아 있는 영혼을 나타낸다는 것은 마찬가지로 분명하다. 피부와 피부색의 내용의 변화는 따라서 역사적으로 변화하는 것을 지시하기는 하지만, 그것들은 또한 그 자체로 역사적인 변화의 기표signifier들이다. 인종차별적인 기표는 추상적으로 역사적인 상황의 변화를 나타낼 뿐 아니라, 명시적인 인종차별적인 관계에 의해 표시된 구체적인 역사적 변화들을 나타낸다.

스칼리아를 비난할 기회를 잡았다. 스티븐스는 특별법이 행동을 금지할 수 있는 특별한 경우들을 검토한다. 다음의 인용에서 십자가 소각은 어디에서도 언급되지 않지만, **인종차별 발언으로부터** 보호받을 필요를 **인종차별주의에 반대하는 항의 집회로부터** 보호받을 필요로 효과적으로 옮겨놓는 일련의 사례 속에서 불의 형상의 이동이 나타나는지에 주목하라. 심지어 행동을 금지하는 스티븐스의 옹호 속에서도, 위협적인 폭도라는 환상적인 형태는 출현한다.

> 탄약 더미나 가스 저장 탱크 주위에서 불을 지피는 것은 특히 위험하다. 그 같은 행동은 공터에서 쓰레기를 소각하는 것보다 훨씬 엄격하게 처벌될 수 있다. 누군가를 그의 인종이나 종교적인 믿음을 핑계로 위협하는 것은 특히 심각한 트라우마나 어떤 폭동을 유발할 수 있으며, 공무원을 위협하는 것은 실질적인 사회적 혼란을 야기할 수 있다. 그러한 위협은 특정 운동팀에 대한 지지에 근거해서 누군가를 위협하는 것보다 훨씬 엄격하게 처벌될 수 있다.(R.A.V. 대 세인트폴, 112 S. Ct. at 2561, 120 L. Ed. 2d at 340)

여기서 부재하는 것은 문제의 십자가 소각이다. 그런 과거의 장면 대신 먼저 가스 탱크 주변에 불을 지피는 누군가를, 그러고 나서는 공터에서의 좀 더 위험하지 않은 불을 상상할 것을 요청받는다. 그러나 공터를 통해, 우리는 빈곤과 재산이라는 은유로 진입하는데, 이는 "그의 인종이나 종교적인 믿음을 이유로 위협하는 것"이라는 다음 구절이 도입하는 진술되지 않은 흑인성 문제로의 전환에 영향을 미치는 듯 보인다.[73] 인종을 **이유로**라는 것은 인종에 '근거해서'와는 같지 않으며, 이는 인종이 인과적으로 위협을 유발시킨다는 가능성을 열어 둔다. 그 위협은 스티븐스가 두 번째 인과 요인의 설명을 계속함에 따라 문장 중간 부분을 바꾸는 듯 보인다. 이러한 위협은 "특히 심각한 트라우마나 어떤 폭동을 유발할 수 있으며"; 이 지점에서 행동에 대한 금지를 정당하게 만드는 그 위협이 "그의 인종이나 종교적인 믿음을 이유로 위협하는 것"을 지칭하는 것인지 아니면 그로인해 발생할 수 있는 그 폭동을 지칭하는 것인지가 더 이상 분명하지 않다. 바로 이어지는 것은 "그의 인종을 이유로" 그녀를 위협하는 자들에 대한 제재보다 폭도들에 대한 제재 허가가 갑자기 더 시급해졌다는 것을 시사한다. "어떤 폭동을 유발할 수 있으며"라는 문장 뒤에는 마치 인종적으로 표시된 트라우마가 이미 폭동 및 공무원에 대한 공격을 초래했다는 듯이 "공무원을 위협하는 것은 실질적인 사회적 혼란을 야기할 수 있다"라는 문장이 이어진다.

이러한 판사 자신들의 갑작스러운 함축은 원래의 십자가 소각 내러티브에 대한 편집증적인 전도로 해석될 수 있다. 원래의 내러티브는 어디에서도 언급되지 않았지만, 그 요소들은 예시들을 통해 재분배되었다. 따라서 흑인 가족에 대한 원래의 '위협'이었

73) 토니 모리슨은 빈곤은 종종 흑인들에 대해 말해지는 언어라고 언급한다.

던 그 불은 처음에는 산업에 대한 방화의 움직임으로, 그 다음에는 공터에 있는 장소로 옮겨졌다가, 이제는 트라우마로부터 나와 공무원들을 위협하는 듯 보이는 폭동에서 은연중에 다시 나타난다. 처음에는 흑인 가족에 대한 위협에 해당했던 불은 트라우마를 가진 흑인들이 이제 고위 공무원에게 휘두르는 위협으로 은유적으로 변형된다. 그리고 비록 스티븐스는 십자가 소각을 보호를 받지 **못하는** 표현으로 포함하고자 하는 '도발적인 표현' 구성을 지지하는 것으로 등록되어 있기는 하지만, 그가 이런 견해를 표현하는 언어는 이 문제를 국가가 인종이 동기가 된 폭동에 맞서 스스로를 보호하기 위해 행동을 제한할 수 있는 권리의 문제로 왜곡한다.[74]

74) 위의 독해는 판결 그 자체의 수사적인 지위에 대한 일련의 물음들을 제기한다. 켄들 토머스를 비롯한 몇몇 이들은 사법 판결에서 사용되는 비유와 사례들은 논증의 결론으로 제시된 명시적·명제적인 주장들만큼이나 그 의미론적인 내용에 있어서 중요하다고 주장했다. 어떤 의미에서 나는 두 종류의 수사적인 질문을 여기서 제기하고 있는데, 하나는 판결의 '내용'과 관련된 것이고, 다른 하나는 스칼리아가 작성한 다수 의견이 도발적인 표현에 부여된 새로운 제한이라는 점에서 무엇이 주어진 공적 표현의 내용의 자격을 가질 것인가 아닌가를 스스로 한정하는 방식과 관련되는 것이다. 그렇다면 판결 그 자체의 수사적인 지위를 질문함에 있어서 우리는 판결의 수사적인 지위가 어떻게 판결 스스로를 위해 그리고 판결 속에서 스스로 주장된 의미론에 대한 이론을 약화시키거나 반대로 작동하는 의미론 이론을 전제하는가를 질문하기에 이르게 된다. 특히 판결 스스로는 구두적인 언어와 비구두적인 언어의 구분에 의지하는 듯하며, 스칼리아는 이것들을 '메시지'와 '소리'로 구체화하는 것 같다.(R.A.V. 대 세인트폴, 120 L. Ed. 2d 305, 319-321) 스칼리아에게 오로지 언어의 소리만이 금지 가능하거나, 이와 비슷하게 언어의 감각적인 측면은 의미론적인 내용의 관념성에 비본질적인 것으로 간주된다. 비록 스티븐스 판사는 대신 내용의 금지 가능성은 오로지 맥락

판결에서 명시적으로 언급된 내용에 대한 규제는 불안의 형태를 지닌 환유 연쇄metonymic chain 속의 그리고 환유 연쇄를 통한 의미론적 과잉을 생산함으로써 출현하는 것 같다. 이를테면 내용과 소리 혹은 내용과 맥락의 분리 가능성은, 그것들이 지지하도록 되어 있는 주제 이상을 상징하는 형상을 통해 구체화되고 설명된다. 스칼리아의 분석에서 '내용'이 보호를 받는 지위를 확립하기 위해 한정되고 정화되는 만큼, 내용은 그것으로부터 자신을 보호할 것을 요청하는 '위험'을 생산하고 증식함으로써 보장된다. 따라서 미네소타 주의 흑인 가족이 십자가 소각과 같은 공적 표현으로부터 보호를 받을 자격이 있는지의 문제는 표현의 자유의 '내용'이 그것을 불태우고자 하는 자들로부터 보호를 받아야 하는지의 문제로 뒤바뀌게 된다. 따라서 불은 처음에는 십자가에 붙었다가 그다음에는 가족을 화재로부터 보호하고자 하는 사람들이 행사하는 법적 도구로, 그러나 그러고 나서는 흑인 가족 그 자체로, 흑인성으로, 공터로, 법원 판결에 노골적으로 저항하고자 하며 이제 사법부 자체를 불태우고자 하는 흑인들의 트라우마적인 분노의 선동 권력을 대표하는 로스앤젤레스의 폭도들로 옮겨진다. 그

속에서만 결정될 수 있다고 주장함으로써 이런 일종의 '절대주의'라고 그가 일컫는 것을 거부하기는 하지만, 그럼에도 그는 표현의 의미론적인 속성과 역사적인 상황뿐 아니라 말 걸기의 조건을 포함한 맥락 사이의 엄격한 구분을 유지한다. 그렇다면 스칼리아와 스티븐슨 모두에게 '내용'은 비구두적인 것과 역사적인 것으로부터 분리 가능한 것으로 이해된다. 비록 후자의 경우 내용에 관련하여 결정되기는 하지만 말이다.

러나 물론 그 해석은 이미 로드니 킹Rodney King[75]을 잔인하게 폭행한 혐의로 기소된 네 명의 경찰관에 대해 법원이 무죄를 선고한 결정, 다시 말해 폭동을 '촉발'한다고 할 수 있는 그 결정의 내러티브에 대한 전도이다. 이는 흑인은 항상 위협적이지 절대로 위협받지는 않는다는 주장에 극도로 취약한 판사와 배심원들이 과연 피해를 입었다는 주장을 들을 수 있고 지지할 수 있겠는가라는 의문을 제기한다. 따라서 고등법원은 1992년 6월 22일 판결로 로드니 킹에게 복수하고 있는 것으로, 사법부 체계 자체를 공격하고 있는 것으로 보이는 로스앤젤레스 및 기타 다른 곳에서의 폭동에 대해 스스로를 보호하는 것으로 이해될 수 있다. 따라서 판사들은 십자가가 불타고 있는 것을 보고 이를 위협으로 여기는 흑인 가족과 자신을 동일시하지만, 그 가족을 자신들로 교체하며, 흑인성을 위협 그 자체의 배후에 놓인 행위능력으로 재배치한다.[76]

연방 대법원의 결정은 **당면한 해로운 행위에 불안해하는 편향이자**

75) (옮긴이) 로드니 킹(Rodney Glen King II, 1965~2012)은 미국의 건설 노동자이자 택시 기사다. 1991년 3월 3일 과속 운전을 하다 백인 경찰 네 명에게 비정상적인 무차별 폭력을 당했다. 이 사건을 녹화한 비디오테이프가 언론에 공개되었으나 이듬해 경찰관 중 셋은 무죄, 하나는 재조사 판결을 받았다. 이 판결로 인해 1992년 로스앤젤레스 폭동이 일어났다.

76) 시미밸리Simi Valley의 경찰관들에 대한 판결은 입장 바꾸기와 같은 것에 휘둘렸고, 그로 인해 배심원단은 로드니 킹에 대한 경찰관들의 생생한 폭행에도 경찰관들이 사건 당사자에 의해 위험에 처해 있었다고 믿게 되었다.

전도로 읽을 수 있는 환유적인 치환metonymic displacements을 실행한다. 따라서 원래의 장면은 조례가 붙인 불의 형상, 로스앤젤레스 거리에서의 트라우마를 가진 폭도들이 수행한 불의 형상, 그리고 판사들을 완전히 에워싸겠다고 위협하는 불의 형상 간의 환유적 관계 속에서 순차적으로 전도된다.

마리 마츠다와 찰스 로렌스 또한 이 텍스트가 범죄와 처벌에 대한 수사적인 전도를 실행하고 있다고 적는다. "십자가 소각범들은 국가의 권력에 맞서 연방 대법원이 보호해야만 하는 비대중적인 소수자로 묘사된다. 존스 가족이 입은 피해는 전유되고 십자가 소각범들이 피해를 입은 피해자로 제시된다. 현재 진행중인 인종차별주의와 배제의 현실은 삭제되며 편견은 인종차별적인 견해에 대한 다수결주의적인 비난으로 재정의된다."[77]

의미심장하게도, 판사들은 R.A.V. 대 세인트폴 판결을 좀 더 최근 판결인 위스콘신Wisconsin 대 미첼Mitchell[78](113 S. Ct. 2194, 14 L. Ed. 2d 436; 1993) 사례에서 재논의했다. 여기에서 법원은 인종차별 발언을 범죄 피해자가 그/그녀의 인종 때문에 의도적으로 선택된

77) Matsuda and Lawrence, "Epilogue," *Words that Wound*, p. 135.

78) (옮긴이) 위스콘신 대 미첼 사건은 미국 대법원이 인종이 동기가 된 범죄에 처벌을 강화하는 것이 형사 피고인의 수정헌법 1조의 권리를 침해하지 않는다고 판결 한 사건이다. 이 판결은 혐오 범죄 법률 제정을 위한 수정헌법 제1조 표현의 자유와 관계된 미국 고등법원의 기념비적인 판례였다. 사실상 법원은 어떤 범죄가 예상 피해자가 보호를 받는 계층이었기 때문에 범해졌는가 혹은 처음에 고려되었는가를 국가가 다룰 수 있다고 결정했다.

것이라는 증거로 포함시킬 수 있으며 인종차별 발언이 범죄에 대한 처벌을 강화하는데 적절한가를 결정하는 데 역할을 하는 요인들 중 한 가지에 해당될 수 있다고 만장일치로 결정했다. 위스콘신 대 미첼은 인종차별 발언이 해로운가를 다루지는 않았고, 피해자가 인종에 근거하여 선택되었다는 것을 나타내는 표현이 범죄—다시 말해 표현 범죄가 아닌 그 자체로 범죄 아닌 범죄—에 대한 처벌 강화를 결정하는 데 있어서 영향을 미칠 수 있는가만을 다루었다. 기이하게도 해당 사건은 영화 「미시시피 버닝Mississippi Burning」[79]을 막 보고 나온 토드 미첼Todd Mitchell을 포함한 젊은 흑인 남성 집단과 관련이 있었다. 그들은 어떤 백인들에게 "맛 좀 보여 주기"로 결정했고 그들에게 다가온 한 젊은 백인 남자를 폭행하는 것으로 나아갔다. 렌퀴스트Rehnquist 판사는 이들 젊은 흑인 남성들이 "백인 남자가 기도하고 있는 한 흑인 꼬마 아이를 폭행"하는 그 영화의 한 장면을 놓고 얘기하고 있었다는 것을 쉽게 알아차렸다. 렌퀴스트는 그러고 나서 나아가 판결에서 결정적이게 될 미첼의 말을 인용한다. "너희들 모두 백인들한테 맛 좀 보여 주는 데 흥분을 느끼지?" 그리고 뒤에는 "너희들 누구 좀 손봐주고 싶지 않아? 야 저기 백인 꼬마애 하나 지나간다. 가서 붙잡

79) (옮긴이) 「미시시피 버닝」은 앨런 파커 감독이 연출해 1988년 개봉한 범죄 스릴러 영화다. 세 명의 인권운동가가 KKK단에 의해 살해되고, FBI 수사관이 그 범인을 찾아내는 과정을 그린 영화로, 인종차별 문제를 다룬 초기 영화로 자주 거론된다. 1964년 미시시피 주에서 실제로 일어난 사건을 모티브로 만들어졌다.

자."(위스콘신 대 미첼, 113 S. Ct. 2196-7, 120 L. Ed. 2d at 442[탄원서를 인용]) 이 사건에서 아이러니한 것은, 그 영화가 KKK단에 의해 살해당한 세 명의 인권운동가(두 명의 백인과 한 명의 흑인)의 이야기를 다루고 있다는 것이다. 거기에서 KKK단은 살해된 인권운동가의 시신과 그들을 살해한 범인들을 수색할 때 법무부를 돕는 듯 보이는 주민들을 십자가 소각과 화염병을 통해 상습적으로 위협한다. 법원의 체계는 무엇보다도 먼저 영화 속에서 KKK단에 동정적인 것으로 여겨지며, 살인범인 KKK 단원들을 구속하는 것을 거부하고 심문을 부적절하게 제한한다. 법무부 공무원은 오로지 법을 어김으로써만, 즉 그가 방해받지 않고 심문하는 자들을 잔인하게 다룸으로써만 KKK단을 함정에 빠트릴 수 있다. 이 공무원은 사법적으로 적법한 절차에 의해 대표되는 자유주의적인 '여성화 effeminization'에 맞서서 무엇이 옳은 것인가의 편에서 남성성을 복권시키고 있는 것으로 주로 여겨진다. 그러나 어쩌면 가장 중요한 것은, 이 공무원이 법의 이름으로 행위하기는 하지만, 그는 법에 반하여 행위하며, 이는 그의 불법성이 인종차별주의와 싸우는 유일한 효율적인 방법이라는 것을 보여주고자 한다는 것이다. 이 영화는 따라서 만연해 있는 법과 법적 절차주의에 대한 불신에 호소하며, 백인 남성성이 스스로의 과잉들을 억제할 수 있다고 자처하는 순간에서조차 영화는 어떤 무법적인 백인 남성성을 재건한다.

어떤 점에서 그 영화는 폭력이란 법이 시민들을 보호하는 데 실패한 뒤 따라 나오는 결과라는 것을 보여주며, 이런 식으로 사법적 결정을 수용하는 것을 풍자한다. 만일 이 영화가 법원이 시민들의 권리와 자유를 보장하지 못할 것이고 오로지 폭력만이 인종차별주의에 대항할 수 있다는 것을 보여준다면, 영화에 말그대로 뒤를 따른 길거리의 폭력은 그 풍자의 순서를 뒤집는다. 영화를 보고 나서 길거리에서 폭력에 착수한 흑인 남성들은 결국 자신들이 법정에 서 있다는 것을 알게 된다. 법원은 굳이 영화를 기소—어쨌든 법원은 기소했다—할 뿐 아니라, 나아가 거리 폭력을 불쾌한 표현물과 암묵적으로, 그것도 서로 효과적으로 연결시킨다.

법원은 토드 미첼의 말을 인용함으로써 폭력 대상을 선택한 것에 인종적인 동기가 있는지 아닌지를 결정하고자 했다. 이 말은 곧 영화 관람의 결과인 것으로, 영화 텍스트에 해당하는 말의 연장으로 간주된다. 그런데 법원 자체는 영화의 연장된 텍스트에 연루되어 있으며, 영화는 법원을 인종차별적인 폭력과 공모한 것으로 '기소'한다. 따라서 미첼과 그의 친구들—그리고 인종적으로 선택적인 동기들을 그들에 귀속시키는 것—을 처벌하는 것은 영화가 법원을 '고발'한 것을 뒤집는다. R.A.V. 대 세인트폴에서 법원은 또한 판결 속에서 카메오로 등장하여 행위의 주체를 뒤집고, 가해자를 피해자로 뒤바꾸며, 스스로를 상처받기 쉬운 장소로 형상화한다.

이 각각의 경우, 표현의 해악의 힘을 결정할 수 있는 권한을 부여받음으로써 법원의 표현은 해악을 줄 수 있는 힘을 행사한다. '결정adjudication'이라는 명분으로 피해를 전도시키고 치환하는 것은 일단 법의 말이 되면 위장되고 명시되는 '판결decision'의 특별한 폭력을 강조한다. 일단 법의 말이 되자마자 위장되고 동시에 중시되는 것이다. 모든 법적인 언어는 이러한 해악을 줄 수 있는 잠재적인 힘과 관련을 맺고 있다고 말할 수 있지만, 통찰은 그런 폭력의 구체성에 대한 반성적인 이해를 획득하는 것이 무엇보다 더욱 중요할 것이라는 주장을 뒷받침할 뿐이다. 법적 언어의 구속적인 특성의 필요조건인 종류의 폭력과, 불의에 복무하여 해악을 증폭시키기 위해 그런 필연성을 이용하는 종류의 폭력을 구별하는 것은 필수적일 것이다.

이러한 권력의 자의적인 사용은 보수적인 정치적 목적을 촉진하고 진보적인 노력들을 좌절시키기 위해 혐오 발언에 관한 판례들을 역이용한 데서 입증된다. 여기서 요구되는 것은 언어 행위나 해로운 표현의 힘에 대한 더 나은 이해가 아니라, 법원이 이러한 다양한 공식들을 첨가하는 전략적이고 모순적인 사용이라는 것은 분명하다. 이를테면 법원은 외설에 대한 정의를 확장하는 것을 기꺼이 지지해 왔으며, 보호를 받는 표현으로부터 외설을 배제하는 판례를 강화하기 위해 혐오 범죄 입법을 지지하는 일부 주장들이 제안한 근거를 기꺼이 사용해 왔다.[80] 스칼리아는 밀러Miller

80) 채플린스키 판결은 어떤 표현은 "어떤 사상 표현의 본질적인 부분이 아닌" 것에 해당하는 경우 보호를 받는 지위를 상실한다는 것을 명기함으로써 이러한 양가성을 위한 공간을 만든다. 이러한 어떤 표현의 비본질적인 부분이라는 개념은 보호를 받지 못하는 외설이라는 지위를 확장하기 때문에, 1973년 밀러 대 캘리포니아 판결의 기초

대 캘리포니아California 판결(1973)[81]이 "명백하게 불쾌한" 것에 대한 의존을 통해 외설을 내용의 절대적 보호의 예외로 설치한 사례라고 언급하며, 그러고 나서 이후의 판결인 뉴욕New York 대 페버Ferber(458 U.S. 747; 1982) 판결[82]에서는 아동 포르노그래피를 보호에

를 이룬다. 그 결정에서 법원에 의해 '반정부 표현'이라고 구성된 정치적인 문신을 자랑스럽게 보이는 어떤 모델의 사진은 "전반적으로 간주했을 때 문학적, 예술적, 정치적, 학문적인 가치를 결여하고 있는 것"이기 때문에 보호를 받지 못한다고 간주된다. 그 뒤로 그런 표현은 "어떤 사상 표현의 비본질적인 부분"이라고 여겨진다. 그러나 여기서 당신은 "어떤 사상의 비본질적인 부분"은 "무가치한 부분"이 되었다는 것에 주목할 것이다. 그렇다면 표현에 있어서 계속 보호를 받지 못하는 것에 대한 스칼리아의 이전 사례를 고찰해 보자. 다시 말해 그는 시끄러운 소음을 내는 트럭, 즉 표현의 의미론적으로 공허한 부분은 "소통의 비표현적인 요소"라고 주장한다. 여기서 그는 표현의 의미론적으로 비어 있는 유일한 부분, 즉 표현의 순수한 소리는 보호를 받지 못하지만, 표현 속에서 소리내어진 '사상들ideas'은 대부분 완전하게 보호를 받는다고 주장한다. 그렇다면 이러한 시끄러운 길거리 소음이 어떤 표현의 비본질적인 부분을, 아니 어쩌면 더욱 가슴 아프게는 그 표현의 무가치한 부분을 형성하는 것이다. 우리는 표현의 형태가 어떻든 그 표현이 보호받지 못한다는 것은 판사들에 의해 "순전한 소음"의 제목을 갖는 의미론적으로 공허한 소리로 환원될 것임을 추측할 수 있다. 따라서 어떤 반-정부 문신을 공공연하게 내보이고 있는 누드모델의 영상은 단지 순전한 소음이지 메시지, 사상이 아니며, 무가치한 길거리 소음의 소리가 될 뿐이다.

81) (옮긴이) 밀러 대 캘리포니아 사건은 외설에 대한 정의를 다시 세운 미 연방 대법원의 기념비적인 판결이다. 법원은 외설을 "사회적으로 결점을 보완할 만한 가치가 전혀 없는 것"으로부터 "진지하게 문학적이고 예술적이며 정치적이거나 학문적인 가치를 결여하고 있는 것"으로 다시 정의했다.

82) (옮긴이) 뉴욕 대 페버 사건은 미 연방 대법원에서 내린 판례로, 표현의 자유에 대한 수정헌법 제1조에 따라 국가로 하여금 성행위에 관련된 아동을 묘사하는 자료의 판매를 금지하는 것을 저지하지 못한다고 만장일치로 결정했다. 맨해튼의 성인 도서 전문점 주인인 폴 페버Paul Ferber는 비밀 경찰관에게 어린 소년이 자위행위를 하는

서 제외할 때, "여기서 어떤 특별한 문학적인 주제를 검열하고 있는가라는 질문은" 없었음을 언급한다.(R.A.V. 대 세인트폴, 112 S. Ct. at 2561, 120 L. Ed. 2d at 340). 무엇이 '문학적인' 것에 해당하는가는 따라서 아동 포르노그래피가 문학적이고 주제적인 것 모두에서 제외되는 것과 같은 방식으로 제한된다. 비록 누군가는 아동 포르노그래피의 장르를 인식할 수 있어야 하며 내용에 대한 절대적 보호로부터 아동 포르노그래피를 제외시키기 위해 그것을 식별하고 구분할 수 있어야 하는 것처럼 보이지만, 그러한 생산물을 식별하는 표지들이 문학적이거나 **주제적일 수 없다**. 법원이 "성적으로 비하적인 '도발적인 표현'(……)은 미국 민권법 7조(Title VII)의 고용

것을 묘사한 영화 두 편을 판매한 이후 외설법으로 기소되었다. 재판에서 그는 외설적인 성적 공연 죄목에 대해서는 무죄를 선고받았으나, 음란적인 성적 공연에 대해서는 유죄를 선고받았다. 그 판결 한참 전에 법원은 수정헌법 제1조가 외설 규제를 허용한다고 판결했다. 밀러 대 캘리포니아 사건(1973)에서 내린 법원의 이전 결정 기준에서는 자료가 전체적으로 현재 사회의 기준을 적용했을 때 진지한 학문적, 문학적, 예술적, 또는 정치적 가치를 결여하고 있고 "명백히 불쾌"하며 "호색적인 관심"을 목표로 하고 있다면 '외설'이었다. 그러나 페버 사건에서 법원은 아동 포르노그래피는 무엇보다 다섯 가지의 이유로 밀러 판례 기준의 외설로 간주되지 않아도 금지될 수 있다고 판결했다. 1. 정부는 아동의 성 착취를 예방하는 데 강한 관심을 가지고 있다. 2. 성행위에 관련된 아동에 대한 시각적인 묘사의 배포는 본질적으로 아동에 대한 성학대와 관련되어 있다. 3. 아동 포르노그래피를 광고하고 판매하는 것은 아동 포르노 제작에 대한 경제적인 동기를 제공한다. 4. 성행위에 관련된 아동에 대한 시각적인 묘사는 무시해도 될 정도의 예술적인 가치를 가지고 있다. 5. 따라서 아동 포르노그래피는 수정헌법 제1조의 보호 바깥에 있다고 주장하는 것은 법원이 이전에 정의했던 '외설'로 간주되는 자료들의 금지를 제한하는 과거의 법원 판례와 조화된다.

관행에 있어서 성차별 일반 금지 조항의 위반을 낳을 수 있다"(같은 글, at 2546, 120 L. Ed. 2d at 321)고 말할 때, 특정 언어 표현들은 성차별에 해당한다는 캐서린 매키넌의 논란의 여지가 있는 입장을 법원의 논의의 한 부분으로 받아들이는 것 같다. 그러나 여기서 법원은 그 내용에 근거해서가 아니라 오로지 그런 표현이 수반하는 효과들에 근거해서 그런 표현들을 금지하는 것이 분명하다.

나는 법원과 우파 의원들이 보여주는 현재의 보수적인 감수성이, 외설 영역을 확장하고자 하고 이를 위해 포르노그래피의 범주를 확대하고자 하고, 이 둘의 보호를 받지 못하는 지위를 주장하고자 하며, 따라서 외설이 일종의 '도발적인 표현'이 되는 것으로 배치하고자 하는, 다시 말해 시각적인 재현물이 해롭다는 것을 받아들이고자 하는 의지 속에서 또한 보여진다고 주장하고자 한다. 이는 '색욕prurience에 호소'한다는 개념이 '문학적, 예술적, 정치적, 학문적 가치' 개념에 대치되는 밀러 대 캘리포니아 판결에서 사용된 근거에 의해 강조된다. 여기서 직접적이고 이론의 여지 없이 해로운 것으로 간주되는 재현물은 주제적인 것, 가치적인 것으로부터 제외되며 따라서 보호를 받는 지위로부터 제외된다.

제시 헬름스Jesse Helms 등은 국립예술기금National Endowment for the Arts이 외설적인 소재들에는 자금을 댈 의무가 없으며, 다양한 레즈비언 연주자들과 게이 남성 사진작가들이 외설적이고 문학적인 가치가 결여된 작품들을 생산한다고 주장하기 위해 동일한 근거를 취해왔다. 중요한 것은 표현물들이 족적을 남기거나 어떤 분명한 방식으로 '행위'한다고 할 수 없는 경우에도 시각적인 성적인 재현물들의 비주제적이고 이론의 여지 없이 해로운 성질을 받아들이고자 하는 의지는, 흑인 가족의 집 앞에 십자가를 소각하는 것의 해악성을 지지하기를 꺼리는 것과는 반대인 것으로 읽어야만 하는 것 같다. 이를테면 동성애에 대한 시각적인 묘사는 비주제적이거나 단순히 음란한 것으로 해석되고 의미가 없는 심미적인 것으로 여겨지는 반면, 십자가 소각은 그것이 인종차별적인 증오의 메시지를 전달하는 확실히 분명 논쟁적인 쟁점들을 둘러싼 공적인 토론 내에서 승인되는 주장으로 해석될 수 있다는 것은, 비관습적인 섹슈얼리티에 대한 묘사를 자신의 범위 내에 포함시키기 위해 도발적인 표현 원칙을 확장하려는 근거는 강화되었으나, 인종차별적인 위협을 불법화하기 위해 도발적인 표현을 적용하려는 논거는 따라서 약화되었다는 것을 나타낸다. 이는 어쩌면 인종차별적인 폭력에 대해 증가하고 있는 정부 검열과 함께 강화된 성적 보수주의가 작동하는 방식일지도 모른다. 그러나 그런 방식에서 시각적인 성적 표현물의 시청자들이 주장한 '피해'는 도발적인 표현의 영예를 얻는 반면, 집 앞의 십자가 소각을 통해 흑인 가족에 존속되는 피해는 로드니 킹의 피해처럼 수정헌법 제1조의 표면적인 신성함을 철폐하기에는 너무도 애매하고 너무도 가설적인 것으로 드러난다.[83] 그리고 이는 단지 시각적인 성적 재현물에

83) 킴벌리 크렌쇼는 다소 다른 방식으로 법에 있어서의 이러한 애매함을 나타낸다.

대한 금지가 이런 종류의 법적 추론에 의해 지지를 받게 된다는 것이 아니다. 인종차별적인 피해는 보호를 받는 표현이라는 위엄을 갖추게 되는 반면, 섹슈얼리티에 대해 인종차별적으로 표시된 묘사들이 기소에 가장 영향받기 쉽게 될 것이며, 인종과 섹슈얼리티의 경건함과 순수함을 위협하는 그러한 표현물들이 가장 취약하게 될 것이라는 점이다.

두 개의 단서 조항에 대한 언급을 하겠다. 즉 첫째, 찰스 로렌스와 같은 일부 비판적 인종 이론가critical race theorist[84]들은 십자가 소각은 표현이지만, 모든 표현이 보호를 받아야 하는 것은 아니며 실제로 모든 표현은 보호를 받고 있지 않다고, 즉 인종차별적인 표현은 전달받은 주체가 그/그녀의 권리와 자유를 행사하는 것을 방해하므로 평등 보호 조항과 충돌한다고 주장할 것이다. 리처드 델가도와 같은 비판적 인종 연구의 다른 법학자들은 수정헌법 제1조 권리에 대해 도발적인 표현의 제한 영역을 확장해야 한다고 주장할 것이다. 마츠다와 매키넌은 성차별 법리의 사례를 따르면서

법원은 아프리카계 미국인의 예술적인 표현 형태가 예술적인 표현이라는 것을 부인하며 무엇이 예술적인 것으로 간주되는가에 대한 인종차별적인 가정으로 인해 그러한 표현을 검열에 종속시킨다고 주장하면서 말이다. 한편 그녀는 이러한 표현물 속에서 여성들에 대한 재현이 불쾌하다는 걸 알게 되고 그녀 스스로가 이러한 두 입장들 사이에서 '찢겨지는' 듯한 느낌을 받는다. "Beyond Racism and Misogyny: Black Feminism and 2 Live Crew," in *Words That Wound*.

84) (옮긴이) 비판적 인종 이론은 비판 이론, 사회와 문화에 관한 비판적 연구를 인종, 법, 권력의 교차성에 적용하는 것에 주목하는 사회과학 내의 이론적인 관점이다.

행동과 표현을 구별하는 것은 불가능하며, 혐오로 가득 찬 표현은 해로운 행동이라고 주장할 것이다. 참으로 기이하게도 이 마지막 종류의 추론은 군대 내에서의 동성애자에 대해 공표된 최근 정책에서 다시 나타났는데, 거기에서 "나는 동성애자이다"라는 진술은 '동성애 행위'로 여겨진다. 나는 3장에서 표현과 행동의 융합에 대해 고찰할 것이다. 이 정책에 따르면 커밍아웃 행위는 은연중에 도발적인 표현으로 해석된다. 여기서 누군가는 법원에 혐오 발언을 기소하는 것은 그 법원에게 스스로의 추가적인 폭력을 가할 기회를 주는 위험을 감수하는 것임을 명심해야 한다. 그리고 만일 법원이 무엇이 모욕적인 말인지 아닌지를 결정하기 시작한다면, 그런 결정이 가장 구속력 있는 모욕을 구성하게 되는 위험을 감수하게 되는 것이다.

왜냐하면 이는 십자가 소각의 사례에서처럼 법원이 십자가 소각에 포함된 위협을 읽는 법을 알고 있는가의 문제가 아니라, 법원이 평행한 논리를 따라서 스스로 의미를 부여하는가의 문제였기 때문이다. 수정헌법 제1조를 뒤덮고, 스스로의 권위를 훼손시킬 폭동을 촉발시키는 화재를 상상할 수 있는 것은 법원 뿐이기 때문이다. 그리고 법원은 십자가 소각을 보호함으로써 상상된 불의 위협으로부터 상상된 위협에 대해 스스로를 보호하며, 스스로의 환상으로부터 발생한 공포spectre로부터 법적인 보호를 추구하고자 하는 자들과 동맹을 맺는다. 따라서 법원은 십자가 소각을 표현의 자유로 보호하고, 그것에 피해를 입는 자들을 진정한 위협의 장소로 생각하며, 십자가 소각을 법원, 지방 보안관, 그리고 표현의 자유의 징표의 대리인으로 끌어 올린다. 그렇게 많은 보호를 갖는다면, 우리가 두려워해야 할 것은 무엇일까?

혐오 발언에서 포르노그래피까지

매키넌은 국가 권력을 적용하는 이러한 위험을 스스로 이해하고 있지만, 최근 저서인 『그냥 말인데 뭐*Only Words*』에서 국가 권력이 포르노그래피 산업 편에 서 있다고 말한다. 그리고 따라서 포르노그래피 속에서 여성들을 종속적인 지위로 구성하는 것은 결과적으로 국가가 승인한 구성이라고 주장한다. 그녀의 견해에 대한 보다 충분한 논의는 다음 장에서 이루어질 것이다. 그러나 나는 여기서 포르노그래피의 수행성으로 추정되는 것에 대한 분석을 제공하고자 하는데, 시각적인 이미지가 발언내행위적인 표현이라는 해석은 포르노그래피는 주권적인 행동이라고 주장함으로써 어떻게 결과적으로 수정헌법 제1조를 비껴 나가는지를 보여 주기 위해서이다.

매키넌은 포르노그래피는 일종의 혐오 발언이며, 혐오 발언 규제를 지지하는 논증은 포르노그래피 규제를 지지하는 논증에 기반해야 한다고 주장했다. 이러한 유비는 포르노그래피 속에서의 시각적인 이미지가 명령문처럼 작동하며, 이 명령문은 자신이 명령하는 것을 실현할 수 있는 힘을 가지고 있다는 가정에 의지하고 있다. 매키넌에게 문제는 포르노그래피가 여성 혐오의 사회적 구조를 반영하거나 표현한다는 것이 아니다. 문제는 그것이 자신이 명령하는 것을 야기할 수 있는 수행적인 힘을 가진 제도라는 것이다. 그녀는 포르노그래피가 사회적 현실을 대체할 뿐 아니라, 그러한 대체 자체가 사회적인 현실을, 즉 포르노그래피의 사회적 현실을 만들어 내는 것이라고 적는다. 이러한 포르노그래피의 자기충족적인 능력은 그녀에게 포르노그래피가 그 자체로 사회적 맥락이라는 주장에 힘을 실어 준다. 그녀는 적는다.

> 포르노그래피는 경험을 단순히 표현하거나 해석하지 않는다. 그것은 경험을 대체한다. 현실로부터 메시지를 전달하는 것을 넘어서서, 그것은 현실을 대표한다. (……) 시각적인 포르노그래피를 만들기 위해, 포르노그래피의 명령에 따라 살기 위해, 세계, 즉 여성은 포르노 제작자들이 '말하고자' 하는 것을 해야만 한다. 포르노그래피는 자신의 생산 조건을 소비자에게로 가져온다. (……) 포르노그래피는 자신의 제작과 사용을 통해 세계를 포르노적인 장소로 만든다. 여성이 무엇으로 존재해야 하는가, 무엇으로 보여져야 하는가, 무엇으로 대우되어야 하는가를 확립시킴으로써, 무엇이 그녀에게 행해질 수 있는가의 측면에서 여성은 무엇이며 무엇이 될 수 있는가, 그리고 그것을 행한다는 점에서 남성은 무엇인가에 대한 사회적 현실을 구성함으로써 말이다.(25)

우선, 포르노그래피는 경험을 대체하며, 포르노그래피를 통해 남김없이 교체되는 경험이 있다는 것을 암시한다. 따라서 포르노그래피는 경험의 장소를 가지며, 전체성totality으로 이해되는 새로운 경험을 철저하게 구성한다. 그리고 두 번째 문장을 통해 이러한 이차 경험은 이차 '현실'과 동의어가 되며, 이는 포르노그래피의 우주에서는 현실의 경험과 현실 사이에 구분이 없다는 것을 나타낸다. 매키넌 자신은 이러한 그 둘의 체계적인 융합이 어떤 현실 속에 장소를 갖는다는 것을 분명히 한다. 이 현실은 그 자체로 단지 또 다른 현실에 대한 대체이다. 이 현실은 더욱 근본적인 것으로 비유되며, 어쩌면 규범적이거나 유토피아적인 수단을 제공한다. 이 수단을 통해 그녀는 포르노그래피적인 현실은 자신의 장소를 갖게 되었다고 판단한다. 그러고 나서 이러한 시각적인 영역은 말하는 것으로, 아니 명령을 내리는 것으로 여겨지며, 이 지점에서 시각적인 영역은 자신이 명명하는 것을 만들어 낼 수 있고, 신의 수행문과 유사한 효력을 행사할 수 있는 권력을 가진 주체처럼 작동한다. 시각적인 영역을 말하고 있는 인물, 권위적인 화자로 축소하는 것은, 매키넌이 묘사하는 것과는 좀 다른 대체를 수사적으로 야기한다. 그녀는 시각적인 영역을 일련의 언어적인 수행문들로 대체하여, 시각적인 것을 언어적인 것으로 전적으로 치환할 뿐 아니라, 시각적인 묘사를 효과적인 수행문으로 완전히 치환했음을 암시한다.

포르노그래피가 "여성이란 무엇인가에 대한 사회적인 현실을 구성하는 것"으로 묘사될 때, '구성'의 장면은 위의 두 치환의 측면에서 읽어야 한다. 그 구성은 오로지 시각적인 것이 그녀가 주장하는 방식으로 언어학적으로 효과적인 것으로 치환될 수 있는 경우에만 '여성이란 무엇인가'에 대한 사회적 현실을 생산하도록 작동한다고 할 수 있다. 마찬가지로 포르노그래피와 혐오 발언 간의 비유는 포르노그래피적인 이미지가 일련의 효과적인 말로 된 명령문으로 치환될 수 있는 만큼만 작동한다. 포르노그래피적인 이미지는 어떻게 말하는가에 대한 매키넌의 해석에서 그녀는 그 이미지가 "이렇게 해do this"라고 말한다고 주장하는데, 여기에서 명령된 행위는 성적 종속의 행위이며, 그 행위를 행함에 있어서 여성에 대한 사회적 현실은 성적으로 종속된 지위로서 구성된다. 여기서 "구축"은 단순히 그 행위를 하는 것—이는 일련의 모호한 독해들의 문제를 피하기 위해매우 애매하게 남아 있다—이 아니라, 그 행위를 **묘사**하는 것인데, 여기서 묘사는 언어적 명령인 "이렇게 하라"의 모순과 이행으로 이해된다. 매키넌에 따르면 그런 낱말을 말하는 것이 이미 그 행위에 대한 프레임이자 강제적인 대본으로 기능하기 때문에 아무도 그러한 낱말을 말할 필요가 없다. 그리고 어떤 점에서 그런 프레임이 행위를 조작하는 한, 그것은 수행적인 권력을 행사한다. 그리고 그것은 매키넌에 의해 남성적 권위의 의지를 표현하고 있는 것으로, 그리고 자신의 명령을 따를 것을 강요하고 있는 것으로 상상된다.

그런데 그런 프레임은 선재하고 있는 주체의 의지를 전달하는가? 아니면 그 프레임은 의지의 실현의 상실derealization과 같은 어떤 것, 즉 환상적인 의지와 종속의 장면을 생산하고 조작하는 것인가? 나는 환상적인 것과 현실 영역 간의 엄밀한 구분을 주장하려고 하는 것은 아니며, 다만 사회적 현실의 구성 내에 환상적인 것의 작동은 어느 정도까지 매키넌이 주장하곤 했던 것보다는 좀 더 취약하고 덜 결정적인 구성이 되는가를 묻고자 하는 것이다. 사실 누군가는 많은 양의 포르노그래피가 모욕적이라는 데 동의하는 것은 당연하지만, 그것이 포르노그래피의 모욕성이 여성이란 무엇인가에 대한 사회적인 현실을 (일방적으로, 철저하게) 구성할 수 있다고 추정되는 권력에 놓여 있다는 것으로 귀결되지는 않는다. 매키넌 자신의 언어로 잠깐 되돌아가기 위해, 마치 포르노그래피적인 재현물의 힘에 대한 그녀 자신의 단언의 힘이 스스로 무너지곤 하는 것처럼, 가상 스스로가 명령의 공식이라고 주장하는 방식을 고찰해 보자. 즉 "포르노그래피는 여성이 존재한다고 할 수 있는 것, **~로 보여진다**고 하는 것, **~로** 취급된다는 것을 확립시킨다.(……)" 그러고 나서 그 문장은 다음과 같이 계속된다. 즉 "여성이란 무엇인가에 대한 사회적 현실을 구성하는 것." 즉 여기서 성적인 종속으로 취급되는 것은 바로 그런 사람으로 구성되는 것이며, 바로 그런 사람인 어떤 사회적 현실이 구성되게끔 하는 것이다. 그러나 만일 '~로as'가 유사성을 주장하는 것으로 읽혀진다면, 그런 까닭에 은유가 정체성으로 붕괴되는 것은 아니다. 어떤 수단을 통해 '~로as'는 '~인is'으로 전환되는가? 그리고 이는 포르노그래피의 행위인가, 아니면 매키넌이 제공하는 바로 그 포르노그래피에 대한 **묘사**의 행위인가? '~로'는 '마치 ~인 것처럼', '마치 누군가인 것처럼'으로 해석될 수 있기 때문에, 이는 포르노그래피가 여성이란 무엇인가를 재현하지도 구성하지도 않는다는 것을 나타낼 뿐 아니라, 남성적인 의지와 여성적인 종속에 대한 풍자를 제공하며(비록 이것들이 물론 포르노그래피의 유일한 주제가 아니기는 하지만), 이는 포르노그래피가 반복적이고 열망적으로 스스로의 실현 불가능성을 시연한다는 것을 나타낸다. 오히려 누군가는 포르노그래피는 불가능하고 아무도 거주할 수 없는 지위들, 즉 그러한 지위들과 사회적 현실의 영역에 속한 지위들 간의 어떤 균열을 끊임없이 재생산하는 보상적인 환상들을 묘사한다고 주장할 수 있다. 누군가는 포르노그래피는 젠더의 비현실에 대한 텍스트이고, 강요되는 불가능한 규범이며, 그리고 그에 직면하여 포르노그래피는 끊임없이 실패한다고 주장할 수 있다. "이렇게 해"라는 명령은 '묘사되고 있는' 것에 비해 전달되지 못한다. 그리고 만일 묘사되는 것이 일련의 보상적인 이상들, 즉 과장된 젠더 규범들이라면, 포르노그래피는 젠더 지위들의 사회적 현실을 지배하기는 하지만 엄밀히 말해서 그런 현실을 구성하지는 못하는 실현불가능한 지위들의 영역을 기록하는 것이다. 오히려 포르노그래피적인 이미지에 그것이 갖고 있는 환상적인 권력을 부여하는 것은 바로 그것이 현실을 구성하지 못한다는 것이다. 이런 점에서 어떤 명령이 '묘사'되지 '전달'되지는 않는 만큼, 그것은 여성이란 무엇인가에 대한 사회적 현실을 구성할 수 있는 권력을 행사하지 못한다. 그러나 이러한 실패는 그런 어떤 명령에 대한 풍자의 계기—그 명령의 시작부터의 실현 불가능성을 인정하는 것, 그리고 최종적으로 자신의 조건과 매력인 비현실을 극복할 수 없는 것—가 된다. 다시 말해 내 요청은 이러한 상상적인 장면의 직역화literalization에 저항하는 포르노그래피에 대한 페미니즘적인 독해를 위한 것인데, 즉 해결되지 않고 반복될 수 밖에 없는 젠더 규범들과 관행들 간의 통약불가능성으로 대신 독해하는 것이다.

이런 점에서 포르노그래피의 시각적인 영역을 어떤 말하는 주체로, 그리고 말하면서 자신이 명명하는 것을 야기하는 주체로 생각하는 것은 타당하지 않다. 포르노그래피의 권위는 확실히 덜 신성하다. 그래서 그 힘은 덜 효과적이다. 포르노그래피적인 텍스트를 화자의 해로운 행위로 비유하는 것은 우리가 주체의 기소 가능한 장소에 책임을 위치시키고자 하는 경우에만 타당할 뿐이다. 그렇지 않다면 우리의 작업은 더욱 어려울 것이다. 포르노그래피가 말하는 것은 보상적인 젠더 규범들의 **자원으로부터 재인용하고 과장하는 것이며, 모욕적인 텍스트의 폐지로는 사라지지 않을 어떤 고집스럽고 잘못된 상상적인 관계의 텍스트이고, 페미니즘 비판이 가열차게 독해해야 하는 것으로 남아 있는 텍스트이기 때문이다.** 그런 텍스트들을 그 자체와는 반대로 독해하는 것은 텍스트의 수행성이 주권적인 통제 아래 있지 않다는 것을 인정하는 것이다. 이와는 달리 만일 텍스트가 한 번 행위한다면, 다시 행위할 수 있으며, 어쩌면 자신의 과거 행위와 반대로 행위할 수 있다. 이는 수행성과 정치에 대한 대안적 독해로서의 재의미부여의 가능성을 제기한다.

2장

주권적 수행문

excitable speech

캠퍼스, 직장, 그리고 기타 공공 영역에서의 혐오 발언 규제 법안들은 일련의 양가적인 정치적 귀결들을 낳았다. 언어의 영역은 사회적 상처의 원인과 결과를 심문하는 특권적인 영역이 되었다. 이전까지의 페미니즘 운동이나 시민운동은 다양한 형태의 차별을 기록하고 그에 대한 보상을 추구하는 것과 주로 관련되어 있었던 반면, 혐오 발언에 대한 현재의 정치적 관심은 차별 행동이 취하는 언어적인 형태를 강조하여, 구두 행위conduct를 차별 행동action으로 확립시키고자 한다.[85] 그런데 구두 행위verbal conduct란 무엇인가? 물론 법은 정의들을 가지고 있으며 그 정의들은 종종 일상적인 표현의 이해의 부자연스러운 확장을 제도화한다. 따라서 깃발이나 심지어 십자가를 불태우는 것 또한 법적인 목적에 따라 '표

85) 캐서린 매키넌은 『그냥 말인데 뭐』에서 "집단 명예훼손은 불평등이 구두적인 형태를 취하는 것이다"(99)라고 적는다.

현speech'이라고 해석될 수 있다. 그런데 최근 사법부는 언어적 수행성에 대한 좀 더 일반 이론의 측면에서 혐오 발언을 설명하기 위해 언어에 대한 수사학적, 철학적 설명들의 조언을 구했다. 수정헌법 제1조 절대주의의 엄격한 지지자들은 표현의 자유가 헌법적으로 보호받는 다른 권리와 자유에 대해 우선하며 사실상 다른 권리와 자유를 행사하는 전제가 된다는 견해를 지지한다. 그들은 또한 '내용에 근거한' 모든 표현들을 보호를 받는 표현으로 포함하는 경향이 있으며, 위협하는 형태의 구두적 행위를 그런 위협이 '표현'으로 남는지 혹은 '행동'의 영역에 해당하는지에 대한 문제에 속하는 것으로 간주한다. 오로지 후자의 경우에서만 문제의 '표현'은 기소 가능하다. 그런 엄밀한 구분에 대한 의존을 곤란하게 만드는 표현에 대한 견해가 최근 혐오 발언 논쟁의 맥락에서 등장하고 있다. 그 견해는, 어떤 종류의 표현의 '내용'은 오로지 **그 표현이 수행하는 행동**의 측면에서만 이해될 수 있다는 견해를 담고 있다. 다시 말해, 인종차별적인 욕설은 어떤 인종주의적 열등성의 메시지를 전달할 뿐 아니라, 그런 '전달'이 바로 그런 종속을 언어적으로 제도화한다는 것이다. 따라서 혐오 발언은 모욕적인 사상 내지는 일련의 사상들을 전달할 뿐 아니라, 자신이 전달하는 바로 그 메시지를 또한 실행하는 것으로 이해된다. 그 전달은 동시에 일종의 행동이다.[86]

86) 수정헌법 제1조 법리는 어떤 표현은 보호를 받지 못한다는 견해를 항상 허용해

나는 이렇게 입안된 혐오 발언 규제 법안 속에서 '구두 행위'가 사유되는 그 의미들을 검토하고자 하며, 우리가 어떻게 언어는 행위하고, 심지어 상처를 주게끔 행위한다는 것을 긍정하면서도, 동시에 혐오 발언 규제 지지자들이 기술하는 꼭 그런 방식으로 언어가 말을 건네받은 자에게 직접적이거나 인과적으로 '영향을 주는 것'은 아니라고 주장할 수 있는지에 대한 대안적인 견해를 제공하고자 한다. 사실 어떤 모욕적인 발언들의 유사 행위적인act-like 특성은 그것들로 하여금 자신들이 말하고자 하는 것이나 자신들이 말하는 것을 행위하지 못하게 막는다.

책 『상처를 주는 말*Words that Wound*』에 기여한 법학자들과 활동가들은 혐오 발언 규제에 대한 근거를 제공하기 위해 '표현'에 대한 법적인 한도를 확장하며 이를 복잡하게 만드는 경향이 있다. 이는 표현을 사상의 '표현'임과 동시에 그 자체로 일종의 '행동'으로 개념화하는 것을 통해 부분적으로 달성된다. 인종차별 표현은 모두 그것을 건네받은 자들에게 특히 인종의 열등성을 선언하며, 그 표현 자체를 통해 그 인종에 대한 종속을 야기한다는 것이다.[87] 마츠다와 몇몇 이들에게 그런 표현은 수정헌법 제1조의 '보호'를 향유하는 한, 국가의 지지를 받는 것으로 간주된다. 그녀의 견해

왔으며, 그 범주로 명예훼손, 협박, 사기 광고 등을 포함해 왔다. 마리 마츠다는 "행동에 가까운 많은 발언들이 있다. 음모 발언, 선동 발언, 사기 발언, 음란 전화, 그리고 명예훼손 발언……."(32)이라고 적는다.

87) Mari Matsuda, *Words that Wound*, pp. 35-40.

에서 국가가 개입하지 않는 것은 국가가 승인해주는 것과 다름없다. 즉 "완벽한 경찰 보호를 받으며 위협적인 휘장을 두르고 우리 사이를 행진하는 공공연한 인종차별주의자들의 오싹한 풍경은 국가가 인가한다는 성명이나 마찬가지다."(49) 따라서 그런 발언은 국가 개입이 방해하지 않는 공적 영역 내에서의 자신의 자유로운 작동을 통해 묘사하거나 촉진시키는 종속을 야기할 수 있는 권력을 가지고 있다. 결과적으로 마츠다가 보기에 국가는 시민들의 피해를 허용하며, 그녀는 "[혐오 발언의] 피해자는 무국적자가이 된다"(25)고 결론 내린다.

최근 입안된 혐오 발언 규제에 의지하면서, 캐서린 매키넌은 포르노그래피에 관해 유사한 논증을 펼친다. 『그냥 말인데 뭐』(1993)에서 매키넌에 따르면, 포르노그래피는 여성의 종속된 지위를 선언하며 야기하기 때문에 일종의 '상처'로 해석되어야 한다.[88] 따라서 매키넌은 헌법의 평등 원칙(특히 수정헌법 제14조[89])을 적용하여

88) "그런 말을 통해 어떤 피해가 발생했든 만일 그런 말이 자신들이 담고 있는 것을 담지 않았으며 그것이 전달하는 의미와 감정과 사고를 전달하지 않았다면, 그 말이 행하는 차별을 입증하거나 현실화하지 않았을 것이라는 의미에서, 피해는 그 맥락을 통해서뿐 아니라 그 내용을 통해서도 행해진다." Catharine MacKinnon, *Only Words*(14); 또는 "십자가 소각은 단지 어떤 행위에 불과하지만, 그럼에도 십자가 소각은 자신이 전달하려는 메시지를 통해 전적으로 피해를 행하기 때문에 순전히 표현이다."(33)

89) (옮긴이) 미국 헌법 수정 제14조(Fourteenth Amendment, 개정 제14조)는 1868년 7월 9일 재건 수정법 중 하나로 채택되었다. 논쟁의 여지가 없는 가장 중요한 개정 중 하나로서, 이 개정안은 시민권과 법에 따른 동등한 보호를 다루고 있으며, 남북전쟁 이후 이전의 노예들과 관련된 문제에 대응하여 제안되었다.

포르노그래피는 일종의 불평등 대우라고 주장한다. 그리고 따라서 그녀는 이런 차별 행위를 포르노그래피 산업 측의 '자유'나 '표현의 자유'의 기만적인 행사에 비해 훨씬 진지하고 심각한 것으로 간주한다. 그녀는 그런 '자유'의 행사는 다른 시민들의 평등한 참정권과 기본권 및 자유의 평등한 행사를 대가로 발생한다고 주장한다. 마츠다의 견해에서, 차별 행위에 해당하는 특정한 형태의 괴롭힘 표현들이 존재하며, 그런 인종차별적이고 성차별적인 형태의 혐오 발언은 그 표현을 건네받은 자들의 기본권과 자유의 행사를 위한 사회적 조건을 약화시킬 수 있다.

나는 여기서 여성의 종속적 지위를 야기할 수 있다는 포르노그래피 텍스트에 귀속된 권력에 대해 주목하고자 한다. 포르노그래피 텍스트가 그녀가 설명하는 방식대로 정말로 종속을 야기하는가를 규명하기 위해서가 아니라, 어떤 형태의 수행문이 그것이 행하는 주장 속에서 작동하고 있는가를 발견하기 위해서 말이다. 매키넌의 수행문 사용은 어떤 수행문의 모습, 즉 언어 행위가 어떻게 행위—효율적, 일방적, 이행적, 발생적으로—한다고 할 수 있을지를 이를 지배하는 주권 권력의 모습과 관련된다. 마지막으로 나는 현대의 권력은 더 이상 주권적이지 않다는 푸코적인 견해의 측면에서 주권의 모습이 관한 현대의 담론 내에서 출현하는 것으로 읽는다. 주권적 수행문의 모습은 권력에 대한 상실감을 보상해 줄까? 그리고 그런 상실은 어떻게 수정된 의미의 수행문을 위한 조건이 되는가?

이러한 수행문 형태에 대한 관심은, 표현을 행동으로 간주하는 유사한 방식이 몇몇 정치적 영역들 속에서, 또 항상 서로 화해될 수 없는 정치적 목적들을 위해 작동하고 있다는 확신에서 비롯된다. 발언 그 자체가 과장되고 상당히 효과적인 방식으로 간주되며, 발언은 더 이상 권력이나 그 부수현상의 재현이 아니라 아니라 권력 그 자체가 살아가는 방식modus vivendi으로 간주된다.

우리는 이러한 수행문의 과잉 결정overdetermination을 정치적 영역의 '언어화linguistification'로 간주할 수 있다(이런 언어화에 대해 담론 이론은 거의 책임을 갖지 않지만, 어떤 중요한 방식들로 '견해를 표명한다'고 할 수 있다). 그렇다면 효과적인 발언efficacious utterance의 유사한 형태가 방금 언급된 것들에 반하는 듯 보이는 최근의 정치적 맥락들에서 역설적으로 출현하는 것을 고려해 보자. 하나는 다음 장에서 고찰하게 될 미국 군대의 문제인데, 여기서는 이를테면 "나는 동성애자이다" 같은 특정 종류의 **발언들**은 최근의 쟁점이 되는 정책 내에서 현재 '모욕 행위'로 간주된다.[90] 이와 유사하게 —그러나 동일하지는 않다—투라이브크루[91]나 솔트앤페퍼[92] 같

90) 이런 글에 대한 가장 최근의 판결 중 하나는 동성애를 반대하는 자들의 "편견을 자극시킨다"는 이유로 동성애자들을 비난해서는 안 된다는 근거 아래 새로운 정책을 무너뜨렸다.

91) (옮긴이) 투라이브크루2 Live Crew는 미국 플로리다 마이애미에서 활동하는 힙합 그룹이다. 작품의 성적인 주제들 탓에, 특히 1989년 발표한 앨범 「As Nasty As They Wanna Be」로 상당한 논쟁을 야기했다.

92) (옮긴이) 솔트앤페퍼Salt n Pepa는 미국 뉴욕 퀸스에서 활동하는 힙합 트리오다.

은 랩 그룹들이 생산하고 수행한 것과 같은 특정 종류의 성적으로 묘사된 미학적 표현물들은 그것들이 밀러 대 캘리포니아 판결(1973)에서 정의된 것처럼 '외설'의 전형에 해당되는가라는 문제에 대한 법적인 맥락 속에서 논란이 된다. 수행의 맥락에서 유해한 욕설을 재순환하는 것('수행'과 '재순환'이 무엇보다 모호한 경우)은, 캠퍼스나 직장, 혹은 기타 공공생활 영역에서 욕설을 사용하는 것과는 사실상 다른 것일까? 이 질문은 마치 단지 그런 작품이면 그 보호받는 지위를 보증해 주기에 충분하다는 듯이 그런 작품들이 문학이나 예술적인 가치로 인정할 수 있는 장르에 참여하느냐 하는 것은 아니다. 헨리 루이스 게이츠 주니어Henry Louis Gates, Jr.[93]가 보여 주었듯이, 여기서의 논쟁은 좀 더 복잡하다. 기존의 아프리카계 미국인들의 대중적 장르를 전유하고 재순환하여 하나의 핵심적인 장르로 '의미부여signifying'하는 예술 작품들은 법원이 인정할 수 없는 장르에 속한다. 법원이 이런 표현물들을 규제할 수 있는 권력을 부여받은 자가 될 때, 역설적이고 유감스럽게도 법원이 음란법의 자의적이며 전략적인 사용을 통해 레즈비언과 게이뿐 아니라 아프리카계 미국인들의 문화적 생산물들을 무가치한

셰릴 제임스(솔트)와 산드라 덴튼(페퍼), 그리고 데이드라 로버(DJ 스핀데렐라)로 구성된 이 그룹은 1985년 결성된 최초의 여성 랩 그룹이었다. 1995년 최고의 듀오 및 그룹 랩 퍼포먼스 그래미 상을 수상했다.

93) (옮긴이) 헨리 루이스 게이츠 주니어(Henry Louis Gates Jr, 1950~)는 현재 알퐁세 플레처 대학교 교수이자 하버드 대학교의 아프리카인 및 아프리카계 미국인 연구를 위한 허친스 센터 이사를 맡고 있는 미국의 역사학자, 문학 비평가, 영화 제작자이다.

것으로 기각시키는 차별의 새로운 계기들이 생산된다.[94]

처음에는 이러한 '행동으로서의 표현'의 다양한 예시들이 전혀 서로 통약되지 않는 듯 보일 수 있으며, 나는 그것들이 통약된다는 주장을 제기하는 것은 아니다. 각각의 경우에 효과적인 발언의 모습은 결과적으로 서로 다른 말 건넴address의 장면에서 출현한다. 마츠다의 논의에서 괴롭히고 해로운 표현은 한 시민으로부터 다른 시민으로 혹은 고용주나 관리자로부터 노동자로 혹은 교사로부터 학생으로의 어떤 말 건넴으로 비유된다. 마츠다의 견해에서 그런 표현의 효과는 폄하하거나 비하하는 것이다. 즉 따라서 그것은 말을 건네받은 자의 "복부를 강타"(23)할 수 있다. 따라서 그것은 말을 건네받은 자의 일할 수 있고, 공부할 수 있는 능력, 또는 공적 영역에서 그 혹은 그녀가 헌법상 보장받은 권리와 자유를 행사할 수 있는 능력을 약화시킨다. 즉 "피해자는 무국적자가 된다."(25) 만일 문제의 발언이 헌법상 보장된 이런 행동과 표현의 영역에 참여할 수 있는 수신자의 능력을 약화시켰다면, 모욕적인 발언은 헌법상 보호를 받는 권리와 자유에 대한 완전하고 동등한 접근을 보장하는 평등 보호 조항Equal Protection Clause[95]을 위반했거나

94) Henry Louis Gates, Jr., "An Album is Judged Obscene; Rap, Slick, Violent, Nasty and, Maybe Heplful," *New York Times*, June 17, 1990, p. 1을 보라. 게이츠는 아프리카계 미국인들의 '의미부여하기signifying' 장르는 법원에 의해 오인되며 그 장르는 문학적이고 문화적인 가치의 작품들로 적절하게 인정되어야 한다고 주장한다.

95) (옮긴이) 평등 보호 조항은 미국 헌법 수정 제14조 본문에서 나온 것이다. 1868년에 발효된 이 조항은 "어떤 국가도 관할권 내의 사람에게 법의 평등한 보호를 거부할

위반을 촉발시켰다고 말할 수 있다는 것이다. 마츠다의 가정은 누군가의 이름을 부르는 것, 혹은 좀 더 구체적으로 해로운 방식으로 말을 건네받는 것은 그 사람의 사회적 종속을 확고히 하며, 게다가 수신자에게서 구체적인 맥락(교육 혹은 고용) 속에서 혹은 국가적 공적 영역의 좀 더 일반화된 맥락 속에서 수용된 권리와 자유를 행사할 수 있는 능력을 박탈하는 결과를 가진다는 것이다. 표현에 대한 규제를 찬성하는 몇몇 논증들이 맥락에 따라 구체적이어서 규제를 구체적인 직장이나 교육 환경에 제한하고 있지만, 마츠다는 국가의 공적 영역이야말로 그 전체성에 있어서 혐오 발언 규제를 위한 적절한 참고틀이라고 주장하려는 것 같다. 특정한 집단들이 '역사적으로 종속되어 온' 만큼, 그러한 집단을 향한 혐오 발언은 그러한 '구조적 종속'에 승인하고 확장하고 있다는 것이다. 마츠다에게 특정한 역사적 형태의 종속은 어떤 '구조적'인 지위를 취해 온 듯 보이며, 따라서 이 일반화된 역사와 구조는 혐오 발언이 효과적이라는 것을 입증하는 '맥락'에 해당한다.

미군의 경우 누군가가 동성애자라고 공개적으로 진술하는 것이 동성애 행위를 수행하려는 의도를 진술하는 것과 같은가라는 물음에 대한 몇몇 공개적인 논쟁이 있는데, 만일 의도가 진술된다

수 없다"고 규정하고 있다. 그것은 비슷한 상황에 처한 개인들이 법에 의해 평등하게 대우받도록 요구한다.

면, 진술 자체를 모욕적이라고 보는 것 같다. 초기 형태의 정책에서 군 당국은 행위하고자 하는 의도가 아니라 **의도의 진술이** 모욕적이라고 생각했다. 여기에서 어떤 성적인 의도를 진술하거나 암시한 언어 행위는 기이하게도 성행위와 분리 할 수 없게 된다. 오로지 이전의 진술을 명시적으로 부인함으로써만, 그리고 추가적인 의도, 즉 그의 욕망대로 행위하지 **않겠다**는 의도를 표명함으로써만, 그 둘은 분리될 수 있을 뿐이다. 포르노그래피적인 표현의 예시에서처럼 특정 표현을 성애화하는 것이 문제가 되는데, 여기에서 성에 대한 구두적 언급이나 묘사는 성행위와 동등한 것으로 간주된다. 상상하기가 어렵고 고통스럽지만, 군대는 성희롱법의 선례와 그것이 포르노그래피와 혐오 발언 확장되지 않았다면 이러한 형태의 발언을 성문법적인 범죄로 겨냥할 수 있었을까?[96] 여전히 법정에서 공방 중인 개정된 정책 지침에서 이제 "나는 동성애자다"라고 말할 수 있게 되었으며 그 진술에 "그러나 나는 그 욕망에 따라 행위할 의도나 경향을 가지고 있지는 않다"라고 덧붙일 수 있게 되었다. 그 행동을 부인함으로써 그 진술은 진술적이거나 단순히 기술적인 주장으로 되돌아오며, 우리는 클린턴 대

96) 레즈비언과 게이의 자기 정체화의 '언어 행위 요소'와 그것이 수정헌법 제1조의 보호에 의지하고 있다는 탁월한 논의에 대해서는, William B. Rubenstein, "The 'Hate Speech' Debate from a Lesbian/Gay Perspective," in *Speaking of Race, Speaking of Sex: Hate Speech, Civil Rights, and Civil Liberties*, eds, Henry Louis Gates, Jr. et al(New York: New York University Press, 1994), pp. 280-299를 보라.

통령의 보호받는 지위—'나는 ~이다(I am)'—와 보호받지 못하는 행위—'나는 ~를 한다(I do)' 혹은 '나는 ~할 것이다(I will do)'—간의 구별에 이른다.

나는 이 정책의 논리를 다음 장에서 고찰하고자 하며, 이 장의 끝에서 효과적이고 모욕적인 발언의 모습으로 되돌아가고자 한다. 그러나 잠시 나는 혐오 발언을 모욕적인 행동으로 해석하는 것, 포르노그래피를 혐오 발언으로 해석하고자 하는 노력, 그리고 혐오 발언이 야기한 것으로 알려진 피해를 보상받기 위해 국가에 의지하고자 하는 부수적인 노력을 고찰할 계획이다. 우리가 그러한 표현을 규제하려고 국가에 의지하고자 할 때 무슨 일이 발생하는가? 특히 그런 호소를 통해 국가의 규제 권력은 어떻게 강화되는가? 이는 어쩌면 덜 친숙한 방식으로 주장하고자 하는 친숙한 주장일 것이다. 내가 염려하는 것은 국가의 침입에 맞서 시민의 자유를 보호하는 것 뿐 아니라, 법적 보상의 과정을 통해 국가에 양도된 고유한 **담론 권력**이다.

나는 문제 해결에서 역설적으로 보일 수 있는 공식을 제안하고자 하는데, 내 생각에는 심지어 과장법이기조차 한 그 공식이 혐오 발언 규제가 제기하는 문제들에 대한 해결의 실마리를 줄 수 있다고 생각한다. 그 공식은 이렇다. 즉, **국가는 혐오 발언을 생산한다**. 그리고 나는 이를 통해 국가가 다양한 비방, 별명, 그리고 현재 국민 사이에 유통되는 형태의 욕설에 책임이 있다는 것을 의미하지는 않는다. 나는 그 범주는 국가의 비준 없이는 존재할 수 없으며, 공적으로 말할 수 있는 것의 영역을 확립하고 유지하는 국가의 사법적 언어의 권력은 국가가 그런 결정에 있어서 제한하는 기능 이상으로 행위함을 나타내는 것만을 의미할 뿐이다. 국가는 공적으로 받아들일 수 있는 발언의 영역을 적극적으로 생산하고, 말할 수 있는 것과 말할 수 없는 것 사이에 경계선을 구분하며, 그리고 그 결과 경계선을 구성하며 존속시키는 권력을 보유한다. 위에서 논의된 정치화된 일부 맥락들 속에서 혐오 발언에 귀속된 과장되고 효과적인 발언은 주권적인 언어 행위, 즉 자신이 말하는 것을 행할 수 있는 권력을 갖는 언어 행위로 인식되는, 주권 국가의 발언을 본뜬다. 이런 주권 권력은 혐오 발언이 우리에게서 권리와 자유를 '박탈한다'고 할 때 혐오 발언에 귀속된다. 혐오 발언에 귀속된 권력은 절대적이며 효과적인 행위능력, 즉 수행성이자 동시에 이행성이 된다(그것은 자신이 말하는 것을 행하며 자신이 그 발언에 의해 수신된 자에게 행할 것이라고 말하는 것을 행한다). 바로 이런 **법적** 언어의 권력은 우리가 모욕적인 표현의 규제를 시행하라고 국가에 도움을 요청할 때 참조하는 것이다. 그렇다면 문제는 주권적 수행문의 권력이 잘못이 아니라 그것을 시민들이 사용할 때는 잘못이라는 것이고, 그것이 국가가 개입했을 때에는 이 맥락에서 옳다는 것이다.

그러나 같은 종류의 힘을 두 경우 모두 수행문에 귀속시키지만, 강화된 규제를 추구하는 사람들은 수행적 권력의 형태는 절대로 문제시하지 않는다. 이 권력은 무엇인가? 그리고 우리는 혐오 발언 담론 내에서 그 힘의 지속적인 생산뿐 아니라 그 힘의 계속되는 매력을 어떻게 설명해야 할까?

이 질문들에 대한 답을 탐구하기 전에, 이런 주권적인 수행문의 적용은 정치적 배경과는 반대로 발생한다는 것에 주목할 필요가 있는 듯하다. 즉 권력이 더 이상 주권 국가의 형태로 제약되지 않는다. 권력은 국가 장치의 이질적이고 경쟁적인 영역들을 통해서, 그리고 마찬가지로 분산된 형태의 시민 사회를 통해서 분산되어 있기 쉽게 혹은 명확하게 '화자'인 개별 주체로도, 국가의 주권 대표로도 추적될 수 없다. 푸코가 현대의 권력 관계는 무수히 많은 가능한 장소로부터 발산된다고 설명한 것이 옳은 만큼, 권력은 더 이상 주권의 범위로 제약되지 않는다. 그러나 권력을 주권 형태로 설명하는 것이 어렵다고 해서 그런 방식으로 권력을 상상하거나 비유하는 것을 배제하지는 않는다. 이와 달리 나는 권력의 주권적 조직의 역사적 상실이 자신의 귀환—언어로, 수행문의 형태로 발생하는 귀환—에 대한 환상을 불러일으키는 것 같다고 주장하고자 한다. 수행문에 대한 강조는 수행문을 환상적으로 언어로 부활시키고, 언어를 어떤 정치를 대체하는 장소로 확립시키며, 그리고 그런 대체를 보다 단순하고 보다 든든한 권력의 지도, 그 안에서 주권성이 안전하게 확보되는 지도로 돌아가고자 하는 소망이 추동하는 것으로 구체화한다.

권력이 더 이상 주권의 모형들로 제한되지 않는 것이라면, 권력이 여러 '중심들'로부터 발산되는 것이라면, 우리는 해악을 입히는 권력 행위의 기원과 원인을 어떻게 찾아야 할까? 법적 언어의 강제들은 이러한 특별한 역사적 불안을 잠재우기 위해 등장한다. 법은 우리가 권력을 상처의 언어로 재위치하고 상처에 행위의 지위를 부여하며 그 행위를 주체의 구체적 행위로 추적할 것을 요구하기 때문이다. 따라서 법은 상처의 책임을 찾고자 하는 요구에 응하여 '주체'(개인처럼 법인이나 단체일 수 있다)를 부활시킴으로써, 유책 주체와 관련된 상처를 개념화할 것을 요구하며 활용한다. 인종차별 표현은 차치하고, 주체를 인종차별주의적인 구조의 그런 '기원'이나 '원인'으로 위치시키는 것은 정당화되는가?

푸코는 권력을 사유하는 지배적인 방식으로서의 '주권'은, 권력에 대한 우리의 견해를 주체라는 통상의 개념으로 제한하여 지배의 문제에 대해 사유할 수 없게 만든다고 주장한다.[97] 그러나 지배에 대한 푸코의 견해는 마츠다의 견해와 뚜렷한 대조를 보인다. 즉 '지배domination'는 "한 사람이 다른 사람들에 대해서, 혹은 한 집단이 다른 집단에 대해서 행사하는 견고하고 포괄적인 것이 아니라, 사회 속에서 행사될 수 있는 다층적인 형태들이다."(96) 지배는 왕과 같은 국가의 주권 대표나 그의 '신민들'을 자신의 유일한 혹은 주된 행사의 장소로 필요로 하지 않는다. 이와 달리 푸코는 적는다. "우리는 권력을 권력 행사의 극단에 위치시키도

97) Michel Foucalt, *Power/Knowledge*, ed. Colin Gordon. "Two Lectures."

록 해야 하며, 거기에서 권력은 특성상 법적이지 않다."[98](97) 푸코에게 있어서 주체는 권력의 행사의 극단이 아니다. 권력에 대한 반-주의주의적[99] 설명에서 푸코는 말한다,

> [권력에 대한] 분석은 권력을 권력 내부의 관점에서 고찰하려고 해서는 안 된다. (……) 미로와 같이 얽힌 답변 불가능한 질문을 제기하는 것을 삼가야 한다. '누가 권력을 가졌으며 그는 무슨 생각을 갖고 있는가? 권력을 소유한 누군가의 목적은 무엇인가?' 대신에, 만일 권력이 의도를 가졌다면, 권력의 의도가 자신의 실질적이고 효과적인 관습들 속에 완전히 부여된 지점에서 권력을 연구하는 것이 관건인 것이다.

푸코에게 권력의 주체로부터 권력이 실현되는 일련의 관행들로 전환하는 것은, 정치, 법, 권리의 문제에 대한 사고를 지배하는 주권에 대한 개념적 모델로부터 벗어나는 것을 의미한다. 푸코가 반

98) 같은 강의의 앞부분에서 푸코는 이 견해보다 다소 확장된 공식을 제공한다. "문제의 분석은 권력의 극단에서, 권력의 궁극적인 목적지에서, 모세혈관이 되는 지점들에서, 즉 권력의 좀 더 지엽적이고 국부적인 형태 및 제도들에 관심을 기울여야 한다. 분석에서 다른 무엇보다 가장 중요한 관심은 사실 권력이 권리의 규칙들을 넘어서서 그것을 조직하고 한정하며 스스로를 확장하는 지점에 기울어져야 한다."(96)

99) (옮긴이) 주의주의Voluntarism은 지성보다는 의지에 더 지배적인 역할을 할당하는 형이상학적 또는 심리적 체계이다. 또는 의지가 우주 및 인간의 행동 모두에 있어서 기본 요소라는 견해이다.

대하는 주체에 대한 관습들 중에서는 주체 자체의 형성에 대해 설명하고자 하는 관습들이 있다. 즉 "물어보자. 계속되는 주체화의 단계, 즉 우리의 몸을 종속시키고 우리의 몸짓을 지배하며 우리의 행동을 명령하는 그런 지속적이고 연속적인 단계에서, 상황은 어떻게 작동하는가? 우리는 유기체, 권력, 에너지, 물질, 욕망, 사고 등의 다양성을 통해 주체들이 꾸준히, 계속적으로, 진정으로 그리고 실질적으로 어떻게 구성되는가를 발견하려고 해야 한다. 우리는 **주체에 대한 구성으로서의 실질적인 사례 속에서 주체화를 파악해**야 한다."(97)

인종차별주의의 장면이 개별 화자 및 그 또는 그녀의 청중으로 축소될 때, 정치적 문제는 화자로부터 그런 용어를 듣는 자 혹은 그런 용어가 향하는 자의 정신적 · 육체적 구성으로 이동하면서 피해를 추적하는 것으로 제시된다. 인종차별주의뿐 아니라 성차별주의의 정교한 제도적 구조들은 갑자기 발언의 장면으로 축소되며, 발언은 더 이상 과거의 제도와 사용의 축적이 아니라 수신된 집단에 대한 종속을 확고히 하고 유지할 수 있는 권력이 부여된다. 이러한 이론적인 움직임은 인종차별주의의 해악이 언어로 생산된 피해로 축소되는, 발언 장면의 과잉결정에 해당하는 것은 아닐까?[100] 그리고 이는 말하는 주체의 권력과 따라

100) 이런 발언의 의사소통적인 장면에 대한 추상적인 관념은 부분적으로는 스펜스Spence 대 워싱턴Washington(418 U.S. 405; 1974) 판례에서 만들어진 '스펜스 테스트Spence Test'와 관련하여 구성된 수정헌법 제1조 법리의 결과인 듯 보인다. 사회

서 그/그녀의 유책성에 대한 견해로 귀결되는 것은 아닐까? 이 속에서 주체는 성급하게 인종차별주의 문제의 '원인'으로서 정체화된다.

우리는 피해의 원인은 말하는 주체에, 그리고 피해의 힘은 언어의 힘에 위치시킴으로써, 혐오스러운 말들의 맹습을 제어하기 위해—권력과 반대로 설정되며 중립적인 것으로 상상된—법에 의지하도록 우리 스스로를 자유롭게 했다. 이러한 과실이 있는 말하는 주체의 환상적 생산이 법적 언어의 압박으로부터 탄생됨으로써, 주체를 권력의 유일한 행위자로 배정한다. 그러한 권력의 행위능력을 주체의 행위로 축소하는 것은, 법도 혐오 발언도 어떤 개별 주체에 의해 전적으로 발언되지 않는 현재의 문화적인 곤경 속에서 살아가는 과정에서 생산된 곤란함과 불안들을 보상받고자 하는 것일 수 있다. 인종차별적인 욕설은 언제나 다른 곳으로부터 인용되며, 그것을 말하면서 그는 인종 차별주의자들의 합창에 끼

적 구성 내에 발언을 위치시키는 추상적인 의사소통 사건을 향한 이런 움직임에 반대하려는 수정헌법 제1조 법리 내의 매우 흥미로운 노력에 대해서는, Robert Post, "Recuperating First Amendment Doctrine," Stanford Law Review, vol. 47, no. 6(July, 1995) pp. 1249-1281을 보라. (옮긴이) 스펜스Spence 대 워싱턴Washington(418 U.S. 405; 1974) 전원합치 판결에서, 대법원은 수정헌법 제1조가 상징적 항의의 한 형태로 미국 국기를 훼손할 권리를 보호한다고 판결했다. 스펜스 테스트Spence Test는 표현적 행위의 형태가 수정헌법 제1조의 보호를 보장할만큼 충분히 '표현적'인지 여부를 결정하기 위해 수정헌법 제1조 사건에서 사용되는 테스트이다. 이 테스트는 스펜스 대 워싱턴(1974) 미국 대법원 판결에서 파생되었다.

어들어 그 순간 역사적으로 전송된 인종차별주의자들의 공동체와의 상상된 관계를 위한 언어적 계기를 만들어 낸다. 이런 점에서 비록 인종차별 발언이 자신의 효력을 위해 주체를 필요로 한다 하더라도 (물론 그렇기는 하지만) 그것은 주체로부터 기원하지 않는다. 오히려 인종차별 발언은 만일 그것이 스스로를 **인용**하지 않는다면, 인종차별 발언으로 행위할 수 없다. 우리는 인종차별 발언의 권력이 자신의 과거 사건들로부터 나온다는 것을 이미 알고 있기 때문에 우리는 그것이 현재 매우 모욕적이라는 것을 알고 있는 것이며, 우리는 우리 스스로 인종차별 발언의 미래의 발동에 대비한다. 혐오 발언이 반복될 수 있다는 것은 그 혐오 발언을 말하는 '주체'에 의해 효과적으로 감추어 진다.

혐오 발언의 화자가 그 혹은 그녀가 전달하는 종속적인 메시지를 야기하는 것으로 인식되는 한, 그 화자는 그 혹은 그녀가 말하고 있는 것을 행할 수 있는 주권 권력을 행사하고 있는 것으로, 즉 말하는 것을 즉시 행하는 것으로 간주된다. J. L. 오스틴의 『말을 가지고 무언가를 행하는 법*How To Do Things with Words*』에 실린 이런 발언내행위의 예시들은 법적인 예시들에서 자주 발췌된다. 즉 "나는 선고한다", "나는 판결한다"는 그들이 표명하는 바로 그 행위를 수행하는 국가의 말이다. 법에서 어느 정도 이탈했다는 징표로, 이 수행적인 힘이 이제 혐오 발언을 하는 사람에게 귀속된다. 따라서 그 혹은 그녀의 행위능력, 효과성, 기소 가능성을 구성한다. 혐오 발언을 하는 자는 종속이 야기되는 수행문을 실행하지만, 수행문을 '위장masquerading'[101]하고 있는 것일 수 있다는 것이다. 하나의 수행문으로서 혐오 발언은 또한 건네받은 자에게서 바로 이러한 수행적인 권력, 즉 일부 사람들이 시민권의 언어적인 조건으로 간주하는 수행적 권력을 박탈한다는 것이다. 이런 식으로 말들을 효과적으로 사용할 수 있는 능력은 공적 영역 내의 화자와 정치적 행위자의 규범적 작동을 위한 필요조건으로 간주된다.

그런데 이런 견해 내에서 어떤 종류의 발언이 시민들에 귀속되는 것이며, 그런 설명은 혐오 발언의 수행성과 시민권의 언어적 조건인 수행성 사이에 어떻게 선을 긋는 것일까? 혐오 발언이 어떤 시민도 행사해선 안 되는 발언의 일종이라면, 혐오 발언의 힘을 어떻게 구체화할 수 있을 것인가? 그리고 시민들의 적절한 발언과 시민들의 부적절한 혐오 발언은 세 번째 층위의 수행적 권력, 즉 국가에 속해 있는 수행적 권력과는 어떻게 구분될 것인가?

혐오 발언이 국가 담론(및 국가에 관한 담론)에서 파생된 주권적인 비유를 통해서 묘사되기 때문에, 국가에 속해 있는 수행적 권력을 검토하는 것이 중요한 것 같다. 혐오 발언을 주권 권력의 행사로 비유하는 것은, 법을 위반한 것으로 고발된 자(혐오 발언을 발

101) '위장된' 형태의 수행문에 관해서는 오스틴의 『말을 가지고 무언가를 행하는 법을』 보라. 수행문은 수행문으로 작동하기 위하여 명시적인 문법적 형태를 취하지 않아도 된다. 명령은 명시적인 언어적 과정을 통한 명령만큼이나 침묵을 통해 효과적으로 실행될 수 있다. 우리가 침묵을 말의 근본적인 차원으로 인식하는 만큼 나는 심지어 침묵의 정향조차도 언어적인 수행문의 특징을 가질 수 있다고 이해한다.

언한 자)가 그럼에도 법의 주권 권력을 부여받은 자라는 언어도단을 은연중에 수행한다. 법이 말하는 것은 그렇게 되는데, 혐오 발언자 또한 마찬가지다. 혐오 발언의 수행적 권력은 국가가 승인한 법적 언어의 수행적 권력으로 간두되며 혐오 발언과 법의 경쟁은 역설적이게도 두 주권 권력 간의 싸움으로 전개된다.

혐오 발언을 '발언'하는 자는 자신이 말하는 것을 일어나게끔 할 수 있는 권력을 가지고 있다는 의미에서(비교적 안정된 정치적 질서에 의해 뒷받침되는 법관이 그런 권력을 갖듯이), 법처럼 행위하는가? 그리고 우리는 그런 발언의 발언내행위적인 힘에 경찰이 지지하는 상상적인 국가 권력을 귀속시키는가?

이렇게 언어 행위를 주권 행위로 이상화하는 것(긍정적이든 부정적이든)은 주권 국가 권력을 이상화하는 것과, 또는 오히려 그런 권력의 상상적이고 강압적인 목소리를 이상화하는 것과 연결되는 것 같다. 이는 마치 국가의 고유 권력이 몰수되어 시민들에게로 위임되었고, 국가는 (잃어버린) 주권 권력의 상징물로 되살아난 다른 시민들로부터 우리를 보호하기 위해 우리가 의지하게 되는 중립적인 도구로서 재등장하는 것과 같다.

매키넌과 포르노그래피적 발언의 논리

매키넌의 최근 주장들은 문제적인 만큼 강렬하다. 사람의 계급,

특히 주로 여성들은, 포르노그래피 속의 묘사를 통해 종속되고 비하되며, 포르노그래피가 종속의 명령문을 건네는 계층은 포르노그래피의 목소리를 전달받고 신뢰를 박탈당한 결과 자신들의 목소리를 잃어버린 자들이라는 것이다. 포르노그래피는 혐오 발언으로 이해됨으로써 수신자(누군가로 묘사되는 자가 동시에 포르노그래피를 전달받은 자라고 전제된다)에게서 말하는 능력을 박탈한다. 수신자의 발언은 오스틴이 '발언내행위력illocutionary force'이라고 일컬은 것을 박탈당한다. 수신자의 발언은 더 이상 자신이 말하는 것을 행할 수 있는 권력을 갖지 못하며, 자신이 말하는 것과 다른 어떤 것(말하기와 일치하게 되는 행하기와는 구별되는)을 항상 행하거나 자신이 의미하고자 의도하는 것의 반대를 의미하는 권력을 갖게 된다.[102]

매키넌은 이러한 포르노그래피가 수행한 발언에 대한 강탈과 변형을 예시하기 위해 애니타 힐을 예로 든다. 애니타 힐이 증언했던 그 행위, 즉 그녀가 입었던 피해를 입증하고자 의도했던 행위는 상원의원 청문회 청중들에게—그 자체로 포르노적인 장면인—그녀가 수치심을 고백하고 있는 것으로, 따라서 그녀가 죄책감을 고백하고 있는 것으로 받아들여졌다. 증언이 고백으로 여겨지는 그런 재전유적인 수용 속에서 화자의 말은 더 이상 그것

102) 오스틴이 모든 수행문을 오용과 불발 그리고 상대적인 불순물에 종속되는 것으로 이해했다는 것에 주목하는 것은 중요하다. 이런 불운한 사태의 '실패'는 자크 데리다와 쇼샤나 펠만에게서 수행성 그 자체의 조건으로 일반화된다.

이 행하고 있는 듯 보이는 것(발언의 발언내행위력을 구체화하고 있는 것)을 전달하고 있거나 수행하고 있는 것으로 여겨지지 않는다. 그것들은 오히려 성적인 죄책감의 전시 혹은 실행이다. 힐이 성애화된 이야기를 발언할 때 그녀는 그것에 의해 성애화되며, 바로 그 성애화가 성애화 자체를 일종의 상처로 제시하고자 하는 그녀의 노력을 좌절시킨다. 성애화된 이야기를 말하면서 그녀는 그것을 상정하고, 추가하고, 생산한다. 그녀의 말은 그녀가 저항하고자 하는 성애화의 적극적인 전유로 출현한다. 포르노그래피 속에서는, 그런 저항을 성애화된 행위로 만들지 않고서는 성애화에 대해 저항할 수 없는 것이다. 포르노그래피적인 것은 이러한 성적인 전유의 권력에 의해 표시된다.

그런데 매키넌은 인종화와 예시화의 구별에 대한 고려 없이 힐을 그러한 성애화의 '예시'로 사용한다. 다시 말해 힐은 아프리카계 미국인이자 여성으로서 이중적으로 억압당할 뿐 아니라, 그런 인종은 포르노그래피적으로 섹슈얼리티를 나타내는 하나의 방식이 된다. 토머스 판사와 힐의 인종화된 장면이 성적인 타락의 외면화를 허용하는 것과 마찬가지로, 그 장면은 백인의 망상적인 성욕을 정화시키게끔 허용해 준다. 아프리카계 미국인의 지위는 섹슈얼리티를 볼거리로 만드는 것과 백인들을 그 소동, 증인들, 방청객들의 (자신들의 성적인 불안을 공개된 흑인의 몸을 통해 순환시킨) 바깥에 재배정하는 것을 허용해 준다.

포르노그래피는 대부분 다양한 종류의 전도를 통해 작동한다.

그러나 이런 전도는 포르노그래피적인 것의 영역을 넘어서는 삶과 권력을 가진다. 내가 방금 제공했던 매키넌의 견해에 대한 설명—내 생각에 공정한 것이길 바라는—에서 포르노그래피의 문제는 그것이 언어 행위가 '노no—혹은 '노'를 의도하고 있는 것으로 여겨지는—를 의도하는 언어 행위의 의도된 의미를 **재맥락화**recontextualize한다는 것이며, 그런 재맥락화가 '노'가 '예스yes'로 여겨지고 읽혀지는 **전도**reversal라는 특정한 형태를 취한다는 것이다. 섹슈얼리티에 대한 저항은 따라서 그것의 긍정과 재순환을 위한 독특한 장소로 재구성된다.

이런 성애화는 언어 행위 내에서, 그리고 언어 행위로서 발생한다. 말하는 와중에 힐은 그녀의 행위능력을 전시한다. 그리고 섹슈얼리티에 대해 말할 때, 그녀는 그녀의 성적인 행위능력을 전시한다. 따라서 담론의 적극적인 성애화의 위치로부터 담론의 성애화에 대항하여 만들어진 모든 주장은, 언어 행위 그 자체에 의해, 혹은 그보다는 언어의 행위와 유사한act-like 성질 및 말하는 행위에 있어서 작동 중이라고 전제된 허구적인 '행위능력'에 의해 수사적으로 부인된다. 이는 누군가는 수행적 모순[103]이라고 부를지도 모르는 것이다. 즉 언어 행위가 자신의 행위에 있어서 자신이

103) (옮긴이) 수행적 모순performative condtradiction은 진술의 명제적 내용이 그것을 주장하는 전제들과 모순될 때 발생한다. 수행적 모순의 한 예는 "나는 죽어 있다"는 진술인데, .그것을 제안하는 행위가 행위자가 살아 있다는 것을 전제로 하기 때문이다.

행한다고 칭하는 것을 약화시키는 의미를 생산하는 것이다. 그녀가 말하는 한, 그녀는 그녀의 행위능력을 전시한다. 발언은 행위능력의 기호로 여겨지기 때문이다. 우리가 자발적인 의도 없이도 (하물며 **무의식적으로도**) 말할 수 있고, 낱말들을 발언할 수 있다는 개념은 이러한 포르노그래피에 대한 해석에 의해 자주 배제된다. 역설적이게도 그녀의 발언을 포르노그래피적인 것으로 해석할 때의 문제는 그 해석이 그녀의 말을 그녀의 의도와 반대되게 하며, 따라서 그 둘이 분할될 수 있을 뿐 아니라 서로 배치될 수 있다고 가정한다는 것이다. 이러한 언어적 행위능력의 전시를 통해 그녀의 의미는 전도되고 무시된다. 그녀가 더 말할수록 그녀는 덜 믿어지게 되고, 그녀의 의미는 그녀가 덜 의도하는 것으로 여겨지게 된다. 그러나 이는 그녀가 의도하는 의미가 그녀의 발언에 대한 성애화와 일치하는 한에서만 참인 것으로 남는 것이며, 그녀가 의도하지 않은 것은 그런 성애화와는 반대에 있는 것이다.

애니타 힐의 언어 행위에 대한 이 같은 포르노그래피적인 재맥락화를 매키넌은 포르노그래피가 체계적으로 수행하는 의미 전도의 전형적인 종류로 간주한다. 그리고 매키넌에게 이런 포르노그래피의 재맥락화의 권력은 여성이 포르노그래피적인 맥락 속에서 '노'라고 말할 때마다, '노'는 '예스'라고 간주된다는 것을 의미한다. 포르노그래피는 프로이트적인 무의식과 마찬가지로 부정을 알지 못한다. 그러나 이런 포르노그래피의 '구조'에 대한 설명은 힐의 언어 행위의 맥락을 설명할 수 없다. 그것은 의사소통으로 간주되는 것이 아니라 인종화된 성적 볼거리로 간주된다. 흑인으로서 그녀는 백인의 성적 불안 바깥에 놓인 투사를 위한 광경이자 삶이 되기 때문에 그녀는 포르노그래피의 '사례'가 된다.

그러나 매키넌의 우려는 또 다른 상황에 대한 것이다. 그녀는 말의 의미와 그 말을 발언한 의도가 일치하는 방식으로 말을 발언할 수 있는 어떤 지위에 우리가 있어야 한다는 것을, 말의 수행적인 차원은 의도했던 의미를 지지하고 추가하도록 작동해야 한다는 것을 전제한다. 따라서 포르노그래피의 문제들 가운데 하나는, 담론의 수행적인 차원이 담론의 의미론적인 기능이나 의사소통 기능에 역행하게끔 하는 어떤 장면을 프로노그래피가 만들어낸다는 것이다. 이런 발언 개념은 직접적인 방식으로 발언을 행사할 수 있는 능력과 권력을 가진 개인이라는 규범적인 견해를 전제한다. 철학자 레이 랭턴Rae langton은 매키넌의 대체로 수사적인 주장들에 논리적인 힘을 실어 주고자 하는 논문에서 이 견해를 자세히 설명한다.[104] 랭턴은 어떤 개별적이고 통제적인 의도가 수행과 수용을 지배하고 조화시키는 식으로 언어를 행사할 수 있는 이러한 권력을 권리를 소지하고 있는 개인, 즉 수정헌법 제14조[105]의 평등 보호 조항이 보장하는 것과 같은 기본권과 자유권을 사회적으

104) Rae Langton, "Speech Acts and Unspeakable Acts," *Philosophy and Public Affairs*, vol. 22: no. 4(Fall, 1993), pp. 293-330.

105) (옮긴이) 미국 헌법 제14조는 수정헌법 중 하나로 1868년 7월 9일 채택되었다. 미국 헌법에서 가장 많이 소송되는 조항으로, 시민권과 법 앞의 평등한 보호를 다룬다.

로 행사할 수 있는 자의 작동과 행위능력에 필수적인 것으로 상상한다.

의미심장하고 역설적이게도 포르노그래피에 반대하는 논증은 포르노그래피 제작자의 수정헌법 제1조의 권리를 제한하고자 할 뿐 아니라 포르노그래피에 의해 묘사되고 (따라서 명시적으로) '수신된' 자들에 대한 수정헌법 제1조의 보호의 영역을 확장하고자 한다. 즉 포르노그래피적인 재현물은 그것이 묘사하는 자들—주로 여자—의 존엄을 박탈하고 비하한다는 것이다. 그런 비하의 결과 묘사된 자들이 발언한 말은 자신이 말하는 것을 의미하는 것으로 여겨질 수 있는지를 의심받게 된다. 다시 말해 힐의 증언이 상원 의회 내에서 그녀의 공모 혹은 그녀의 성적 판타지의 힘의 고백으로 전환되었던 것과 마찬가지로, 포르노그래피가 묘사한 개인들의 계층, 즉 여성들의 발언은 그 반대로 전환된다. 따라서 여성들의 발언은 그것이 어떤 것을 의미하고자 의도하는 순간에조차 다른 어떤 것을 의미하는 발언이거나, 자신이 의미하는 것을 알지 못하는 발언이거나, 전시, 고백, 증거로서의 발언이지, 의사소통 수단으로서의 발언이 아니라는 것이다. 진실된 주장을 할 수 있는 능력을 박탈당했기 때문이다. 언어 행위는 행위능력을 의미하기는 하지만 그것은 자신이 의미하는 것을 말하지 못하기 때문에 스스로 붕괴된다. 따라서 언어 행위는 항상 이미 적극적이고 선택적인 존재, 즉 동의하는 주체에 연루된다. 그녀의 '노'는 항상 그녀의 암묵적인 '예스'에 의해 좌절된다. 비록 이런 전도된 의도의 귀속은 말하는 주체의 주권성을 효과적으로 깨뜨리기는 하지만, 포르노그래피에 대한 이런 설명은 동의가 항상 주체를 구성한다고 주장함으로써 자신의 또 다른 목적을 추가하기 위해 특정한 자유주의적인 주권성 개념을 활용하는 것 같다.

포르노그래피가 발언에 미치는 효과에 대한 이와 같은 비판, 즉 그것이 발언을 **침묵시킬** 수 있다는 것은, 포르노그래피적인 묘사가 수행한 주권에 대한 위협을 전도시키려는 노력을 통해 동기부여된다. 발언을 주권적인 의도에 재연결하려는 노력의 일환으로, 반포르노그래피적인 입장은 발언이 외관상 빠져드는 혼란의 상태, 즉 발언이 의도하지 않았거나 절대 의도하지 않은 방식으로 의미를 지닐 위험을 무릅쓰게 되는 혼란의 상태에 반대한다. 발언은 성애화된 행위가 되어, 진리 기반적인(따라서 진술문적인) 것이라기보다는 유혹임을(따라서 발언효과행위임을) 스스로 입증한다. (포르노그래피는 발언을 수사의 지위로 격하시키고, 발언의 경계를 철학을 통해 드러낸다.)

보편성에 대한 투쟁

만일 포르노그래피가 언어의 변형을 수행한다면, 무엇이 적절한 형태의 언어로 전제되는가? 이러한 포르노그래피에 대한 비판을 조건짓는 포르노그래피적이지 않은 언어의 개념은 무엇일까? 랭턴은 "언어 행위를 수행할 수 있는 능력은 어떤 정치적 권력(314)과 권위(315)의 척도일 수 있"으며 "권력이 없다는 것을 나타내는 하나의 징표는 수행하고 싶어하는 언어 행위를 수행할 수 있는 능력이 없다는 것이다"(314)라고 적는다. 언어 행위가 침묵당하면, 그는 수행문을 효과적으로 사용할 수 없다. '노'가 '예스'로 간주될 때, 언어 행위를 활용할 수 있는 능력은 약화된다. 그런데 무엇이 그 누구의 발언도 다른 이의 발언을 이런 식으로 무능력하게 하거나 침묵시키게 할 수 없는 의사소통 상황을 보장할 수 있을까? 이는 하버마스를 비롯한 몇몇이 관여한 기획—언어를 통해 동의할 수 있는 타인의 능력을 수행적으로 부인하는 그 어떤 언어 행위도 허용하지 않는, 언어 행위가 합의에 기초하는 의사소통적인 언어 상황을 고안하려는 노력—인 듯하다. 비록 랭턴이나 매키넌 모두 하버마스를 참조하지는 않지만, 유사한 문화적 욕망이 그들의 기획을 구성하는 것 같다. 포르노그래피에 의한 발언의 전도나 변형—매키넌과 랭턴에 의해 설명되듯이—은 하버마스적인 언어 이론이 비판하고 무효화하고자 하는 저하된 언어 상황을 보여 주는 어떤 사례인 듯하다.

그러나 합의의 이상은 오로지 문제의 그 용어들이 합의를 통해서 확립된 의미에 종속되는 한에서만 타당하다. 따라서 모호한 방식으로 의미하는 용어들은 합의의 이상에 위협이 된다. 따라서 하버마스는 합의에 도달하려면 말이 단일한 의미들과 상호 관련되어야 한다고 주장한다. 즉 "이해 과정의 생산성은 모든 참여자들이 같은 발언에 같은 의미를 할당하는 어떤 상호 이해에 도달하기 위한 기준점을 고수하는 한에서만 문제적이지 않은 것으로 남는다."[106] 그런데 '우리'가 누구든, 우리의 공동체가 그런 의미들이 최종적으로 확립될 수 있는 그런 종류의 공동체인가? 정치적 이론화에 있어서 바꿀 수 없는 상황을 이루고 있는 어떤 영구적인 다양성이 의미론적인 영역 내에 있지 않을까? 같은 발언에 같은 의미를 '할당하는' 지위에서 누가 해석적인 싸움 위에 서게 될까? 그리고 그런 권위가 제기하는 위협은 제한되지 않은 채로 있는 모호한 해석이 제기하는 위협보다 덜 심각한 것으로 간주되는 이유는 무엇일까?

만일 발언이 모호한 의미들을 가지고 있다면 있다면, 원칙적으로 그것들의 권력은 겉보기보다 덜 일방적인 것이며 불확실한 것이다. 발언의 애매모호함은 발언이 항상 같은 방식으로 의미할 수 없다는 것을, 그것의 의미는 어떤 의미심장한 방식으로 변화되거나 탈선될 수 있다는 것을, 그리고 가장 중요하게는 해악을 입히고자 했던 말이 자신들의 기호를 상실하며 의도했던 것과 반대되는 어떤 효과를 낳을 수 있다는 것을 의미한다. 발언과 의미 사이의 균열은 수행문을 이전 사례의 반복이자 동시에 개혁이 되는 반복으로서의 수행문으로 수정하기 위한 가능성의 조건이다. 증언

106) Jürgen Habermas, *The Philosophical Discourse of Modernity*, tr. Frederick Lawrence(Cambridge, Mass.: MIT Press, 1987), p. 198.

은 그가 보상을 요구하는 피해를 인용하지 않고서는 가능하지 않을 것이다. 그리고 애니타 힐의 발언은 그녀에게 행해졌던 그 말들의 권력을 드러내기 위해 그 말들을 나열해야만 한다. 그 말들은 원래 '그녀의' 말은 아니지만, 그 말들을 인용하는 것은 우리 모두가 이 사건에서 보았듯이 심지어 그 말들이 그녀의 행위능력을 부인하기 위해 쓰였을 때조차도 법에 있어서의 그녀의 행위능력을 위한 가능성의 조건을 구성한다. 수행문에 대한 인용 가능성은 행위능력과 전유expropriation 가능성을 동시에 생산한다.

이러한 균열을 주장함으로써 얻을 수 있는 정치적인 이점들은 추정컨대 하버마스의 합의 개념을 따름으로써 얻어지는 것들과는 완전히 다르다. 왜냐하면 만일 누군가가 자신이 발언한다고 생각하는 것과는 다른 무언가를 의미하게 되는 위험을 항상 감수한다면, 그는 곧 말하는 주체의 범위를 넘어서는 언어의 사회적 삶에 특히 언어적인 의미에서 취약한 것이 되기 때문이다. 이러한 위험과 취약성은 타자가 그의 발언에 할당하게 될 의미, 즉 어떤 해석의 갈등이 발생할 수 있는가, 그리고 그런 차이를 어떻게 잘 판결할 수 있는가를 우리가 미리 알 수 없다는 점에서 민주주의적 과정에 적합하다. 합의에 이르기 위한 노력은 기대한 대로 해결될 수 있는 것이 아니라, 오로지 그 성공을 보장할 수 없는 구체적인 번역의 투쟁을 통해서만 해결될 수 있다.

그러나 하버마스는 보장이 합의에 대한 기대 속에서 어떤 보장을 발견할 수 있다고, 즉 발언이 종속되는 해석의 종류를 미리 제약하는 "이상적인 전제들"(198)이 존재한다고 주장한다. "(……) 언어 놀이[107]는 오로지 모든 구체적인 언어 놀이를 초월하는 이상들을 전제하기 때문에 작동한다. 따라서 어쩌면 이해에 도달할 수 있는 필요조건으로서, 이러한 이상들은 타당성 요구validity claim[108]에 기초한 비판에 열려 있는 합의의 관점을 관점을 낳는다."(199) 마츠다가 인종차별 발언에 반대하여 행하는 논증 중 하나는 인종차별 발언이 국제 사회가 거부하고 무효화하는 인종적 열등성을 암묵적으로 주장한다는 것이기 때문에, 그녀의 논증 또한 이러한 견해와 일치하는 듯하다. 따라서 그런 발언이 헌법의 근본인 보편적 평등에 대한 헌신과 충돌한다는 것을 고려해 본다면, 헌법이 그러한 발언을 보호해야 할 이유가 없다는 것이다. 그런 표현들을 '보호'하자고 주장함으로써, 사법부는 기본법의 근본 원칙들 중 하나에 반대하고 있는 것일 수 있다는 것이다.

이 마지막 주장은 보기보다 더욱 위험하기 때문에 중요하다. 이

107) (옮긴이) 언어 게임language game은 루드비히 비트겐슈타인이 개발한 철학적 개념으로, 언어 사용의 간단한 예와 언어가 짜여진 행동을 가리킨다. 비트겐슈타인은 게임이 진행되는 규칙의 결과로서만 단어나 문장이 의미를 가지고 있다고 주장했다. 예를 들어, "물!"이라는 말은 문맥에 따라 명령일 수도 있고, 질문에 대한 대답일 수도 있고, 또는 어떤 다른 형태의 의사소통이 될 수도 있다.

108) (옮긴이) 하버마스에 따르면 어떤 표현행위가 성공적이게 되는 것, 즉 의사소통된 것에 합의가 이루어지는 것은 타당성 요구validity claims를 화자와 청자 모두가 인정할 때다. 하버마스는 의사소통에서 보편적인 세 가지 타당성 요구를 공식화했다. 즉 사실성truth 요구, 정당성rightness요구, 진실성truthfulness요구. (캐서린 겔버, 유민석 옮김, 『말대꾸: 표 현의 자유 Vs 혐오표현』, 에디투스, 2019, 136~137쪽 참조.)

러한 견해에 따르면, 인종차별 발언은 헌법의 보편주의적 전제와 모순될 뿐 아니라, 헌법의 기본 전제와 적극적으로 충돌하는 모든 발언은 이런 이유로 헌법의 보호를 받지 말아야 한다. 그런 표현을 보호하는 것은 어떤 수행적인 모순에 관여하게 된다. 이 논증에 함축된 것은 헌법에 의해 보호를 받아야 하는 유일한 표현은 헌법의 보편주의적인 전제에 기반을 둔 표현뿐이라는 주장이다.

보호를 받는 표현을 확립시키기 위한 긍정적인 기준으로 여겨지는 이 마지막은 논쟁적이고 애매한 주장이다. 말할 수 있는 것의 영역은 지배적으로 받아들여지고 있는 형태의 보편성이 지배할 것이다. 우리는 더 이상 혐오 발언에 해당하는 것이 무엇인지를 고찰하고 있는 것이 아니라, 보호를 받는 표현과 보호를 받지 못하는 표현을 구분짓는 합리적인 기준에 해당하는 것은 무엇인가라는 보다 넓은 범주를 고찰하고 있는 것이다. 게다가 보호를 받는 표현에 대한 설명에 담긴 문제는 다음과 같다. 즉 무엇이 법적으로 그리고 정당하게 말할 수 있는 영역에 해당할 것인가? 모든 화자가 기존 보편성 규범의 제한을 받는 마츠다의 분석은 규범적인 정당한 표현 개념을 전제하지 않는가? 우리는 그 같은 견해를, 예를 들어서 인종차별주의는 우리의 현재의 보편성 규범들을 알려준다고 주장하는 에티엔 발리바르Étienne Balibar[109]의 견해와

109) (옮긴이) 에티엔 발리바르(Étienne Balibar, 1942~)는 프랑스의 철학자이자 캘리포니아 어빈 대학교 프랑스와 이탈리아 문학 및 비교문학 석좌교수이다.

어떻게 화해시킬 수 있을까?[110] 만일 우리가 오로지 국제법에서 현재 성문화된 잠정적이고 편협한 형태의 보편성만을 예우하는 데 헌신한다면, 우리는 보편성에 대한 더욱 확장된 개혁을 어떻게 계속 주장할 수 있을까? 분명히 그런 선례들은 국제적 맥락의 정치 논증에서는 대단히 유용하지만, 그런 이미 확립된 공식들이 보편적인 것으로 의미될 가능성을 모두 다룬다고 생각하는 것은 잘못이다. 어떤 합의에 대한 관습이 달성되었다고 말하는 것이 관습의 시간적인 삶이 자신의 과거를 넘어선다는 것을 인정하는 것은 아니다. 우리는 우리가 보편성의 발언에 할당되는 의미를 미리 알게 될 것이라고 기대해야 할까? 아니면 이 발언은 전적으로 혹은 구체적으로 예측되지 않는 어떤 의미를 위한 기회일까?

보편성의 기준들은 역사적으로 표명된다는 것을 고려하는 것과, 어떤 주어진 보편성에 대한 역사적인 표명의 편협하고 배타적인 특성을 드러내는 것이 보편성 자체의 실질적인 규범을 확장시키고 표현하는 기획의 일부임을 고려하는 것은 중요하다. 인종차별 발언은 물론 정치 참여의 보편적인 범위를 지배하는 현재의 기준들과 충돌한다. 그러나 보편적인 것 그 자체에 대한 지속적인 세공에 핵심적인 귀중한 투쟁에 해당되는 다른 종류의 발언들이 있으며, 그 발언들을 배척하는 것은 잘못일 것이다. 예를 들어 기

110) Étienne Balibar, "Racism as Universalism," in *Masses, Classes and Ideas*, trans. James Swenson(New York: Routledge, 1994).

존 관습들에 의해 참여로부터 배제되어 온 주체들이 참여의 언어를 장악하여 어떤 '수행적 모순'의 운동을 시작하여 보편적인 것에 포함될 것을 주장하고 이로써 보편적인 것의 과거 관습적인 공식들의 모순적인 성질을 폭로하는 상황을 생각해 보자. 이런 종류의 발언은 처음에는 불가능하거나 모순적으로 보이지만, 그것은 현재의 보편성 개념들의 한계를 노출시키고 기존 기준들이 보다 확장적이고 포괄적이 되도록 하는 도전을 구성하는 하나의 방식에 해당한다. 이런 점에서, 수행적 모순을 발언할 수 있음은 전혀 자기 패배적인 기획이 아니다. 이와 달리 수행적 모순은 민주주의 그 자체의 미래의 운동에 적합한 보편성의 역사적 기준들에 대한 지속적인 수정과 세공에 핵심적이다. 보편적인 것이 아직 표명되지 않았다고 주장하는 것은 이 '아직 아닌' 것이야말로 보편적인 것 그 자체에 대한 이해에 적합한 것이라고 주장하는 것이다. 즉 보편적인 것에 의해 '실현되지 않은' 채로 남아 있는 것이야말로 본질적으로 보편적인 것을 구성한다. 보편적인 것은 자신의 **기존** 공식들에 대한 도전들을 통해 표명되기 시작하며, 이러한 도전은 그것이 포함하지 않은 자들, '누구who'의 장소를 차지할 수 있는 권한을 갖지 못한 자들, 그럼에도 그러나 보편적인 것이 그들을 포함하는 그런 것이어야 한다고 요구하는 자들로부터 출현한다. 이런 의미에서 배제당한 것은 보편화의 우연적인 한계를 구성한다. 그리고 자신의 관습적 공식에 걸맞은 것과는 거리가 먼 그 '보편적인' 것은 그 어떤 주어진 일련의 법적 관습들이 적절하게 성문화하지 않은 어떤 추정적이고 개방되어 있는 이상으로 출현한다.[111] 기존에 수용된 보편성 관습들이 말할 수 있는 것의 영역을 제한한다면, 이러한 제한은 말할 수 있는 것과 말할 수 없는 것 사이에 어떤 한계선을 표시함으로써 말할 수 있는 것을 생산하게 된다.

특정 형태의 표현을 배제함으로써 말할 수 있는 것을 생산하는 그 경계는 보편적인 것을 상정하는 것이 행사하는 어떤 검열 작용이 된다. 보편적인 것을 어떤 현존하고 있는 것, 어떤 주어진 것이라고 상정하는 것은 모두 그런 보편성에 대한 상정이 진행하는 배제를 성문화하는 것은 아닐까? 이러한 경우들 및 기존 보편성 관습들에 의지하는 이러한 전략을 통해서, 우리는 기존 관습의 경계 안에서 보편화의 과정을 부지불식간에 지연시키고, 보편성의 배제를 자연화하며, 보편성의 급진화 가능성을 선점하는 것은 아닐까? 보편적인 것은 오로지 (그 자신의) 외부로부터의 어떤 도전에 응함으로써만 표명될 수 있다. '보편적으로' 받아들여진 전제들에 근거하여 해로운 표현에 대한 규제를 요청할 때, 우리는 배제와 거부의 관습을 반복하는가? 무엇이 이런 보편성에 관해 논의하고 동의하는 정당한 공동체로서의 자질을 가질 수 있는 공동체를 구성하는가? 만일 바로 그 공동체가 인종차별적인 배제를 통해 구

111) Drucilla Cornell, *The Imaginary Domain*(New York: Routledge, 1995) and Owen Fiss, *The Irony of Free Speech*(Cambridge, Mass.: Harvard University Press, 1996)에서 이상들과 이상화에 대한 유사한 견해를 보라.

성된다면, 우리는 그 공동체가 인종차별 발언에 대한 문제를 고민한다고 어떻게 신뢰할 수 있을까?

보편성에 대한 이러한 정의 내에서 시급한 것은 어떤 점에선 이미 존재하고 있는 어떤 이상적인 합의에 대한 전제와, 우리가 예상하는 상상들을 지배하는 관습들을 거부함으로써 아직 표명되지 않은 전제를 구분하는 것이다. 이 후자는 항상 이미 존재하고 있는 것으로 상상되는 어떤 비관습적인 이상화(하버마스)나 기존 국제법이 성문화하여 현재와 궁극적 성과를 동일시하는 것(마츠다)과는 다른 어떤 것이다. 우리가 그것에 대한 개념을 소유하고 있지 않은 기대되는 보편성은, 오로지 이미 상상된 경계에 있는 보편성에 대한 어떤 투쟁으로부터만 그것에 대한 표명이 도출되는 보편성인 것이다.

두 견해 중 하나가 전제하는 '합의' 개념은 인류가 타락하기 전의prelapsarian 투쟁이라는 것이 드러나며, 이런 합의 개념은 다양한 문화의 장소로부터 어떤 보편적인 합의를 구축하는 필연적으로 어려운 작업을, 그리고 호미 바바Homi Bhabha[112]의 저서와 말을 빌리자면, 그 속에서 보편성이 자신의 다양하고 경쟁적인 외형들을 만드는 다양한 언어들 사이의 번역이라는 어려운 실천을 일단락

112) (옮긴이) 호미 K. 바바(Homi K. Bhabha, 1949~)는 하버드 대학교 인문학센터 이사이자 영문학과 미국 문학 및 언어학 교수이다. 현재 탈식민주의 연구에서 가장 중요한 인물 중 하나이며, 혼종성, 흉내 내기, 차이, 애매성 같은 영역의 많은 신조어와 핵심 개념들을 제안했다.

시킨다. 문화적 번역의 작업은 보편성 내에서 그리고 보편성으로서 말할 수 있는 권위를 갖지 못했던 자가 그럼에도 그 용어에 대해 권리를 주장할 때 발생하는 수행적인 모순이 정확히 필요로 하는 것이다. 혹은 어쩌면 좀 더 적절히 표현한다면, 보편적인 것에서 배제당하지만 그럼에도 보편적인 것에 속해 있는 자는 권위를 부여받은 동시에 권위를 박탈당한 분열된 상황에서 말하는 것이다. (정돈된 '선언의 장소'를 묘사하는 것은 이쯤 하기로 하자). 그런 말하기는 현존하고 있는 규범에 대한 단순한 동일시가 아니다. 현존하고 있는 규범은 말하는 자에 대한 배제에 입각하고 있으며, 말하는 자의 발언이 보편적인 것 그 자체의 토대에 질문을 제기하기 때문이다. 규범 내부의 타자성을 말하고 드러내는 것은(그것이 없다면 규범이 '스스로를 알지 못하는' 타자성), 규범이 서 있는 보편적인 것의 범위에 영향을 끼치려는 규범의 실패를 드러내며, 우리가 **규범의 희망적인 양가성**이라고 강조할 수 있는 것을 드러낸다.

규범의 실패는 이름이 그를 지명한다고 아직 말할 수 없는 순간에서조차 그 이름으로 말하는 자, 그 이름'으로' 말한다고 하기에 충분할 만큼 그 혹은 그녀의 방식을 그 이름으로 밀어 넣는 자가 실행하는 수행적 모순에 의해 폭로된다. 그러한 이중적인 말하기는 보편성의 미래의 한정적인 지도로서, 미래가 예측 불가능한 것으로 남아 있는 인류의 타락 이후의postlapsarian 번역 작업이다. 문화적 번역의 현재의 장면은 발언이 모든 곳에서 항상 동일한 의미를 갖지 못하고, 발언이 어떤 투쟁의 장면이 되었으며 (사실 그런 만큼 우리가 최종적으로 발언의 의미를 '고정'하기 위해 그 발언을 기소하고자 한다는) 전제를 가지고 등장한다. 이러한 투쟁의 장면에서 발생하는 번역은 의도했던 의미가 수용된 의미에 비해 '최종' 독해를 더 이상 결정하지 않으며, 갈등하는 견해들에 대한 최종 판결이 출현할 수 없다는 것이다. 그런 최종성이 없다는 것은 평가되어야 하는 해석적인 딜레마이다. 왜냐하면 그것이 어떤 재전유에 대한 언어적인 취약성의 긍정을 지지하면서도 최종 판단의 필요성을 중단시키기 때문이다. 이러한 취약성은 주권 이후의postsovereign 민주주의적 요구가 현재의 발언의 장면 속에서 스스로를 드러내는 방식을 나타낸다.[113]

혐오 발언은 화자의 **주권적인** 지위(포르노그래피의 효과에 관한 매키넌의 논증) 혹은 화자의 발언을 위한 **보편적인** 기초(마츠다의 논증) 모두에 모순된다는 근거 아래 혐오 발언을 규제하고자 하는 논증은, 자신이 뜻하는 바를 말할 뿐 아니라 자신의 발언이 개별적인 동시에 보편적인 주권적 화자에 대한 이상을 재활성화하고자 한다. 랭턴의 논문이 개괄한 규범적인 정치적 화자 개념, 그리고 매키넌과 마츠다가 주장한 혐오 발언과 포르노그래피의 '침묵시키는' 효과에 대한 반대는 모두 정치 참여는 의도를 표현으로

113) 보편적인 권리의 영역에 포함되고 동시에 그로부터 배제된 프랑스 페미니스트들이 보편적인 권리를 적용하려는 역설적인 노력에 관해서는, Joan W. Scott, *Only Paradoxes to Offer: French Feminists and the Rights of "Man"*(Cambridge: Harvard University Press, 1996)을 보라.

나타낼 수 있고 의도를 그 언어 행위를 통해 실현할 수 있는 능력을 요청한다고 주장한다.

문제는 이론적인 관점에서 봤을 때 의도가 항상 적절히 발언으로 실현되며 발언이 행위로 실현된다고 가정하는 것은 부당할 뿐 아니라, 때때로 그런 분열적인 관계에 대한 통찰들이 언어적인 정치 영역에 대한 대안적인 견해를 구성한다는 것이다. 의도와 발언 간의 잠재적인 통약불가능성(누군가 말하는 바를 행위하지 못하는 것), 발언과 행위 간의 잠재적인 통약불가능성(누군가 뜻하는 바를 말하지 못하는 것), 그리고 의도와 행위 간의 잠재적인 통약불가능성(누군가 뜻하는 바를 행하지 못하는 것)을 단언하는 것은 정치 참여를 위한 언어적인 조건을 위협하는가? 아니면 그런 균열은 이러한 관계들의 결정되지 않은 성질을 활용하는, 정치적으로 결정론적인 언어를 재협상할 수 있는 가능성을 생산하는가? 보편성 개념은 그런 균열을 가정하지 않고서 수정에 노출될 수 있을까?

인종차별 발언이 자신이 옹호하고 권장하는 억압을 야기할 수 있는 권력을 갖지 못하는 지점까지 논박당하는 상황을 생각해 보자. 말과 행동 사이의 결정되지 않은 관계는 그 말의 계획된 수행적인 힘을 박탈할 때 성공적으로 활용된다. 만일 같은 발언을 그 발언을 건네받은 자가 차지하여 되받아쳐 말하고speaking back 그것을 통해 말하는speaking through의 계기가 됨으로써 변하게 된다면, 인종차별 발언은 어느 정도는 자신의 인종차별적 기원으로부터 이탈되지 않을까? 의도가 그것이 '마음에 품고 있던' 그 행동에서 실현되고 의도 그 자체가 해석을 미리 통제하는 일종의 효과적인 말하기를 보장하려는 노력은, 더 이상 진실이 아니며 전혀 진실이 아니었을 언어에 대한 어떤 주권적인 그림으로 회귀하려는 희망적인 노력에 해당하며, 그것은 정치적인 이유들 때문에 진실이 아닌 것을 환호하는 것일지도 모른다. 그런 발언이 변화될 수 있다는 것, 자신의 기원으로부터 이탈할 수 있다는 것은 발언과 관련된 권위의 장소를 변경시키는 하나의 방식이다. 그리고 우리가 타자도 우리의 언어에 대해 이런 권력을 행사한다는 것에 슬퍼할 수 있다 하더라도 우리가 타자에 대한 방해interruption와 재정향redirection의 권력을 갖지 못했을 때의 위험을 생각해 보자. 최근의 캘리포니아에서의 소수자 우대 정책에 반대하는 '시민권' 담론에 대한 전유appropriation는 그런 위험한 도용expropriation이며, 이는 오로지 이제는 어떤 공격적인 재전유reappropriation를 통해서만 반박될 수 있게 되었다.

나는 우리가 뜻하지 않는 바를 항상 말하고, 말이 의도를 좌초시킨다거나, 말은 자신이 수행한다고 주장하는 것을 전혀 수행하지 못한다고 주장하고 있는 것이 아니다. 그런 어떤 균열을 모든 발언에 필연적인 것으로 부여하는 것은 의도, 발언, 행동 간에 필연적인 지속성의 연결선을 법으로 제정하는 것만큼이나 의심스럽다. 비록 랭턴은 정치적인 행위능력과 시민권이 특히 그런 어떤 지속성을 요청한다고 전제하기는 하지만, 현대적 형태의 정치적 행위능력은, 특히 과거의 관습이나 시민권의 지배적인 특권에 의해 권위를 부여받지 못한 자들은 보편적인 것으로 하여금 스스로 등을 돌리도록 함으로써, 평등을 자신의 기존 공식들에 재사용함으로써, 자유를 자신의 현재의 보수적인 균형으로부터 되찾아옴으로써, 수행적인 권력 장치의 실패로부터 정치적 행위능력을 이끌어 내곤 한다.[114]

이러한 재전유의 정치적 가능성은 매키넌이 반대하는 포르노그래피적 전유와는 구별 가능한가? 아니면 전유의 위험은 모든 수행적인 행위에 동반되어, 그런 행위의 주권성이라고 추정되는 것의 한계를 표시하는가? 푸코주의적인 주장은 익숙하다. 즉 누군가가 성이 억압당한다고 주장하면 할수록, 그는 더욱더 성에 대해 말하게 되며, 성은 더욱더 어떤 고백과 같은 발언이 된다. 성은 따라서 보호받지 못하는 담론을 전유한다. 정신분석 이론이 추적하는 억압적인 '노'는 기이한 종류의 '예스'로 전환된다(이는 무의식 속에는 부정이 없다는 정신분석학과 그것의 주장에 모순되지 않는 테제이다). 겉보기에 그의 주장은 역설적이게도 매키넌의 주장과 유사하게 보이지만, 그녀의 견해에서 '노'가 동의에 대한 거절로 표출되는 반면, 추측건대 푸코에게 '노'는 '예스'라고 말할 수 있는 성적 주체에 대해 억압적인 법이 수행한다. 포르노그래피에 관해 말하자면, 푸코에게 성을 부정한다고 할 수 있는 조건은 무심코 그

114) 보수적인 정치 담론으로부터 자유를 되찾으려는 노력에 대해서는 Wendy Brown의 *State of Injury*(Princeton, N.J.: Princeton University Press, 1995)의 서론을 보라.

러나 가차없이 새로운 성애화의 장소이자 도구가 된다. 성에 대한 억압이라고 추정되는 것이 억압의 성애화가 된다.[115]

법(이 경우 금지)의 재맥락화는 금지된 섹슈얼리티가 생산된 섹슈얼리티가 되는 반전의 원인이 된다. 금지-포기, 차단, 고백-을 위한 담론적 기회는 담론에 대한 선동일 뿐 아니라 정확하게 성에 대한 새로운 선동이 된다. 담론 자체가 금지법의 반복된 선언으로 확산된다는 것은 담론의 생산력이 원래의 맥락과 의도와의 단절에 달려 있으며 담론의 재순환이 어떤 주어진 주체의 통제 속에 있지 않다는 것을 암시한다.

매키넌과 랭턴은 모두 어떤 발언에 대한 재맥락화, 좀 더 구체적으로는 원래의 '노'가 파생적인 '예스'로 전도되는 성애화된 재맥락화가 바로 포르노그래피의 침묵시키는 효과에 해당한다고 주장했다. 따라서 포르노그래피의 맥락 속에서 어떤 발언을 수행하는 것은 필연적으로 그 발언이 전달한다고 할 수 있는 그 의미를 성적인 방향으로 반전시킨다. 즉 이것이 포르노그래피적인 것의 척도라는 것이다. 우리는 재의미부여와 재맥락화의 통제 불가능한 효과는 성에 대한 일상적인 전유 작업으로 이해되며, 반포르노

115) 비록 그는 정신분석학에 반대하여 이 주장을 하기는 하지만, 내가 주장하고자 하는 바는 이는 항상 어떤 정신분석학적인 주장이며, 우리는 이를 예를 들어 프로이트가 '양심'의 성애적인 경제를 표현하는 다양한 텍스트 또는 초자아를 최소한 부분적으로는 금지의 성애화로부터 초래된 것으로 이해하고 초자아가 오로지 간접적으로만 성애화에 대한 금지가 되는 다양한 텍스트에서 볼 수 있다.

그래피 운동을 끊임없이 선동하는 것으로 간주할 수 있다. 매키넌에게 그런 재맥락화는 어떤 주어진 묘사에 의해 성애화되는 자가 그렇게 성애화되는 것에 동의하는 것이라고 귀속시키는 잘못된 형태를 취한다. 즉 '노'를 '예스'로 바꾸는 것이다. 긍정과 부정의 균열적인 관계는 정확히 그것을 부인하지 않고서도 '예스'가 '노'를 동반할 수 있다는 성적인 논리의 양가성을 무시한다. 환상의 영역은 바로 전적으로 **유예된** 행위로, 전적으로 긍정도 부정도 아니며, 대부분은 종종 양가적인 쾌락의 형태('예스'이자 '노')로 구성된다.

매키넌은 포르노그래피 텍스트가 묘사하는 여성의 '동의'는 묘사와 동시에 기각된다고 주장한다. 이러한 테제는 포르노그래피 텍스트를 괴롭힘 및 강간 행위와 비유하는 것을 지속하고 확장하기 위해 필요하다. 한편 만일 동의와 행위의 문제가 포르노그래피 텍스트를 통해 유예되는 것이라면, 그 텍스트는 동의를 기각시키는 것이 아니라, 어떤 점에서는 동의에 앞서는, 실은 의지하는 주체 자체의 구성에 앞서는 시각적인 성의 영역을 생산하는 것이다. 포르노그래피는 성적으로 과잉 결정된 시각적 영역의 문화적인 비축물로서 우리의 동의 없이 순환되는 것이지만, 그렇다는 이유로 그것에 반대해야 것은 아니다. 모든 경우들에서 동의가 성에 선행한다는 주장은 '동의'가 인간성에 근본적인 프로이트 이전의 자유주의적 개인주의 개념으로 되돌아가는 신호다.

애니타 힐이 토머스 판사와 상원 청중들에게 그녀의 주장을 행하려면 그녀는 또다시 증언을 해야 할 것이고, 그 증언은 피해를 반복하고, 기록하고, 또다시 말해야 할 것이며, 따라서 부당전유 misappropriation에 스스로를 내놓게 될 것이다. 증언과 증언이 기록하는 그 사건을 구별하기 위해 우리는 증언이 수행하는 피해의 반복과 증언이 지칭하는 피해의 수행을 구별해야만 한다. 그런데 만일 증언이 자신의 주장을 하기 위해 피해를 반복해야만 한다면, 그리고 그 반복이 행위능력의 어떤 증표로 여겨진다면, 증언을 공모를 고백하는 것으로 곡해하는 것은 어떤 구별로도 보호할 수 없는 위험인 것 같다.

좀 더 일반적으로 말하자면, 포르노그래피의 유통은 효과적으로 정찰될 수 있는 가능성에 저항하며, 만일 그렇다면, 정찰의 메커니즘은 법과 그 위반에 관련된 자신의 보다 자극적인 플롯 가운데 하나로서 포르노그래피적인 주제에 통합될 것이다. 그러한 순환을 막으려는 노력은 성애화된 담론의 영역을 막고, 이 영역에 의도적인 주체의 능력을 재주장하려는 노력인 것이다.

국가 발언 / 혐오 발언

혐오 발언은 일종의 행위하는 말이지만, 그것은 또한 행위하는 말이라고, 따라서 담론의 항목과 대상이라고 **지칭되는 것**이기도 하다. 비록 혐오 발언은 일종의 행위 또는 행동인 말일 수 있긴 하지만, 그것은 또한 우리에게 이런 행위를 권위적으로 설명해 주는 언어를 통해서만 그처럼 확립될 수 있다. 따라서 그 언어 행위는 항상 두 번 떨어져서 전달되는데, 다시 말해 스스로 수행적인 권력을 갖고 있는 **언어 행위 이론**을 통해서 전달된다(그리고 정의상 이는 언어 행위를 **생산**하려는 목적으로, 자신이 분석하고자 하는 수행성을 증대시킨다.). 이러한 언어 행위에 대한 설명 또한 마찬가지로 똑같이 담론적이며 똑같이 결정론적인 종류의 어떤 행위 혹은 일종의 행동인 것이다. 내 생각에 이는 법적 발언으로서의 판결이 어떻게 꽤나 구체적인 방식으로 혐오 발언을 결정하는지를 고찰하는 것 말고 더 분명한 곳은 없다.

차별 행위로 간주되는 혐오 발언은 법원이 결정해야 하는 문제가 되며, 따라서 '혐오 발언'은 법원이 그렇다고 하기 전까지는 혐오스럽거나 차별적이라고 간주되지 않는다. 혐오 발언이 있다고 판결하는 법원이 있기 전까지는, 그리고 그런 법원이 없다면, 그 용어에 대한 완전한 의미에서의 혐오 발언이란 없는 것이다.[116] 무언가를 혐오 발언으로 부르고자 하는 탄원, 그리고 혐오 발언이 자신의 결과에 있어서 효과적이고 권리와 자유에 대해 결과론적이며 주로 사적인 행동이라고 또한 주장하고자 하는 탄원은 아직 입증된 바 없다. 그 주장은 그렇다고 '결정되는' 경우에만 입증될

116) 이는 물론 혐오 발언 규제가 사법권을 넘어 궁극적인 권위를 지니고 있는 보편성 혹은 다른 그런 제도들 내에서 시행되는 경우에는 그렇지 않다.

뿐이다. 이런 점에서 혐오 발언은 국가의 결정, 국가가 승인한 발언이며, 국가는 그 혐오 발언 행위를 생산한다—생산하지만 원인인 것은 아니다. 여기에서 혐오 발언이 법원의 발언에 선행한다는 시간적 관계는 곧 법원의 판결에 앞서는 혐오 발언이란 없다는 논리적 관계의 전도를 빚는다. 비록 아직 혐오 발언이 아닌 혐오 발언은 그런 발언에 대한 사법적 고려에 선행하기는 하지만, 문제의 발언이 혐오 발언이 되는 것은 법원의 긍정적인 결정에 달려 있을 뿐이다. 혐오 발언의 결정은 따라서 국가의 문제, 더 구체적으로는 사법부의 문제이다. 국가가 내린 결정인 혐오 발언은 이제 또 다른 '언어 행위'—법의 언어—가 내린 결정이 된다. 현로 발언의 존재가 법원의 목소리에 기이하게 의존한다는 것은 혐으 발언이 최종적으로 그것을 결정하는 국가의 발언과 구별될 수 없다는 것을 의미한다.

나는 국가의 발언이 결정의 순간에 자신이 판결하고자 하는 인종차별적이거나 성차별적인 욕설과 **같다는** 것을 주장하려는 것이 **아니다**. 나는 그것들은 구체적이고 결정적인 방식으로 분리될 수 없다고 주장하고 있는 것이다. 그런 판결에서 시급한 것은 문제의 표현이 혐오적인가 아닌가이기 때문에, 혐오 발언의 사례를 결정하는 것은 법원에 종속된다는 주장이 부적절하다고 고찰해 보자. 그리고 여기서 나는 혐오적인 것을 어떤 의미를 담아 말하는 것이 아니라, 마츠다, 델가도, 로렌스가 설명한 구체적으로 법적인 의미에서 말하는 것이다. 판결 과정—이는 법원의 판단에 선행하는 피해를 가정한다—은 판단의 결과, 즉 판단의 생산물이 된다. 따라서 혐오 발언은 법에 의해 생산되며, 법의 가장 자극적인 생산물들 중 하나에 해당한다. 혐오 발언은 인종차별과 성차별주의와 투쟁한다는 명분 아래 인종과 섹슈얼리티에 관한 담론을 생산하고 추가하는 법적 도구가 된다. 나는 그런 어떤 공식을 통해 법이 혐오 발언을 유발한다거나 선동한다고 주장하려는 것이 아니라, 법원이 혐오 발언을 결정할 것이라는 명분 아래 단지 다양한 언어 행위 중 하나를 선별하는 결정이 은폐된다는 것이다. 따라서 그 명분은 적합하다고 간주하는 방식으로 사법부가 보강하거나 규제하는 어떤 법적 규범이 된다.

혐오 발언 논증이 소수자 집단에 반하여 적용되어 왔다는 것을, 즉 동성애가 시각적(매플소프)이라거나 구두적으로 명시적(미국 군대)인 것으로 되어 버린 맥락들 및 아프리카계 미국인들의 방언, 특히 랩 음악에서의 방언이 사회적으로 해로운 용어들을 재순환하며 이로써 그런 용어들에 대해 책임이 있다는 맥락들에서 적용되어 왔다는 점을 고려해 본다면, 이 후자는 특히 중요한 것이라는 인상을 준다. 이런 규제 노력들은 공적으로 보호를 받는 표현과 보호를 받지 못하는 표현 간의 구분을 강제하는 국가의 증대된 권력에 의해 무심코 강화된다. 따라서 스칼리아 판사는 R.A.V. 대 세인트폴 판결에서 십자가 소각이 '비난받을 만하긴' 하지만, 사상의 자유 시장 내에서 보호를 받는 어떤 메시지를 소통하고 있는 것은 아닌가를 물었던 것이다. 이 각각의 사례들에서 국가는 표현을 제재할 뿐 아니라, 바로 그 제재 행위 과정에서 법적으로 결정론적인 표현을 생산한다. 즉 국가는 동성애 표현을 억제할 뿐 아니라, 자기 검열적인 동성애라는 대중적인 개념을—자신의 결정을 통해—또한 생산한다. 이와 유사하게, 국가는 외설을 억제하고 있다고 주장하는 순간조차 외설적인 흑인 섹슈얼리티라는 대중적인 그림을 생산한다. 그리고 국가는 십자가 소각을 인식 가능하고 보호를 받는 표현의 상징으로 생산한다.

국가의 이러한 담론 생산 기능의 행사는 혐오 발언 규제를 지지하는 저술들 속에서는 과소평가된다. 그들은 법이 정치적으로 중립적이고 가변적이라는 견해를 지지하여 법에 의한 오용 가능성을 축소시킨다. 마츠다는 법이 비록 인종차별주의 안에서 형성되기는 하지만, 인종차별주의에 반대하도록 재정향될 수 있다고 주장한다. 그녀는 법을 일종의 '톱니바퀴' 연장이라고 비유하고, 법을 순전히 도구적인 용어로 묘사하며, 법이 진행하는 생산적인 오용을 무시한다. 이러한 견해는 그러한 도구를 사용하게 될 주체에 모든 권력과 행위능력을 부여한다. 그 역사가 얼마나 반동적이었든 간에, 이러한 도구가 어떤 진보적인 비전에 복무하도록 놓일 수 있으며, 따라서 "기존 권력을 확고하게 하는 중립 원칙의 관습에 저항"할 수 있다는 것이다. 이후에 그녀는 정책상의 **재구성** 방법을 긍정함으로써 다음과 같이 적는다. "법에 우리의 손발을 묶는 내재적인 본질은 없다."(50) 다시 말해 법적인 언어는 어떤 전도된 의미로 인용될 수 있는 종류의 언어이며, 거기에서 그 전도는 반동적인 역사를 가진 법을 취하여 법을 진보적인 목적을 가진 것으로 바꿔 놓는다는 것이다.

법적 담론의 능력을 재의미부여함에 있어서 이러한 신념에 대해 최소한 두 가지를 말해야겠다. 첫째, 법이 수행한다고 할 수 있는 인용적인 전도의 종류는 포르노그래피에 부여된 인용적인 전도와는 정확히 반대라는 것이다. 재구성적인 정책은 이전에 반동적이었던 법적 장치들을 그 법을 발생시킨 원래의 의도와 상관없이 진보적이 되게끔 한다는 것이다. 어떤 발언의 원래 혹은 의도된 의미를 재맥락화하고자 하는 포르노그래피의 고집은 포르노그래피의 유해한 힘으로 여겨진다. 여성의 '예스'와 '노'는 재맥락화 및 이런저런 텍스트적인 폭력에 달려 있다고 표현하는 매키넌의 옹호 행위와, 법의 경우 정책적인 재구성이라는 명분 아래 법적 방법의 층위를 고양시킨다는 마츠다의 옹호 행위, 두 경우에서 발언은 통제 불가능하고 전유 가능하며 발생한 의도를 넘어서서 다른 어떤 것을 의미화할 수 있는 것이 된다.

두 번째 지점은 이렇다. 비록 법은 그 형성이 아무리 반동적이라 하더라도 재의미부여적인 실천으로 이해되며, 혐오 발언은 그 형성이 반동적이긴 하지만 동일한 방식으로 유의미한 재의미부여에 취약한 것으로 간주되지 않는다는 것이다. 이는 랩 음악에서 작동하는 '의미부여하기signifying'의 문학적 가치를 무시하려는 법원의 의지가 혐오 발언은 재의미부여될 수 없다는 혐오 발언 규제 지지자의 주장과 수렴되는 불행한 순간이다. 비록 마츠다는 '풍자와 고정 관념'에 예외를 두긴 하지만, 이러한 예외는 그런 발언이 '박해적인 언어'를 사용하지 않는 경우에만 적용된다. 만일 풍자가 박해적인 언어를 재맥락화하지 않는다면, 풍자가 어떻게 작동하는가를 이해하는 것은 어려울 것이다.

그러나 마츠다의 견해에서는 이러한 혐오 발언의 재의미부여가 갖는 완화시키는 힘은 설 자리를 잃은 듯하다. 그럼에도 법의 표현은 모든 한계를 넘어서 재의미부여할 수 있는 것으로 간주된다. 즉 법은 단일하거나 본질적인 의미를 가지고 있지 않으며, 법은 재정향되고, 재복무되고, 재구성될 수 있다는 것이다. 따라서 법의 언어는, 비록 일부 맥락에서는 피해를 주기는 하지만, 필연적으로 피해를 주는 것은 아니며, 진보 정치를 위해 변화되고 재정향될 수 있다는 것이다. 그러나 혐오 발언은, 법적 언어가 그런 방식으로 재맥락화될 수 있거나 재의미부여에 열려 있지 않다는 것이다. 비록 모든 종류의 역사적으로 그리고 잠재적으로 해로운 말들은 랩 음악, 영화, 심지어는 사진과 회화의 서예적 상징으로 재순환되기는 하지만, 그러한 재맥락화는 법적 보호의 가치가 있는 미학적인 재연으로 해석되지 않는 것 같다.

상처를 주는 말에 대한 미학적인 재연은 그 말을 **사용**use하면서 동시에 **언급**mention하는 것일 수 있다. 다시 말해 어떤 효과들을 낳기 위해 그것을 활용할 뿐 아니라 동시에 바로 그 사용을 언급하고, 그것이 어떤 인용이라는 것에 주의를 환기시키며, 그 사용을 인용적인 유산 내에 위치시키고, 그 사용을 일상언어의 당연시된 작동이 아닌 반성되어야 하는 명시적인 담론으로 만든다. 아니, 미학적인 재연은 그 말을 **사용**할 뿐 아니라 **전시**하고 지적하며, 어떤 종류의 효과들을 낳도록 활용되는 자의적인 언어의 주요 사례로 요약하는 것일 수 있다. 이러한 의미에서 실질적인 기표signifier로서의 그 말은 그 자체로는 의미론적으로 비어 있는 것이지만, 의미론적으로 혼합된 유산과 효과의 장소가 될 수 있는 언어 속의 비어 있는 순간으로 전면에 드러난다. 이는 그 말이 해를 입힐 수 있는 힘을 상실한다고 말하는 것이 아니라, 우리가 다음과 같이 묻기 시작할 수 있는 방식으로 그 말을 제공받는다고 말하는 것이다. 즉 어떤 말은 어떻게 상처를 줄 수 있는 권력을 위한 장소가 되는가? 그런 사용은 기존의 힘과 의미에 대한 앎의 관계에 우리를 연루시키기도 하지만, 그런 용어를 사유되어야 하고 독해되어야 하는 텍스트의 대상이 되게끔 한다. 이를테면 아이스티[117]의 랩 음악에서와 같이 해로운 말을 공격적으로 재전유하는 것은 피해의 트라우마적인 재현의 장소가 되지만, 그 장소 안에서 그 용어들은 관습적인 방식으로 의미하거나 소통할 뿐 아니라 그 자체로 담론적인 항목으로, 따라서 그것들의 언어적인 관습성 속에서 강압적인 동시에 자의적인, 반란적인 동시에 재사용에 열려

117) (옮긴이) 무대 이름인 아이스티로 더 잘 알려진 트레이시 로렌 매로우(Tracy Lauren Marrow, 1958~)는 미국의 래퍼이자 배우이다. 1980년대부터 래퍼로 활동했다. 이때 데뷔 앨범이자 노골적인 내용을 포함하고 있는 최초의 힙합 앨범인 「라임 패이스Rhyme Pays」를 내놓았다.

있는 것으로 제시된다.

이러한 견해는 그러나 내 생각에 혐오 발언 규제를 지지하며 재맥락화와 의미의 전복은 어떤 말에서는 제한된다고 주장하는 자들에 의해 강하게 거부된다. 리처드 델가도는 "'껌둥이nigger'와 '스페인놈spick'과 같은 말들은 친구들 사이에서 쓰일 때조차 비하의 낙인이다. 즉 **이런 말들은 다른 의미를 내포하지 않는다**"고 적는다. 그럼에도 바로 이 진술은, 그의 텍스트에서 쓰였든 여기에서 인용되었든 다른 의미를 내포[118]한다. 따라서 그는 상당히 다른 방식으로 그 낱말을 방금 사용했다. 비록 그런 낱말들이 부지불식간에 비하를 재순환시키기 때문에 해로운 내포가 델가도의 사용에서 불가피하게 **유지된다는** 것을—나는 우리가 그래야 한다고 생각하는 것처럼—우리가 인정한다 하더라도, 다시 말해 그런 용어들을 발언하거나 그것들을 여기에서 적는 것이 어렵다는 것을 인정한다 하더라도, 그런 말들이 **다른 의미들을 내포할 수 없다**고 귀결되지는 않는다. 오히려 또 다른 담론의 대상으로 그것들을 진입시키기 위해 그것들을 반복하는 것은 필연적이다(법정에서의 증언으로, 정신분석학에서의 트라우마의 징후로, 미학적인 양식들에서 문화적인 작업으로). 역설적이게도 그것들의 '행위'로서의 지위는, 그

118) (옮긴이) 내포connotation란 명시적이거나 문자 그대로의 의미인 외연dennotation에 더하여, 어떤 단어나 구절이 갖는 문화적 또는 정서적 연관성을 말하는 것으로 일반적으로 이해된다. 내포는 유쾌하거나 불쾌한 정서적 연결과 관련하여 종종 긍정적이거나 부정적인 것으로 묘사된다.

런 말들이 자신들이 의도한 그 비하를 증명하거나 실현한다는 주장을 약화시킨다. 행위로서 이러한 말들은 현상적phenomenal인 것이 된다. 따라서 그것들은 비하적인 의미들을 극복하지는 못하지만 스스로 공적 텍스트로서 재생산하며, 그 과정에서 그것들을 재생산할 수 있고 재의미부여할 수 있는 용어들로 전시하는 일종의 언어적 전시linguistic display가 된다. 급진적인 공적 오용의 행위를 통해 그런 용어들을 탈맥락화하고 재맥락화할 수 있는 가능성은 말과 상처의 관계가 시간을 통해 허약해지고 심지어 단절될 수 있다는 역설적인 희망의 기저를 이룬다. 그러한 말들은 정말로 상처를 주지만, 그럼에도 데릭 벨Derrick Bell[119]도 언급했듯이, "인종차별적인 구조들은 취약하다." 나는 이것이 인종차별적인 언어 구조에도 마찬가지로 적용된다고 생각한다.

나는 미학적 영역과 사법적 영역 간의 단순한 대립을 지지하려는 것이 아니다. 이러한 많은 논쟁들 속에서 중요한 것은 어떤 것이 미학적인 표현으로 간주될 것인가를 정의할 수 있는 국가 권력이기 때문이다. 미학적인 영역은 '보호를 받는' 것으로 여겨짐으로써 여전히 국가의 시혜로서 존재한다. 국가의 법 영역은 분명 자신의 '미학적인' 순간들을 또한 가지고 있으며, 이중 일부는 우리가 여기서 고찰했다. 즉 극적인 재표현과 재상연, 주권적인 표

119) (옮긴이) 데릭 앨버트 벨 주니어(Derrick Albert Bell, Jr., 1930~2011)는 하버드 대학교 로스쿨 법학과 최초의 종신 고용 아프리카계 미국인 교수이며, 비판적 인종 이론의 창시자 중 하나이다.

현의 생산, 환상적인 장면의 재공연이 그것이다.

그러나 재전유의 작업이 보호받는 공적 담론의 영역 내에서 착수된다면, 그때의 결과는 표현의 해악을 결정하는 작업이 법으로 넘어가게 될 때보다는 좀 더 희망적이고 민주적인 듯하다. 국가는 항상 자신의 법만을 재의미부여하며, 그런 재의미부여는 자신의 관할권과 담론을 확장시키는 것에 해당한다. 내가 주장하고자 했듯이, 혐오 발언은 국가의 생산일 뿐 아니라, 입법을 발생시킨 의도는 국가에 의해 불가피하게 악용될 수 밖에 없다는 것을 고려해 보자. 혐오 발언을 결정하는 임무를 국가에 부여하는 것은 남용할 임무를 국가에 부여하는 것이다. 이는 단순히 인종차별적인 욕설과 성차별적인 욕설에 관한 법적 담론이 아니라, 그런 욕설들을 재반복하고 재수행하며, 이번에는 국가가 승인한 표현으로 재생산한다. 국가가 어떤 형태의 해로운 표현을 자기 스스로 만들어내고 유지시키는 권력을 보유하고 있다는 것을 고려해 본다면, 법적 언어의 정치적인 중립성은 상당히 의심스러운 것이다.

국가 중심적이지 않은 혐오 발언 규제, 이를테면 대학 내의 사법권으로 제한되는 것과 같은 것들은 분명 이런 점에서 덜 우려스럽긴 하다. 그러나 여기서 나는 그런 규제들이 발언효과행위적인 장면으로서의 혐오 발언으로, 즉 그런 발언의 효과가 보여야 한다고, 입증 책임을 떠맡아야 하는 것에 제한된 채로 남아 있어야 한다고 주장하고자 한다. 만일 교수 측의 어떤 종류의 구두적인 행동이 학생의 학습 능력을 약화시킨다고 한다면, 구두적인 행동의 양상을 보여 주고 그런 행동이 학생 측에 심신을 약화시키는 효과를 끼쳤다는 설득적인 입증을 하는 것은 핵심적인 것 같다. 만일 우리가 혐오 발언은 발언내행위라는 것을 받아들인다면, 우리는 또한 말은 직접적으로 그리고 자동적으로 상처를 수행한다는 것을, 그리고 권력의 사회적 지형이 그것을 그렇게 만든다는 것을 또한 받아들이는 것이며, 우리가 혐오 발언이 정말로 생산하는 구체적인 효과들을 상술할 의무 아래 있지 않게 되는 것이다. 말이 그 자체로 행위인 것은 아니며, 말은 저항되어야만 하는 해로운 행위로 이어질 수 있는 것이다. 말과 행위 사이의 간격을 유지하는 것은, 비록 어렵다 하더라도 표현이 어떻게 그리고 어째서 해악을 끼치는지 말할 수 있는 어떤 이야기가 항상 존재한다는 것을 의미한다.

이러한 의미에서 나는 모든 규제에 반대하는 것은 아니지만, 혐오 발언의 발언내행위적인 지위를 유지하고 따라서 말과 행동을 완전히 융합시키는 혐오 발언에 대한 설명의 가치에 회의적이다. 그러나 나는 혐오적인 발언의 의례적인 연쇄는 검열 수단에 의해서는 효과적으로 저항될 수 없다고 정말로 생각한다. 혐오 발언은 반복될 수 있는 말이며, 그리고 혐오하는 한 스스로 반복을 계속할 것이다. 혐오가 반복가능성의 상관 요소인 것이다. 욕설이 항상 다른 곳으로부터 인용되고, 이미 확립된 언어 관습으로부터 취해지며, 현재의 적용에 있어서 재반복되고 추가된다는 것을 고려한다면, 문제는 그런 재연reenactment의 실천을 떠맡는 것이 국가냐

공적 담론이냐 하는 것이다. 우리는 국가가 혐오 발언을 어떻게 생산하고 재생산하는지를 인식하기 시작했으며, 정체성과 욕망에 대한 동성애자의 발언, 섹슈얼리티와 성적이고 육체적인 유동체에 대한 시각적 표현, 성적 수치심과 인종차별적인 비하의 권력을 반복하고 극복하려는 다양한 시각적인 노력들 속에서 그것을 발견하기 시작했다. 표현이 일종의 행위라는 것이 표현은 자신이 말하는 것을 행한다는 것을 필연적으로 의미하는 것은 아니다. 그것은 언어가 자신이 말하는 것을 드러내거나 실행한다는 것을 의미하는 동시에 언어가 자신을 말한다는 것을, 어쨌든 자신을 말하고 있다는 것을 의미할 수 있다. 피해를 공적으로 드러내는 것은 또한 어떤 반복이지만, 드러나는 것은 의도된 것과는 전혀 같지 않기 때문에 단순한 반복은 아니며, 변화를 위한 언어적인 기회는 그런 행운의 통약불가능성 속에 거주한다. 그 누구도 피해를 반복하지 않고서 어떤 피해를 돌파할 수는 없다. 즉 상처의 반복은 트라우마의 지속인 동시에 트라우마의 바로 그 구조 내에 자기-거리를 표시하는 것이고, 트라우마가 다른 어떤 것이 될 수 있는 근본적인 가능성이다. 반복하지 **않을** 가능성이란 없다. 유일하게 남는 질문은 이렇다. 그런 반복은 어떤 장소에서, 사법적이든 비사법적이든 어떻게 발생하게 될 것이며, 어떤 고통과 희망을 가지게 될 것인가?

3장

전염되는 말: 편집증과 군대 내 동성애

e x c i t a b l e
s p e e c h

시민권은 동성애에 대한 억압을 필요로 하는가라는 질문은 새로운 것은 아니지만, 군대 내 동성애의 자기 선언을 규제하려는 최근의 노력은 이러한 질문을 다른 시각에서 다시 제기한다. 어쨌든 군인은 시민권의 권리와 의무 중 일부를 향유하지만, 모두를 향유하는 것은 아니다. 군대는 따라서 이미 불완전한 시민권의 지대, 즉 시민권의 어떤 특징들은 보존되고 다른 특징들은 중단된 영역이다. 동성애자의 언어에 제재를 부과하려는 미군의 최근 노력은 일련의 개정을 겪었으며,[120] 이 글을 쓰는 순간에도 법원에서

120) 미 국방부는 1993년 7월 19일 "군대 내에서의 동성애에 관한 신정책 가이드라인"을 선언했는데, 여기에는 다음의 '해고' 정책이 포함되어 있다. "성적 지향은 동성애 행동을 드러내지 않는 한 복무하는 데 금지되는 것은 아니다. 군대는 동성애 행동

에 연루된 장병들을 해고할 것이다. 이는 동성애적인 행위로, 즉 장병이 동성애자이거나 양성애자이거나, 혹은 같은 성별의 누군가와 결혼하고자 했다는 진술로 정의된다." 이 정책에 대한 의회에서의 논의 이후, 1993년 12월 22일 국방부는 정책의 이행에 관한 문제들을 분명히 하고자 하는 일련의 새로운 규제들을 발표했다. 명확히 해야할 핵심 쟁점들 중 하나는 누군가가 동성애자라고 하는 취지의 '진술'을 '행동'으로 간주할 수 있는가 뿐 아니라, 그것이 군에서 해고될 충분한 근거로 받아들여질 수 있는가였다. 국방부가 제공한 명시는 "해고를 위한 근거가 될 수 있는 진술은 행위에 연루되는 성향이나 의도를 보여 주는 것들"임을 명료화한다. 개인들의 욕망이나 의도를 진술하는 것은 행동과 같지 않다고 주장하는 자들에 맞서서 국방부는 그들이 현재 갖추고 있는 것은 행동 기반 정책으로 "그 사람이 행위할 수 있다는 가능성"에 기반한 것이라고 주장했다. 그들은 "진술은 한 개인이 행위에 관여할 것이라는 부인할 수 없는 가정을 만들어 내지만, 군 장병은 이를 부인할 기회를 가진다." 여기서 누군가가 동성애자라는 '진술'은 가정을 부인할 기회를 나타내지만, 국방부 대변인은 같은 발표의 뒷부분에서 이와 반대되는 말을 주장하는 듯하다. "게이 퍼레이드에 참여하거나 잡지를 읽는 것과 같은 사회 활동들이 [문제시되는 개인의 행동에 관련한] 저절로 그리고 그 자체로 믿을 만한 정보는 아니며, 만일 그 행동이 **그 사람이 동성애자라는 것을 타인에게 알려주고자 진술했던 것이었다**고 합리적인 사람이 믿게 되는 그 같은 경우라면 믿을 만한 정도를 증가시킨다." 진술은 그 사람이 행동에 관여할 것이라는 반론 가능한 가정을 나타낸다는 것은 더 이상 여기서 문제가 아닌듯 하다. 오히려 문제는 사회적인 종류이건 아니건 행동이 진술의 충분조건을 확립시키는가이다. 해고의 근거가 진술이냐 행동이냐는 결과적으로 열려 있는 것으로 남아 있다(《뉴욕 타임스》 1992년 7월 20일, 1993년 12월 22일). 이전 및 현재의 국방부 정책에 덧붙여, 의회는 스스로 입법을 도입함으로써 소동에 뛰어들었다. 1994년 회기 년도의 국방 수권법이 그것이다. 이 구속력 있는 법안은 동성애적인 '성향'의 문제를 강조하며, 동성애적으로 행위하는 성향을 보여 주는 자들은 군 복무와 양립할 수 없는 것으로 간주된다고 진술한다. 그 법안은 그 경우의 행위를 범하는 자들뿐 아니라 그것이 사고였다고 후회하거나 주장하는 자들에 대한 관용을 또한 보여 준다. 그 법안은 그들의 성적 지향에 대해 군인들에게 '질문해야' 하는 군 장병들의 의무를 또한 재도입한다. 법안은 동성애 행위에 상당하는 누군가의 동성애에 관한 진술은 수용하지 않는 반면, 그런 진술들이 동성애에 대한 추정(이 공방을 계속하고 있다. 국방부가 제안한 이 규정의 처음의 형태에서, '동성애자'라는 용어는 군인이 하는 자기 귀속 내지는 자기 정의의 일부로 인정되지 않았다. 그 용어 자체가 금지되었던 것이 아니라, 자기 정의의 맥락 속에서 발언하는 것은 금지시켰다. 문제의 규정은 그 용어를 사용하는 것을 규제하기 위해 바로 그 용어를 발언해야만 한다. 이 규정을 형성한 계기는 계기는 물론 '동성애자'라는 용어가 군대, 정부, 그리고 미디어의 담론 내에서 이미 증식했다는 것이었다. 규제하려는 측면에서 그 용어를 입 밖에 내는 것은 분명 문제가 아니라는 것이다. 그런데 규제의 결과 동성애에 관한 공적 담론은 사실 극적으로 증가한 듯하다. 오히려 규제는 그 말을 발언하기가 더 쉽게 되었다는 명백한 사실 때문에 역설적으로 책임을 지게 될지도 모른다. 그럼에도 그 말을 더 말할 수 있는 공공 장소가 확산했다는 사실은, 자기 자신을 기술한다고 여겨질 수 있는 용어로 말할 수 없게 만든 그 법에 규정과 직접 연관되어 있는 것 같다. 규정은 자기 정의의 맥락에서 그 용어를 말할 수 없다고 제시하지만, 여전히 용어를 반복적으로 제시함으로써 이를 수행할 수 있다. 따라서 규정은 용어를 공적 담론으

의 제기 가능한)을 제기하는 성향의 증거라고 간주한다. 새 정책에 관한 최근 판결은 수정헌법 제1조의 권리가 그 정책에 의해 부인되는가에 관한 질문을 둘러싸고 갈라졌다. (이 '낡은 정책'에 관한 소송은 또한 혼란스러운 결과를 가지고 진행 중이다.) 내가 이 소송에 대한 논의에서 상당히 의지하고 있는 날카로운 리뷰에 관해서는, Janet Halley, "The Status/Conduct Distinction in the 1993 Revisions to Military Anti-Gay Policy" in *GLQ*, winter, 1996을 보라.

로 가져와서 용어를 수사적으로 표명하고 용어를 말할 수 있게 되는 환경을 수행한다. 그러나 규정은 또한 용어를 절대 주장하지 **말아야** 하는 조건, 즉 자기 정의에 복무하는 조건이 있다고 주장한다. 규정은 군대 내에서 그러한 자기 정의가 허용되지 않는다는 것을 분명히 하기 위해 그 또는 그녀 스스로를 동성애자로 정의하는 자를 연상해 내야만 한다.

따라서 이 용어에 대한 규제는 단순히 검열하거나 침묵시키는 행위가 아니다. 이와는 달리 규제는 자신이 억제하고자 하는 그 용어를 증식시키며, 이러한 역설적인 증식을 통해서만 억제를 야기할 수 있을 뿐이다. 그 용어는 규정 속에서 규제해야 할 담론으로 출현할 뿐 아니라, 그 용어의 공정성과 가치에 대한 공적인 논쟁 속에서 재출현하는데, 구체적으로는 규정이 명시적으로 금지하는 연상적이거나 상상적인 자기 귀속 행위, 즉 그런 연상 없이는 생겨날 수 없는 금지로 재출현한다. 우리는 정부와 군대가 그 용어가 의미하는 것, 즉 말하는 주체가 발언할 수 있는 조건들에 대한 **통제를 고집하는** 데만 신경 쓸 뿐이라고 결론내릴 수 있다. 그들이 발언하는 용어로는 설명되지 않는 주체들로 그 말을 엄밀하고 배타적으로 제한함으로써 말이다. 그 용어는 타인을 설명하기 위해 쓰였던 용어로 남아야지, 자기를 설명할 목적으로 그 용어를 사용할 수 있는 자들이 사용해서는 안 된다. 따라서 그 용어로 자신을 기술하는 것은 그 기술을 부정하거나 단서를 달기 위한 경우를 제외하고는 사용이 금지되어야만 한다. '동성애자'라는 용어는 따라서 그들 스스로를 정의하는 것이 금지된 채로 있어야 하는 개인들의 계층을 기술하게 된다. 그 용어는 항상 다른 어딘가로부터 부여되어야 한다. 그리고 이는 어떤 점에서 군대와 의회가 제공하는 동성애자에 대한 바로 그 정의이다. 동성애자는 그의 정의가 타인에게 맡겨져야 하는 자, 그 또는 그녀의 섹슈얼리티에 관한 자기 정의의 행위가 부정당하는 자, 그의 자기 부정이 군복무를 위한 전제 조건인 자이다.

동성애자의 발언 행위locution에 대한 그 같은 기이한 규제를 어떻게 설명할 수 있을까? 그 규제는 그 용어를 금지하는 장소에서 그 용어를 증식시키지 않을 수 없다. 그 용어에 대한 이 같은 동시적인 생산과 제한을 우리는 어떻게 이해할 것인가? 자기 기술의 맥락 속에서 그 용어를 말하는 것이 성적 실천 자체의 암묵적인 작동보다 군대의 사기에 더욱 위협이 되는 것처럼 보이는 것은 대체 무슨 까닭일까?

군대는 민간인들과 일치되는 군 장병들의 어떤 권리들을 중단시키지만, 바로 그 중단은 시민권의 지대에서 무엇이 가장 어렵게 뿌리내리고 무엇이 가장 쉽게 버려지는지를 검토할 수 있는 계기를 제공한다. 이런 의미에서 우리는 군대 내에서의 동성애자들을 기타 다른 시민권의 취소 가능한 지대와 중첩되는 것으로 생각할 수 있다. 즉 최근 이민법과 이민자들에 대한 시민권이 중단된 지대, 다시 말해 다양한 이민자들의 지위에 따른 다양한 층위의 중단된 지대, 즉 합법적이고 비합법적인 층위뿐 아니라 또한 합법성의 층위의 중단된 지대와 말이다. 이와 같은 비교는 국가 스스로 장기간 '비상 사태state of emergency'[121]가 되었다는, 즉 시민권에 대한 청원이 거의 영구적으로 중단된 상태라는 조르지오 아감벤Giorgio Agamben[122]의 최근 테제와 관련하여 생각되는 것도 당연한 일이다.[123]

군대 내 동성애자의 표현에 대한 정책의 개정은 수정헌법 제1조에 기반한 권리, 사생활에 대한 권리, 혹은 평등 보호 조항이 어떻게 체계적으로 중단되었가를 분명하게 밝혀 준다. 클린턴은 동성애자들을 '지위'에 근거해서가 아니라 그들이 오로지 행위에 연루된 한에서만 군복무에서 제외시켜야 한다고 주장했던 반면, 이후의 정책에 대한 해명 속에서는 자신이 동성애자라고 진술하는 것, 다시 말해 그의 지위를 언급하는 것을 동성애 행위 그 자체라고 합리적으로 해석한다는 것이 명확해졌다. 국방부 정책에서 진술은 그 자체로 행동이다. 즉 좀 더 최근의 의회의 법령에 따르면,

121) (옮긴이) 예외 상태(A state of exception)는 1920년대에 나치 법무관 칼 슈미트(Carl Schmitt)가 도입한 개념으로, 비상 상태(state of emergency, 계엄령)와 유사하지만 공익의 이름으로 법치를 초월 할 수 있는 주권자의 능력에 기반을 두고 있는 개념이다.

122) (옮긴이) 조르지오 아감벤(Giorgio Agamben, 1942~)은 예외 상태, 삶의 형식(루트비히 비트겐슈타인으로부터 차용), 호모 사케르라는 개념의 작업으로 유명한 이탈리아의 철학자다. 푸코로부터 차용한 생명정치라는 개념은 그의 많은 저술들에 영향을 미쳤다.

123) Giorgio Agamben, "State of Emergency," lecture at the University of California at Berkeley, November, 1995.

진술은 군대에 있어서 용납될 수 없는 위협을 제기하는 동성애 '성향'의 증거를 나타낸다.

재닛 핼리Janet Halley[124]가 제시했듯이, 지위든 행위든 동성애에 대한 기소를 규제하고자 하는 주장들은 법적 근거의 일관성을 위협하는 애매함을 생산하게 마련이다. 핼리는 가장 최근의 정책 형태에서 합리적인 사람은 타인이 동성애적 행위에 연루된 '성향'을 갖는 것을 추측할 것인지 아닌지가 심문interrogation을 시작하는 기준이 된다고 주장한다. 핼리는 '합리적인reasonable 사람'은 이런 경우 호모포비아(동성애 혐오)적인 문화 규범들을 체화한 자라고 적절히 지적한다. 나는 이 합리적인 사람이 또한 전반적으로 편집증적paranoid[125]이라고 덧붙이겠다. 그 합리적인 사람을 내부에서 '위협하는' 어떤 동성애를 외부에 존재하고 있는 것으로 착각하기 때문이다. 더 이상 자신의 동성애를 언급하는 진술만으로는 동성애에 관여하는'성향'을 추론하기에 충분하지 않다. 즉 다른 '기호들'

124 재닛 엘리자베스 핼리(Janet Elizabeth Halley, 1952년 2월 출생)은 비판 법학, 법실증주의, 포스트모던의 전통에 있는 미국 법학자다.

125) (옮긴이) 편집증은 종종 망상 혹은 비합리적이라고 할 정도로 불안이나 공포에 의해 심하게 영향을 받는 것으로 여겨지는 사고 과정이다. 편집증적인 사고는 자아를 향한 어떤 지각된 위협과 관련된 박해나 음모에 대한 믿음을 포함한다(예를 들자면 "모두가 나를 괴롭히려고 하고 있다"). 편집증은 비합리적인 공포를 포함하지만 보통 비난은 없는 공포증phobia과는 구분된다. 거짓된 비난을 하는 것과 타인에 대한 일반적인 불신 또한 자주 편집증에 동반된다. 예를 들어 대부분의 사람들이 우연이라고 바라보는 것을, 편집증에 걸린 사람은 의도적이었다고 믿을 수 있다.

—소속, 제스처, 뉘앙스—이 있을 수 있으며, 이 모두가 같은 방향을 가리킨다. '성향' 조항은 어떤 자연주의적인 목적론을 동성애자의 지위에 귀속시키는 듯 보이며, 그로 인해 우리는 동성애자의 지위를 대부분 끝내 어떤 행위로 귀결되는 것으로 인식할 것을 요구받는다. 그럼에도 이러한 '성향'은 스스로를 표현하려는 자연스러운 의향으로서의 동성애자의 지위에서 기인하기도 하지만 그 '합리적인' 사람에서 기인하는 것이며, 따라서 동성애 혐오적인 상상의 허구로 남는다.

비록 군대가 이제는 모든 종류의 징후들을 '성향'의 지표라고 의심하기는 하지만, 나는 군대가 예방하고자 하고 동성애 행위 그 자체와 동등한 것으로 간주하는 명시적인 동성애자의 자기 선언이라는 견해에 집중할 것이다.

이 같은 언어 행위를 제한하고자 하는 국방부의 법안은 언어 행위가 제약되어야 한다는 날조에 의존하고 있으며, 이미 규제 작업을 수행하기 시작했다. 동성애 행위에 대한 최근 군대의 규정은 동성애자의 자기 정의를 전염적이며 모욕적인 행동이라고 명시적으로 해석한다. "나는 동성애자다"라는 말은 단순히 진술하는 것이 아니다. 오히려 그것은 발언자가 동성애자에 해당한다는 의미뿐 아니라, 그 말이 동성애 행위에 해당한다는 의미에서 진술하는 것을 수행하고 있는 것으로 여겨지게 된다. 아래에서 나는 이 규정이 동성애의 자기 귀속을 수행문이라고, 즉 자신이 말하는 것을 바로 행하고 있다고 설명한다는 것을 제시하고자 한다. 규정은 그 같은 발언 행위의 힘을 설명하면서 그런 발언을 우리에게 생산한다. 은폐된 형태로 존속하는 수행성을 행사하고 "나는 동성애자다"를 수행적 발언으로 묘사하기 위한 조건을 가능하게 함으로써 말이다. 오로지 그 같은 규제적 담론 속에서만 동성애자의 자기 귀속이 수행적 힘은 수행적으로 생산된다. 이런 점에서 규제는 자신이 검열하고자 하는—그 행위를 행하는 어떤 발언—이라는 망상을 상상해 내고, 편집증으로 구체화될 날조 및 검열의 순환성에 관여한다.

그런데 만일 군대가 동성애자의 발언은 전염적이고 공격적인 행동이라는, 즉 동성애자의 발언은 지시하는 것을 수행하고 있거나 구성하고 있다는 편집증적인 해석을 생산한다고 할 수 있다면, 이러한 귀속된 수행성은 동성애자의 더 많은 공공성에 권위를 부여하려는 운동이 명시적으로 소유한 수행성, 즉 퀴어 정치의 분명한 목표와는 어떻게 구별될 것인가? 퀴어 정치의 운동에 따르면, 커밍아웃coming out과 실천acting out은 동성애자라는 것이 무엇인가에 대한 문화적이고 정치적인 의미의 일부이다. 즉 자신의 욕망을 말하는 것, 즉 욕망을 공적으로 표현하는 것은 욕망 그 자체에 본질적이며, 욕망은 그러한 말과 표현 없이는 존속될 수 없고 동성애의 담론적 실천은 동성애 그 자체와 분리 불가능하다는 것이다.

동성애가 자신의 지시 대상referent[126]이 되겠다고, 즉 자신이 지

126) (옮긴이) 말이나 글이 나타내거나 가리키는 사물.

시하는 바로 그 섹슈얼리티를 구성하겠다고 끊임없이 위협하는 —혹은 꾀하는—종류의 용어는 아닌가라는 질문을 다루는 한에서 나는 이 장의 끝 무렵에 같은 이슈로 되돌아올 것이다. 나는 그 용어는 전적으로 혹은 철저하게 자신의 지시 대상을 수행할 수 없고, 어떠한 용어도 마찬가지이며, '차라리 잘된 일'이라고 주장하고자 한다. 이 같은 수행성과 지시성[127] 사이의 통약불가능성으로부터 도출되는 정치적 이점들은 동성애의 권위적인 구성에 대해 한계를 설정하는 것과 '동성애', '동성애자인 것gayness', 혹은 '퀴어적인 것queerness', 기타 관련된 용어들의 기표들을 미래의 언어적 삶을 위해 살아 있도록 하는 것과 관계가 있다. 만일 동성애가 지시 대상을 갖지 않는다면 효과적인 게이와 레즈비언 정치도 있을 수 없다는, 흔히 언급되는 우려에 반하여, 나는 그 용어의 최종 지시 대상의 부재는 그 용어로 하여금 항상 꼭 군대가 상상하는 것과 같은 수행문이 되지 못하도록 만든다는 것을 주장하겠다. 그 용어는 자신이 포획할 수 없는 지시 대상을 가리킨다. 더욱이 그런 포획의 결핍은 급진적인 민주주의 투쟁을 위한 언어적 가능성, 즉 그 용어를 미래의 재표명으로 열어두는 것에 해당된다.[128]

127) (옮긴이) 지시 또는 지시를 포함하는 성질이나 상태.

128) Ernesto Laclau and Chantal Mouffe, *Hegemony and Socialist Strategy*(London: Verso, 1986).

***

군 규정은 어떤 의미에서 군 시민권의 가능성을 형성하는 편집증의 징후인가? 동성애자의 발언에 귀속된 구체적인 수행성은, 그 발언이 섹슈얼리티를 수행할 뿐 아니라, 발언을 통해서 섹슈얼리티를 전달한다는 것이다. 즉 그 발언은 전염의 장소로 비유되며, 이는 금지된 이름을 말하는 것이 통제할 수 없는 의사소통의 계기가 된다는 지그문트 프로이트Sigmund Freud의 『토템과 터부*Totem und Tabu*』로의 회귀를 재촉하는 그림이다. 여기에서 남성 동성애에 대한 억압이 남성다움의 전제조건이 된다는 프로이트의 양심의 견해에 대한 의지를 통해, 군의 규정에 대한 분석은 자기 부정적인 동성애자라는 '남성'의 개념을 생산하고 있는 것으로 읽을 수 있다. 군대의 행위를 개인적인 심리 행위로 위치시킬 수 있는 심리적 환원주의에 반하여, 나는 군 시민권에 대한 매우 징후적인 규정이라는 텍스트 독해 방식으로서의 정신분석학으로 돌아갈 것을 제안한다.[129]

정신분석학은 동성애와 시민권 간의 긴장에 이론적인 실마리

129) 지그문트 프로이트의 다음 텍스트들이 이 장에서 인용되었다. "On the Mechanism of Paranoia,"(1911) and "On Narcissism: An Introduction"(1914), from *General Psychological Theory: Papers on Metapsycholophy*(New York: MacMillan, 1963) pp. 29-48 and pp. 56-82, respectively; *Civilization and its Discontents*, tr. James Strachey(New York: Norton, 1961; and *Totem and Taboo*, tr. James Strachey(New York: Norton, 1950).

를 제공해 줄 뿐 아니라, 정신분석학적 담론은 그 자체로 시민권의 생산이 어떻게 상상된 동성애에 대한 거부와 승화를 통해 발생하는가에 관한 텍스트적인 우화이다. 사실 나는 편집증적인 자아에 대한 기이한 형태의 상상은 동성애를 일종의 도착으로 구성할 뿐 아니라, 동성애를 양심 행위의 전형적인 모형으로, 즉 성적인 대상에 대한 도착과 이상화를 포함하고 있는 자아에 대한 거부로 구성한다는 것을 보여주고 싶다. 이러한 점에서, 프로이트의 텍스트는 징후적인 만큼 충분히 진단적인 것임이 입증되며, 비록 내가 그의 텍스트를 정신분석학적으로 읽을 것을 제안하기는 하지만 (따라서 정신분석학적인 실천을 표명이 아니다), 나는 또한 우화적으로 정신분석학을 읽을 수 있는 방법을 제안할 것이다.[130] 좀 더 단순히 말해 이것이 의미하는 것은, 프로이트는 시민권과 사회적 감정이 동성애의 승화로부터 출현하는지에 관한 이야기를 우리에게 들려주는 듯 보이지만, 그의 담론은 이야기를 진행하는 과정에서 자신이 묘사하는 바로 그 승화에 연루된다는 것이다.[131]

동성애자의 자기 정의를 어떤 모욕으로 이해하려면, 그 같은 발

130) 나는 우화(allegory)를 일반적으로 누군가가 말하는 것과 다르게 말하는 이야기의 한 종류로 의미한다. 여기서 누군가는 순차적으로 묘사될 수 없는 무언가에 대한 일련의 이야기 순서를 제공하며, 알레고리의 명확한 지시 대상은 알레고리적인 이야기가 수행하는 설명 작용에 해당된다.

131) 우화에 대한 흥미로운 관련 설명에 대해서는 Craig Owens, *Beyond Recognition: Representation, Power, and Culture*, ed. Scott Bryson(Berkeley: University of California Press, 1992)를 보라.

언에 의해 어떠한 일련의 관계나 연대가 잠재적으로 모욕받거나 위협받는가를 묻는 것은 합리적인 것으로 보인다. 프로이트의 텍스트 「편집증의 메커니즘에 관하여」로 돌아가는 것은 타당한 듯하다. 여기서 그는 동성애적인 충동에 대한 억압을 사회적 감정의 생산과 연결시킨다. 그는 그 논문의 끝 부분에서 "동성애적인 충동"은 "사회적인 본능을 구성하는 데 도움을 주며, 따라서 동료애와 전우애, 단결심, 그리고 일반적인 인류애에 성애적인 요소를 제공한다."(31)고 언급한다. 그리고 「자기애에 관하여On Narcissism」라는 논문의 끝 부분은 이로써 사회적 감정의 생산이 발생하는 논리를 구체화하고 있는 것으로 읽을 수 있다. 그는 "자아-이상"[132]은 사회적 차원을 가지고 있다고 말한다. 즉 "그것은 또한 가족, 계급, 국가의 공동 이상이기도 하다. 자아-이상은 자기애적 성욕libido 뿐 아니라 그의 동성애적 성욕을 상당히 묶어두며, 이렇게 하여 자아로 되돌아온다. 이상을 이루지 못해 불만이 생기면 동성애 성욕은 해방되어 죄책감(공동체에 대한 공포)으로 바뀐다."(81) 동성애가 죄책감으로, 따라서 사회적 감정의 기저로 변형되는 것은, 부모의 처벌에 대한 두려움이 동료 남성의 사랑을 잃는 두려움으로 일반화될 때 일어난다. 편집증은 사랑의 대부분

132) (옮긴이) 프로이트 정신 분석에서 자아 이상(ego-ideal)은 자신이 되고자하는 내면의 자아 이미지이다. 초자아(super ego) 속에 수용된 완전하거나 이상적인 자아라는 이 프로이트의 개념은, 그가 이상적으로 여기는 특정 사람들을 본받아서 자신이 되고 싶은 개인의 의식적 및 무의식적 이미지로 구성된다.

을 빼앗겼다고 지속적으로 재상상하는 방식이며, 역설적으로 동성애의 승화나 내면화의 동기를 부여하는 것은 사랑의 상실에 대한 공포이다. 이러한 승화는 누군가가 동료 남성의 사랑을 얻기 위해 동성애를 부인하는 것이 아니라, 이러한 부인을 **통해서만** 그리고 이러한 부인**으로서만** 달성되고 획득될 수 있는 특정한 동성애이기 때문에, 승화라고 해서 꼭 도구적인 것이 아니다.

『문명과 그 불만Civilization and its Discontents』에 실린 양심의 형성에 대한 프로이트의 논의에서, 양심이 실행하거나 표명한다고 할 수 있는 동성애 금지는 양심 그 자체를 심리적 현상으로 수립하고 구성하는 것이다. 욕망에 대한 금지는 스스로를 기만하는 욕망이며, 이러한 기만 자체가 이후 '양심'이라고 불리는 것의 시작이 된다. 따라서 심리적 실체라는 '양심'의 명사 형태가 암시하는 것은 어떤 길들여진 반성적 활동, 즉 자기 자신에 대한 기만, 욕망을 외면하는 욕망의 경로, 즉 금지가 욕망의 현장이 되고 욕망의 충족이 되는 것에 지나지 않는다는 것이다. 그런 반복된 내면화의 실천이 '양심'이 정신적 능력이라는 잘못된 이름을 구성한다.

동성애자의 자기 정의에 대한 규제는 양심이 더 이상 사회적 감정의 생산과 유지에 필수적인 자기 금지의 순환을 보장할 수 없으며, 양심이 더 이상 사회적 규제를 제공하지 못한다는 것을 나타낸다. 군대가 동성연대적homoerotic 사회성의 규제적 생산의 상당히 노골적인 극단을 나타낸다면, 동성애가 스스로를 반복해서 기만하도록 금지당하는 이러한 순환은 끝나지 않을 것이다. 이러한 역설은 어쩌면 군대 사회적 연대가 동성애에 대한 금지를 필요로 한다는 주장에서 가장 분명하게 드러났다. 여기에서 결속은 남성을 서로 끈끈하게 맺어주는 마법적인 뭐라 말할 수 없는 것je ne sais quoi이라고 묘사되었다. 그 공식을 다음과 같이 읽을 수 있다. 즉 **우리는 우리의 동성애를 갖기 위해 동성애를 가져서는 안 된다. 제발 그것을 가져가라/그것을 빼앗지 말라.**

이 집단 내면화의 순환 내에서 동성애의 발생을 규제하고자 하는 금지는 그 낱말을 전염적 물질, 위험한 액체로 비유한다. 내가 보여 주고자 하듯이 전염이 여기서 중요해질 것인데, 동성애는 암묵적으로 에이즈의 전형으로 비유될 것이고 질병을 따라 '전달'된다고 할 것이기 때문이다.

그 텍스트는 동성애 행동을 규제하고자 하는 노골적인 것이지만, 규제로서도 그것은 또한 끊임없이 생산적이기도 하다. 이 텍스트 내에서 나타나는 것은 것은 마법적인 말의 효력을 통해 행위하는 모종의 동성애이다. 즉 누군가가 동성애자라고 선언하는 것은 이러한 법의 관점 내에서는 단순히 그 행동에 대한 표현, 즉 모욕적인 행동에 대한 표현이 아니라, 모욕적인 행동 그 자체가 된다.

> 성적 지향은 동성애 행동에 의해 드러나지 않는 한 군복무가 금지되지 않을 것이다. 군 당국은 동성애 행동에 연루된 장병들을 해고할 것이며, 이는 동성애 행위, 즉 장병이 동성애자이거나 양성애자라는

진술, 혹은 동일한 성별인 누군가와의 결혼이나 결혼 시도로 정의된다.[133]

이 진술은 지향과 행동을 구분하면서 시작하며, 오로지 동성애 행동에 관여된 자들만을 해고하는 것으로 제한한다. 그러나 그러나 동성애 행동의 기준을 정하기 보다는 동성애의 가능성을 증가시키는 일련의 부칙을 통해 동성애 행동을 정의한다. 동성애 행동은 '동성애 행위'를—심지어 단수로—포함하고 있으며, 이는 관습, 즉 반복되거나 관례적인 사건이 아직 아니라고 말하는 것이다. 그리고 비록 이후의 해명을 통해 만일 실수라고 부인된다면 일회성 행위는 사면할 것임을 밝히기는 했지만, 정책의 언어는 '행위act'와 '행동conduct'의 융합을 주장하기 때문에 일회성 요구조건을 유지하고 있다. 무엇이 행위를 행동**으로 증폭**시키기에 더 적절한가 하는 문제는, 그 증폭이 사건의 개별성을 일련의 사건들이라고, 즉 규칙적인 관습이라고 은연중에 적극적으로 상상하며 따라서 일시적으로 행위한 자를 상습적이거나 규칙적인 반복으로 몰고 가는 특정한 동성애의 권력을 상상하기 때문에 중요하다. 행위가 이미 행동인 경우, 그 행위가 반복될 기회가 있기 전에 반복된 것이다. 다시 말해 그것은 항상 이미 반복하고 있는 것, 온갖 사회적 기강을 약화시키는 힘을 갖는 반복—충동의 모습이다.

133) "The Pentagon's New Policy Guidelines on Homosexuals in the Military," *The NewYork Times*, July 20, 1003, p. A14.

이 구절을 동성애 혐오적인 환상의 표현으로 독해하기 위해 다시 문구로 돌아가자.

> 성적 지향은 동성애 행동에 의해 드러나지 않는 한 군복무가 금지되지 않을 것이다. 군 당국은 동성애 행동에 연루된 장병들을 해고할 것이며, 이는 동성애 행위, 즉 장병이 동성애자이거나 양성애자라는 진술, 혹은 동일한 성별인 누군가와의 결혼이나 결혼 시도로 정의된다.

동성애 행동은, "장병이 동성애자이거나 양성애자라는 진술"로 정의된다. 따라서 이 정의에서 "진술"은 일종의 "행동"이 되고, "그냥 말인데 뭐"라는 매키넌의 언급은 새로운 의미를 부여받는다. 만일 그 진술이 행동이고, 동성애 행동이라면, 누군가가 동성애자라는 진술은 그 진술의 발언이 향해진 사람이나 발언의 앞에 있는 사람에게 동성애적으로 행위하고 있는 것으로 해석된다. 그 진술은 어떤 의미에서 행위일 뿐 아니라, 일종의 행동, 즉 자신이 **말하는** 것을 **존재하게끔** 할 수 있는 권력을 행사하는 관례적인 형태의 발언, 즉 동성애에 대한 재현이 아니라 동성애 행위이자 따라서 어떤 모욕offense이 된다. 성향이나 습관을 재현하는 발언은 어떤 조건 아래에서 말과 행동 간에 구별의 붕괴에 의지하고 있으며, 이를 도입시키는 바로 그 성향 및 습관, 생성, 이행이 되는가? 이는 말과 행동 사이에 절대적인 구분이 그어질 수 있다고 말하는 것이 아니다. 이와 달리, 진술이 일종의 행위, 즉 언어 행위라는 것은 충분히 맞지만, 그러나 이것은 진술이 자신이 말하는 것을 부득불 실행하거나 자신이 가리는 지시 대상을 구성한다고 주장하는 것과는 다르다. 많은 언어 행위는 협의의 '행동'이지만, 그것들 모두 오스틴이 주장하는 의미에서 절묘한felicitous 것은 아니다. 다시 말해 이 같은 행위들 모두 효과를 낳는 권력을 갖거나 일련의 결과를 개시하는 것은 아니다.

자기 정의의 맥락 속에서 동성애를 말하는 것 자체가 파괴적이라고 우리가 결론을 내릴 경우에만 동성애 정체성을 주장하거나 선언하는 발언은 모욕적인 행동으로 해석된다. 그런데 그런 말들에 그것들이 행사한다고 추정되는 **교란적인** 권력을 부여하는 것은 무엇일까? 그 발언을 듣는 자는 그 진술이 그/그녀에게 구애를 한다고 상상한다는 것을 나타내는 것은 아닐까? 어떤 점에서 그런 수용은 푸코주의적인 공식을 거꾸로 거슬러 올라간다. 즉 만일 푸코가 먼저 동성애 '행위'가 있었고 그러고 나서야 동성애가 '정체성'으로 출현했다고 생각했다면, 군대는 모든 정체성의 귀속을 행위를 실행하는 것과 동일한 것으로 간주한다. 그러나 정체성을 행위로 재고하는 두 가지 방식을 구별하는 것은 중요하다. 즉 여기서 누군가는 "나는 동성애자다"라고 말함으로써 내가 의미하는 것은 "나는 동성애 행위를 수행한다. 혹은 나는 동성애 관습이나 관계에 관여한다"인 것이라고 말할 수 있다. 나는 그런 행위들을 지칭하고 있기는 하지만, 엄밀히 말해서 그것들을 수행하고 있지는 않으며, 확실히 말하는 행위를 통해서 그것들을 수행하고 있는 것은 더더욱 아니다. 그러나 이 주장을 군대는 다른 순서를 갖는 것으로 해석하는 것 같다. 그 독해는 "나는 동성애자다"라는 주장을 행위의 사건에 대한 보고가 아니라, 행위 그 자체의 담론적인 발생으로, 즉 동성애 행위 가운데 하나로 받아들인다.

어떤 점에서 행위는 '행동'인가? 물론 누군가는 모든 발언 행위locution는 '행동'이라고 주장할 수 있으며, 오스틴은 모든 발언이 어떤 의미에서 '행위'라는 것을 인정한다. 그러나 비록 모든 발언이 행위로 해석될 수 있다 하더라도, 그것이 모든 발언이 자신의 청자에게 미리 정해지거나 기계적인 방식으로 **영향을 끼친다**는 결론이 도출되는 것은 아니다. 즉 오스틴에게 '이해도uptake'[134]의 문제는 발언효과행위적인 수행문에 관한 그 같은 모든 전유의 우연적인 차원을 강조한다. 그런데 우연성, 해석의 다양성, 그리고 '이해도'의 잠재적인 실패가 그 발언의 힘에 의해 결정되는 듯 보이는 상황이 있는가? 그리고 "나는 동성애자다"라는 선언은 그 같은 결정론적인 발언의 사례일까?

발언에 귀속된 수행문의 힘이 환상 속에서 과잉 결정되는 경우 이해도의 문제는 시야에서 사라지게 된다. 그 같은 과잉 결정

134) (옮긴이) 오스틴에 따르면 발언내행위의 수행을 위해서 나는 다른 사람에게 해당 행위가 수행되었음을 분명히 해야하는데, 이를 오스틴을 '이해도(uptake) 확보'라고 일컫는다. 따라서 약속을 하기 위해서는 내가 수행하는 행위가 약속을 만드는 것임을 청중에게 분명히 해야한다. 한편 약속을 받은 사람은 약속을 하고 그 약속을 이행하는 것이 무엇을 의미하는지 이해할 것이다.

은 군대가 동성애자의 발언을 행위를 일으키는 것으로 해석하는 편집증적인 환상에서 발생한다. 그러고는 "나는 동성애자다"라는 진술을 "나는 당신을 성적으로 원한다"라고 터무니없이 곡해한다. 무엇보다도 오로지 자기 자신에게만 지위를 귀속시키는 반성적인 주장이 유혹하는 것, 다시 말해 가용성이나 욕망, 행위하고자 하는 의도, 그 행위 자체, 즉 유혹의 구두적인 수단을 알리는 주장으로 간주된다. 그 진술에는 욕망의 의도가 사실상 귀속되거나 **혹은** 그 발언을 듣는다는 것 자체가 그것이 지시하는 섹슈얼리티와 '맺어지게' 되는 것이라는 신비로운 **전염적인** 말의 권력이 그 진술에 부여된다. 여기서의 추정은 '동성애'라는 용어를 자기 자신을 위해 주장한다면, 욕망을 진술하는데 복무할 뿐 아니라 욕망의 담론적인 조건과 수단이 되며, 욕망을 옮기고 불러일으킨다는 것이다. 이는 유혹으로 해석되는 진술, 의문문으로 여겨지는 진술문, 전달로 간주되는 자기 귀속이 된다.

자기 정의적인 진술이 모욕적인 행동이라는 군대의 해석이 전제하는 것은, 그 용어의 발언 가능성이 공적 담론 내에서의 터부를 부수고, 봇물같이 쏟아지는 길을 열어 주게 되며, 욕망을 건잡을 수 없이 표현하게 된다는 것이다. 따라서 금기시된 욕망을 말하는 자의 앞에 있는 자는 그 말에 담겨진 욕망에 의해 직접적으로 피해를 입게 된다는 것이다. 그 같은 사람 앞에서 그 말을 하는 것은 그 사람을 발언 불가능한 욕망에 연루시키는 것이 된다. 그 말—그리고 그 욕망—은 질병에 걸린다고 할 수 있는 방식으로 포착된다. 현재의 군대 담론 내에서, 동성애에 대한 터부의 지위는 동성애 관계를 에이즈의 전달로 환원하는 공포증에 의해 강화되어, 동성애자의 선언을 전염적인 행위로 간주하는 감각을 강화시킨다.

전염이라는 비유의 중요성을 프로이트의 『토템과 터부』에서 진행된 터부에 대한 논의를 통해 고찰해 보자.

> 터부는 (……) 어떤 권위에 의해 외부로부터 부여된 금지, 인간 존재가 종속되는 가장 강력한 열망에 대해 향해지는 금지이다. 그것을 위반하려는 욕망은 무의식적으로 지속된다. 터부에 복종하는 자들은 터부가 금지하는 것에 양가적인 태도를 가진다. 터부에 귀속된 신비로운 권력은 유혹을 불러일으키는 능력에 기반한다. 그리고 사례들이 전염적이며 또한 무의식 속에서 금지된 욕망은 하나의 것에서 다른 것으로 전이되기 때문에, 터부는 전염처럼 행위한다.

이 논의의 마지막 언급에서, 프로이트는 무의식 속에서 금지된 욕망은 하나의 것에서 다른 것으로 전이된다는 것을, 법에 의해 아직 제약되지 않은 환유적인 논리에 종속된, 그 자체로 통제 불가능한 전이될 수 있는 욕망이라는 것을 분명히 한다. 사실 이는 터부에 의해 도입되는 이러한 욕망의 끊임없는 전이 가능성이며, 이는 터부시된 욕망이 전염의 논리를 통해 전달 가능한 이름으로 담론에 진입한다는 것을 알려준다. 내가 만일 "나는 동성애자다"

라고 당신 앞에서 말한다면, 당신은 내가 발언하는 '동성애'에 연루되게 된다. 따라서 그 발언은 화자와 청자 간의 관계를 확립시키는 것으로 추정되며, 만일 화자가 동성애를 선언하고 있다면, 그 담론적인 관계는 그 발언에 의해 구성되며, 바로 그 동성애는 이행적인 의미에서 전달된다. 그 발언은 정의에 따라 의식의 통제를 넘어선 환유적인 상황에 맞춰 동성애를 전달하는 동시에 전이시키는 것 같다. 사실, 그것이 무의식적인 지위라는 징후는, 그것이 정확하게 통제할 수 없는 방식으로 화자와 청자 간에 '소통'하거나 '소통'한다는 것이다.

동일한 저서의 앞부분에서 프로이트는 사람, 상태, 행위에 무심하게 일제히 적용되는 "위험한 속성들"을 언급한다. 그 속성은 이들 목록들 사이에서 이동할 뿐 아니라, 이러한 이동성 때문에 유혹이나 공포가 된다. 즉 "터부를 위반한 누군가는 자신의 사례를 따르도록 타인을 유혹하는 이 위험한 속성을 보유하고 있기 때문에 스스로 터부가 된다. **그는** 어째서 타인에게 금지된 것을 행할 수 있도록 허용되는가? 이렇게 그는 온갖 사례들 속에서 모방을 장려한다는 점에서 진정 전염성이 있다.(……)"(32) 프로이트는 "유혹을 낳고 모방을 불러일으키는" 전염적인 권력을 부여받은 터부의 종류와 터부의 전염 가능성이 물질적인 대상에 전이되는 또 다른 터부를 구별한다.(34) 그러나 이러한 두 가지 형태들은 그가 터부의 **이름들을** 욕망과 금지를 동시에 전달하는 언어의 실질적인 사건으로 일컬을 때 나중에 수렴된다. 즉 터부의 이름들은 양가성의 전이를 위한 담론적인 장소가 된다. "터부의 전염 가능성"은 환유적인 전이의 기능으로서, 즉 "무의식적인 본능이 새로운 대상들에 결합된 경로를 따라 끊임없이 이동하려는 경향이다."(34)

동성애 진술과 행위를 금지하는 군대 내에서 작동하는 전염의 논리를 읽으려고 할 때 나타나는 질문은, 어떤 이름과 자기 이름 붙이는 행위가 어떻게 이 같은 전이와 '전염 가능성'을 위한 어떤 물질적인/담론적인 매개체가 되는가이다. 금지를 위해 발언되는 기호는 금지를 전달하고 금지를 위하는 한에서만 말할 수 있게 된다. 그 기호를 발언함으로써 금지를 어기는 것은 그렇다면 금지 기능에서 그 기호를 분리시키는 것이 되며, 재의미작용 전까지는 그 기호가 억제해온 욕망을 무의식적으로 전이하는 것이 된다. '동성애자'라는 이름은 단순히 욕망의 기호일 뿐 아니라, 욕망을 기호 자체에 흡수하여 전달하는 수단이 된다. 금지에 복무하여 그 기호는 그것이 나타내는 욕망을 대체했을 뿐 아니라, 동성애를 전염과 연결시키는 '매개체carrier'의 기능을 획득했다. 물론 이것이 어떤 것인지 상상하기는 어렵지 않다. 우리는 기호의 유동성과 '위험한 액체'의 이러한 상징적인 융합을 어떻게 설명해야 할까? 이 편집증적인 환상 내에서 동성애는 전염의 전형이 되었다. '동성애'의 자기 진술적인 발언은 성스러운 장면에 대한 현재의 가치 전도에 참여함으로써, 귀를 통해 완벽하게 청자를 감염시키는 위험한 의사소통이 된다.

프로이트는 터부는 오로지 욕망을 **단념**하는 언어 행위를 통해서만 재설치될 수 있다는 것을 상기시키면서 끝맺는다. "터부에 대한 위반이 단념에 의해 속죄될 수 있다는 사실은 단념이 터부에 대한 복종의 기저에 놓여 있다는 것을 보여 준다."(35) 당연한 결과로, 군대는 자신들의 경솔한 행동을 철회할 자들에 대비한다. 따라서 공권력과 동성애자라는 공적인 자기 정의 행위에 대한 위협에 반대할 수 있는 유일한 길은 마찬가지로 공적인 자기 단념을 통한 것이다. 그 정책이 어떻게 이행될 것인가를 명료화하기 위해 의도된 논평에서, 군대는 누군가가 동성애자라는 단언은 그가 동성애적인 방식으로 행위할 것이라는 "이의제기가 가능한 추정"을 나타낸다고 밝힌다. 다시 말해, 누군가는 이제 "나는 동성애자이며 나는 내 욕망에 따라 행위하지 않을 작정이다"라고 말할 수 있으며, 그럴 경우 "나는 동성애자다"라는 첫 번째 절은 자신의 수행적인 힘을 상실한다. 따라서 그것의 진술적인 지위는 두 번째 절을 추가함으로써 회복된다. 프로이트에게 단념은 후회와 속죄의 형태를 취하지만, 단념이 욕망을 소멸시킨 것은 아니다. 오히려 단념 내에서 욕망은 손상되지 않은 채 보존되며, 금지가 욕망을 **보존한다**고 할 수 있는 기이하고 주요한 방식이 존재한다.

『문명과 그 불만*Das Unbehagen in der Kultur*』에서, 성욕에 대한 억압은 그 자체로 성욕이 투여된 억압이다. 성욕은 억압을 통해 완전히 부정되는 것이 아니라 오히려 스스로 복종하는 계기가 된다. 억압적인 법은 자신이 억압하는 성욕의 외부에 있지 않으며, 억압적인 법은 억압이 성욕의 활동이 되는 만큼 억압한다.[135] 더욱이 도덕적인 금지, 특히 몸에 반하는 금지는, 그것들이 규제하고자 하는 육체적인 활동에 의해 존속된다. 즉,

> 전적으로 정신분석학에 속하며 사람들의 일상적인 사고방식에 낯선 생각은, 우리에게 양심(혹은 좀 더 정확하게는 후에 양심이 되는 불안)은 물론 본능을 단념하게 되는 원인이지만, 그러나 이후 그 관계가 역전된다는 것을 일러 준다. 모든 본능의 단념은 이제 양심의 역동적인 원천이 되며 모든 생생한 단념은 양심의 엄격함과 옹졸함을 증가시킨다.(『문명과 그 불만』, 84)

프로이트에 따르면 양심의 순환 경로를 특징짓는 자기 부과된 명령은 자신이 금지하고자 하는 만족의 장소가 되기 때문에 추구되고 적용된다. 다시 말해 금지는 '본능'이나 금지된 욕망을 위한 전이된 충족의 장소가 되고, 즉 처벌하는 법이라는 명분 아래 본능이 되살아날 수 있는 계기가 된다. 이는 물론 도덕법을 전달하는 자가 자신의 계율을 가장 심각하게 위반한 자라는 것이 드러나는 일종의 희극의 원천이 된다. 그리고 정확하게는 이러한 전이된 만족은 법을 적용함으로써 경험되기 때문에, 모든 금지된 욕망의

135) 여기서 누군가는 『성의 역사』 1권에서의 푸코의 프로이트에 대한 비판이 부분적으로 틀렸다는 것을 알 수 있다.

출현과 함께 법의 적용이 다시 활성화되고 강화된다. 금지는 금지된 욕망의 소멸을 추구하지 않는다. 이와 달리 금지는 금지된 욕망의 재생산을 추구하며 자신이 야기하는 단념을 통해 스스로 강화된다. 금지된 욕망의 사후의 생명after life은 금지 자체를 통해 발생하며, 거기에서 금지는 단념을 강요하는 욕망을 존속시킬 뿐 아니라 그 욕망에 의해 **존속**된다. 그렇다면 이러한 의미에서 단념은 바로 그 단념된 욕망을 **통해서** 발생하며, 이는 욕망은 **절대로** 단념되는 것이 아니라 오히려 바로 그 단념의 구조 내에서 보존되고 재주장되는 것이다. 군인이 자신의 죄를 정화하고 그 또는 그녀의 자리로 복귀하게 되는 단념은, 이를 통해 금지가 동성애 욕망을 부정하는 동시에 **인정하는** 행위가 된다. 따라서 엄밀히 말하자면, 그것은 **말할 수 없는** 것이 아니라, 좀 더 일반적으로 말하자면, 금지를 말하는 와중에 보존되는 것이다. 동성애자임을 주장하지만 그 혹은 그녀가 그 또는 그녀의 욕망에 따라 행위하지 않겠다고 주장하는 동성애자의 경우, 동성애는 금지를 자기 자신에게 적용하면서 또 적용함으로써 지속된다. 이는 흥미롭게도 폴 리쾨르Paul Ricoeur[136]가 이전에 지옥의 정신 순환을 묘사했던 방법이다. 즉 욕망과 금지의 악순환. 그리고 군대의 '규제'는 금지의 지속적인 신학적 힘을 위해 강화된 문화적 장소일지 모른다.

136) (옮긴이) 장 폴 구스타브 리쾨르(Jean Paul Gustave Ricœur, 1913년 2월 27일 – 2005년 5월 20일)는 현상학적 묘사와 해석학을 결합한 것으로 가장 잘 알려진 프랑스 철학자였다.

정체성에 대한 용어나 선언이 어떻게 담론적으로 상처를 전달하거나 상처의 원인이 되는 것으로 이해될 수 있는가를 고찰해 보자. 이런 경우 원인에 대한 이론은 무엇이며, 이것이 편집증 속에서 확립된 '원인'인가? 프로이트는 편집증이 어떻게 야기되는가에 대한 다음과 같은 설명을 제공하지만, 편집증에 대한 인과적 설명이 어떻게 결국 인과관계에 대한 편집증적인 설명으로 귀결되는가에 대한 분석을 제공하지는 않는다. 즉 그는 적는다. "편집증은 성적인 병인이 결코 분명하지 않은 장애이다. 이와 달리 남성 편집증의 인과관계에서 현저히 두드러지는 특징은, 사회적인 체면과 모욕이다.(……)" 지금까지 프로이트는 편집증의 거짓 원인을 참 원인으로 교체하고 있는 것 같다. 즉 편집증을 야기하는 것은 모욕과 피해인 듯 보이지만, 정말로 편집증을 야기하는 것은 내면화된 성적 욕망이다. 따라서 타자가 자신을 처벌할 것이라는 상상은 그의 욕망에 대한 금지를 이상화하고 외면화한 결과이다. 욕망이 이상화와 외면화의 근원인 것이다. 금지의 행위능력은 어떤 의미에서 전이되었고, 질책의 근거는 이미 알아볼 수 없게 되었다. 프로이트는 만일 우리가 그 문제에 '좀 더 깊게' 들어간다면, "이런 사회적 상처들의 진짜 작용 요인은 정서적 삶의 동성애적 요소가 그 상처들 속에서 맡는 역할"(30)이라는 것을 알게 될 것이라는 주장을 계속한다.

프로이트의 설명에서 애매한 부분은 이 마지막 구절이다. 우리는 "정서적 삶의 동성애적 요소가 이 같은 사회적 상처들에 어떤 영향을 끼치는지를" 어떻게 이해해야 할까? 모욕이나 상처를 느끼는 것, 자기 자신이 모욕당했다거나 상처를 받았다고 상상하는 것, 이것을 동성애의 치환으로 읽는 것은 얼마나 정확한가? 모욕, 피해는 동성애에 대한 금지가 취하는 상상된 외부 형태이며, 그는 그의 동성애적인 욕망으로 인해 모욕당하고 상처받고 있는 것인가? 혹은 이러한 모욕이나 상처를 받는 것은 어떤 노출된 동성애자가 받게 될 것이 당연할 사회적 상처에 대한 상상인가? 불확실성은 이런 것인 듯 보인다. 즉 금지는 널리 퍼지고 일반화되었다고 할 수 있는 사회적인 것인가, 아니면 편집증의 과정에서 외부화되고 일반화되는 정신적이고 내면적인 것인가?

첫 번째의 경우, 이는 상처에 대한 동성애자의 사회적인 취약성이며, 이 상처는 그들의 행동을 질책하고 모욕하는 좀 더 일반화된 의미의 타자에 투사된다. 그러나 후자의 경우, 그것은 동성애에 대한 정신적 승화이며 이 승화는 사회적인 것이라는 바로 그 개념, 즉 규제하고 감시하고 판정하는 타자의 개념을 만들어 낸다. 이런 상상적인 시나리오는 '양심'이라고 알려진 것이 되며, 시민권을 뒷받침하는 사회적 감정을 위해 주체를 마련해 놓는다. 두 개의 시퀀스는 그 결과에 있어서 극적으로 다르다. 두 번째 견해는 자신에게 반하는 동성애적인 욕망을 상정하며, 사회 개념을 자신에 대한 기만의 결과로 생산한다. 즉 여기서 사회적인 규제와 외연을 같이 하는 것으로 인식되는 사회적 감정은 동성애를 승화한 결과로, 즉 일련의 판단하고 감시하는 타자를 투사하고 일반화한 결과인 것이다. 이는 동성애를 사회적인 것의 외부로, 전사회적인presocial 것으로 상정하는 공식이며, 주로 규제적인 것으로 이해되는 사회를 섹슈얼리티에 대한 자기 억압으로부터 도출하는 공식이다.

그러나 동성애가 그 자체로 무사회적인asocial 것, 전사회적인 것, 사회적인 것 내부의 사회적인 것에 대한 불가능성의 배역을 맡는 사회적 규제들을 빼놓고서 이러한 자기 억압을 어떻게 이해할 수 있을까? 만일 두 가지 형태의 금지(정신적인 금지와 사회적인 금지)가 서로 분리될 수 없는 것이라면, 그것들을 어떻게 함께 사유할 것인가? 소위 편집증 내에서 경험된 모욕과 상처는 그러한 흔적들을 파생시킨 규제들로부터 소원하게 되었을 때조차도 기존 사회적 규제들에 대한 정신적인 것의 흔적인 것이다. 모욕과 상처는 스스로를 거부한 욕망의 결과일 뿐 아니라, 그 거부된 욕망을 타자의 판단으로 이후 투사한 것(실은 초자아의 기능과 사회적인 기능의 혼합)이다. 오히려 타자의 판단과 상상적인 시나리오를 생산하는 자아에 대한 거부는 동시발생적인 것이다. 이 시나리오 속에서 비난받고 청산된 욕망은 타자가 수행한 상상된 모욕과 상처라고 정신적으로 기록된다.

따라서 프로이트로 되돌아가는 것은 프로이트를 동성애의 진리로서가 아니라, 편집증에 대한 설명에 담긴 환상, 즉 프로이트 자신의 설명을 괴롭히게 되는 환상을 예증하거나 풍자하는 방식으로 독해하려는 노력이다. 예를 들어 「편집증의 메커니즘에 관하여

On the Mechanism of Paranoia」에서 그는 동성애적 감정이 인류의 사랑에 필수적이며, 동성애적 감정이 그 용어의 '적절한 의미'의 '인류/남성man'을 생산하도록 자기 보존 본능과 완곡하게 '결합하는' 방식을 시인하듯이 말한다. 그의 용어를 사용하자면, 만일 동성애적인 경향이 자기 보존으로 정의되는 자아 본능과 '결합'한다면, 그것은 그의 동성애를 굴절시키고 그 굴절 속에서 동성애가 보존되는 '인류의' 자기 보존의 기획—'정확히 말하면 남성의 보존'—의 일부가 된다는 것이다.(69) 따라서 프로이트가 우리에게 제공하는 병인론etiology은 이미 그가 설명하고자 하는 사회의 규범적이고 규제적인 영역 내에 있다. 이후에 자기 보존 본능과 결합되는 최초의 동성애적 감정이 존재하는 것이 아니라, **인류/남성**으로서의 자기 보존의 조건을 지배하는 사회적인 규범을 따라 동성애는 영원히 굴절된 가능성으로 남아 있어야 한다. 따라서 그의 사회적 본능과 그의 타자에 대한 일반적인 관심을 구성하는 것을 돕는 것은 인류/남성의 동성애가 아니라, 이타심을 위한 조건으로 해석되는 동성애의 표면적인 자기애에 대한 억압이나 굴절이다. 이런 이타심은 성취된 이성애의 이익 가운데 하나로 여겨진다. 이런 점에서 동성애를 탈성애화하고 외부화하는 것은, 동성애적인 욕망이 생존했을지 모르는 장소에서 항상 모욕과 상처를 느낄 '인류/남성'들에게, 그리고 욕망을 상상된 상처로 전이시키는 것이 사회적 감정과 시민권의 기초가 될 자들에게 도움을 준다. 이러한 실행되지 않은 동성애가 일반적인 사회성과 인류애의 조건이 된다는 것에 주목하자.

이는 단순히 자기 보존적이며 적절한 의미에서의 인류/남성이 살 수 있도록 동성애가 실행되지 않고 굴절된 채로 남아 있어야 한다는 것이 아니라, '자아-이상'—시민권을 정신적으로 규제하는 상상적 수단—이라는 개념 자체가 이러한 실행되지 않고 굴절된 동성애로 구성되어 있다는 것이다. 자아-이상은 많은 양의 동성애 집착cathexis[137]의 철회를 통해 형성된다.[138] 그러나 이 동성애는 단지 철회되거나 굴절되거나 억압되는 것이 아니라, 스스로를 부인하는 것이며, 이 부인은 단순한 자기 취소가 아니다. 이와 달리 부인은 자아 이상의 조성을 위한 조건이 되며, 이 조건 안에서 동성애와 동성애 금지는 이성애적 시민의 형태로 '결합'된다. 이 이성애적 시민의 죄책감은 다소 영원한 것이 된다. 오히려 프로이트는 동성애 성욕이 '죄책감으로 전환'되고 시민권 그 자체—법에 대한 애착과 체현—가 이러한 죄책감으로부터 파생된다고 말할 것이다.

그렇다면 시민권이 중단된 지대이자 동시에 이러한 중단된 지위로 인해 동성애 금지를 통한 남성 우월주의적인 시민의 생산을 생생한 용어들로 표현하는 군대 내에서 발생하는 문제로 어떻게

137) (옮긴이) 정신분석학에서, 집착은 어떤 사람, 사물, 혹은 개념으로 정신적이거나 감정적인 에너지를 투여하는 과정으로 정의된다.

138) Sigmund Freud, "On Narcissism: An Introduction," Standard Edition Vol. XIV (London: Hogarth Press, 1958), p. 96.

되돌아가는가? 비록 군대의 규제는 동성애를 남성우월주의적인 측면에서 생각하는 것 같기는 하지만, 레즈비언 또한 표적이 되는 것이 분명하며, 그러나 역설적으로 그들의 사생활에 대한 질문은 종종 성희롱의 형태를 띈다. 다시 말해 여성들은 그것을 통해 젠더 종속이 확보되는 이성애적인 축을 위협하게 되기 때문에 자신들의 동성애를 말할 수 없다. 그리고 만일 남성들이 자신의 동성애를 말한다면, 그 말하기는 노골성explicitness을 불러일으킬 위험이 있으며, 남성 계급이 연대하는 동성사회성homosociality[139]을 파괴하는 것이 된다.

말할 수없는 것과 말할 수없는 것을 구분하는 선이 사회의 현재 경계를 설치한다. 만일 그 낱말이 자신의 축적된 억압의 역사를 담고 있지 않다면, 그 낱말을 발언하는 것이 모멸, 상처, 모욕에 해당될 수 있을까? 이런 점에서 그 낱말을 말할 수 없음이 사회의 한계를 한정하는 만큼 그 낱말은 '행위'가 된다. 금지의 바깥에서 그 낱말을 말하는 것은 사회의 완전성과 토대에 의문을 제기한다. 이런 식으로 그 낱말은 사회성이 출현하기 위해 가정되어야 하는 관계를 명명함으로써 시민 주체의 억압적 토대인 사회의 경계와 투쟁하지만, 자신은 명명되지 않은 채로 남아 있어야만 그런 사회성을 만들어 낼 수 있다. 군대는 말할 수 없음을 보장하는 것으로

139) (옮긴이) 사회학에서 동성사회성(homosociality)은 우정, 조언 또는 기타 낭만적이거나 성적인 성격이 아닌 동성관계를 의미한다. 이 개념을 사용하는 연구자들은 주로 남성이 사회에서 어떻게 남성의 우위를 유지하는지를 설명하기 위해 그렇게 한다.

여겨지는 금지를 통해서 그 말을 전염의 순환 내에 무심코 도입한다. 그리고 군대는 이런 식으로 자신이 억압하고자 하는 그 용어를 통해서 바로 그 순간 자신의 욕망을 되풀이해서 말한다.

사실 군대가 동성애자를 단지 규제되어야 하고 억제되어야 하는 문제로만 대적할 뿐 아니라, 동성애자의 모습을 적극적으로 생산한다는 것을 고찰하는 것이 중요하다. 동성애자로부터 자기 귀속의 권력이 박탈되어야 한다고 주장하면서, 동성애자를 국가와 국가의 호명 권력에 의해 명명되고 탄생된 채로 남아 있도록 만들면서 말이다. 국가는 군사적인 차원에서 동성애를 성문화해야 한다고 주장한다. 동성애적 주체는 '동성애'를 명명하는 동시에 이러한 정체성을 사회적인 것에 대한 위반으로 생산하고 정의하는 담론을 통해 탄생한다. 그러나 담론이 주체를 강제적으로 명명하는 경우 담론은 주체가 스스로를 명명할 수 있는 권력은 부인한다. 따라서 국가는 동성애 행위 뿐 아니라, 그 이름이 탄생된 금지로부터 억제가 풀릴 경우 그 이름이 갖게 되는 과도한 권력을 규제하고자 하는 것이다. 그 이름이 군인에 대한 지명이라는 처벌적인 목적에 더 이상 복무하지 않는다고 한다면, 그 이름은 무엇을 그리고 누구를 묘사하게 될 것인가?

그렇다면 우리는 "나는 동성애자다"라는 자기 귀속, 즉 반성적인 진술이 어떤 유혹이나 공격으로, 즉 욕망이 단지 묘사되는 것이 아니라 묘사됨을 통해 실행되고 전달되는 것으로 오인되는 상황에 대해 어떻게 생각해야 하는가? 우선 먼저 나는 우리가 이렇게 동성애 그리고 동성애 행위를 폭행 그리고/또는 질병이라는 해석하는 것을, 일련의 병리적인 비유 안에 동성애를 제한하려는 노력으로 독해해야 한다고 생각한다. 이는 단지 동성애자의 말이 동성애를 어떻게 수행적으로 생산하는지에 대한 설명이 아니다. 이는 국가가 승인한 비유로, 동성애를 공격적이며 전염적인 행동으로 제한적으로 정의하는 것이다. 따라서 동성애자의 발언에 부여된 수행성은 오로지 이러한 부여를 만드는 국가 담론의 수행성을 통해서만 확립될 수 있다. 동성애자의 발언을 전염으로 일종의 수행적 사고방식이며, 규제 담론에 속하는 수행성이다. 규제적인 담론에 속하는 수행성이다. 그런 진술은 동성애자의 발언의 수행적인 권력을 드러내는가, 아니면 그것은 단지 이러한 용어들로 동성애를 정의하는 권력을 행사하는 자들의 생산적이거나 수행적인 권력을 강조할 뿐인가?

동성애자에 대한 정의를 강제하는 이러한 담론적인 권력은 최종적으로 군대에 속하지도 혹은 군대에 저항하는 자들에 속하지도 않는 것이다. 결국 나는 군대의 생산물을 당신을 위해 내보인 것이며, 내가 기술하는 자들의 행위보다는 확실히 정도가 덜한 권력을 가지고서 나 자신을 그 용어의 재생산에 연루시키면서 내가 기록해 온 수행성의 연쇄로 진입한 것이다. 이러한 수행성의 연쇄 속에서 동성애와 같은 어떤 것이 묘사되고 있는가? 우리가 동성애를 명명하고, 우리 자신을 명명하고, 용어를 정의하는 것을 계속할 때, 동성애에 대한 권위적이거나 긍정적인 개념을 생산할 수 있는 권력을 가질 수 있다고 주장하는 것은 어쩌면 잘못일 것이다. 문제는 단순히 동성애자의 자기 선언을 바라보는 동성애 혐오적인 목격자가 그 말을 말하는 것이 행위를 행하는 것이라는 환각에 빠진다는 것이 아니다. 군대에 저항하는 자들조차도 명명하기가 수행문이라는 개념을, 즉 그것은 어느 정도는 자신이 명명하는 것을 언어적인 존재로 만들어 낸다는 개념을 기꺼이 받아들이고 있다는 것이다. 언어는 행위하며 좀 더 일반적으로 행동에 해당한다고 할 수 있으며, 동성애에 대해 생산된 담론은 우리가 알고 있는 동성애에 대한 사회적 구성의 일부라고 말할 수 있는 의미가 정말로 있는 듯 보이며 예를 들어 우리가 재현representation이라고 느슨하게 일컬을 수 있는 것이 동성애성gayness과 퀴어성queerness의 문화적인 실천으로서의 '존재를 드러내기'와 외연을 **같이 한다**고 하는 경우, 동성애를 표현하는 문화적 재현과 동성애 '자체' 간의, 말과 행동 간의 전통적인 구별은 정말로 붕괴한다. 동성애는 매우 제한된 의미에서 단지 성행위일 뿐이며, 엄밀히 말하자면 동성애에 고유한 것은 **아닌** 동성애에 대한 일련의 재현이 이러한 행동에 덧붙여진다고 주장하는 것은 따라서 다소 환원적인 것이다. 아니라면 그것들은 무엇일까?

많은 이들은 동성애와 그것에 대한 문화적 재현은 분리 가능한 것이 **아니라고**, 즉 재현은 섹슈얼리티를 흐릿하게 반영하며 따라 나오는 것이 아니라 구성적인 기능을 가지고 있으며, 오히려 섹슈얼리티가 그 효과 중 하나로 재현에서 따라 나오는 것이라고 주장하고 싶어 한다. 이는 공적인 관습들은 '섹슈얼리티'를 조직하고 가능하게 하며, 그 행위들과 그런 행위들을 편성하고 존속시키는 문화적 실천들은 엄밀하게 구별될 수 없다는 주장 내의 가정인 듯 보인다. 섹슈얼리티를 하나의 '행위'로 해석하는 것은 이미 그것이 일어나고 그것이 하나의 예인 문화적 관습, 반복적인 의식으로부터 추상화하는 것이다. 성적인 관습 개념은 '행위'와 '재현'의 구별을 무시한다.

'커밍아웃'의 담론적 행위를 포함해서 동성애에 대한 담론은 문화적으로 '동성애'라고 인식되는 것의 일부라는 주장은, 누군가가 동성애자라고 말하는 것이 그 자체로 동성애 행위라는 주장과 같은 것은 아니며, 동성애적 모욕이라는 주장은 말할 것도 없이 더더욱 아니다. 나는 비록 자기 호명을 그 용어에 대해 대체로 해석되는 의미로 어떤 성적인 행위라고 주장하고자 하는 퀴어 활동가들을 우리가 상상할 수 있다고 생각하기는 하지만, '퀴어'가 성적인 실천으로부터 완전히 분리되어 모든 선의의 이성애자들이 그 용어를 취할 때 등장하는 어떤 희극이 있다. 그러나 우리는 '커밍아웃'이 전염적인 사례로서 의도되고, 그것이 선례를 세우며 공적 담론 내에서 유사하게 구조된 일련의 행위들을 선동하는 것으로 여겨진다는 주장을 물론 진지하게 다룰 필요가 있다. 군대는 커밍아웃의 적절한 발언효과행위적인 결과에 대해, 즉 그 사례가 마치 일종의 언어적인 전염—우리는 부분적으로 다른 전염, 즉 에이즈의 힘에 반대하도록 되어 있는 전염이라고 추측할 수 있다—

인 듯이 스스로를 확산시키면서 공적인 영역을 통해 커밍아웃의 빈발을 증식시킨 방식에 대해 적절하게 대응하고 있는 것일 수 있다. 그렇다면 군의 정책을 지배하는 논리와 퀴어 운동을 지배하는 논리의 차이점은 무엇일까?

내 생각에 이를 이해하는 한 가지 방식은 편집증적인 군대의 경청이 욕망을 말하는 것과 말하고 있는 욕망의 간격을 꾸준히 메우는 방식에 주목하는 것이다. 그 자는 유혹의 순간에 타자에게 직접적으로 소통하는 듯 보인다(그러나 그곳에서도 소통이 항상 올바른 방식으로 해석되는 것은 아니라는 아픈 사례를 우리는 잘 알고 있다). 그런데 편집증 속에서는 말이 이끌어 내는 욕망은 전적으로 말하는 자가 유혹하지 않고서도 나타나는 것으로 상상된다. 그것은 외부로부터 공격, 혹은 질병으로 다가오며, 상처 그리고/또는 오염으로 기록된다. 따라서 그 욕망은 이미 공격이나 질병으로 간주되며, 한 가지 형태나 다른 형태, 또는 두 가지 형태로 모두 받을 수 있다. 그 비유가 동성애에 대한 담론의 생산과는 다른, 병리적인 환원에 저항하도록 작동될 수 있고 사회적으로 긍정적인 의미를 구성할 수 있는 것으로 어떻게 인식될 수 있을까?

여기에서 나는 동성애에 대한 담론적인 생산, 즉 동성애에 대한 말하기, 글쓰기, 그리고 제도적인 인정은, 그것이 말하는 욕망과는 같지 않다는 개념을 주장하고자 한다. 동성애에 대한 담론적인 장치는 동성애의 사회적 실재를 구성하기는 하지만, 동성애를 전적으로 구성하는 것은 아니다. '커밍아웃' 선언은 확실히 일종의 행위지만, 그것이 자신이 지시하는 지시 대상을 전적으로 구성하는 것은 아니다. 오히려 그것은 **동성애를 담론적으로 만들지만, 담론을 지시적으로 만들지는 않는다.** 이는 욕망이 우리가 다르거나 더 나은 어떤 방식으로 묘사할 수 있는 지시 대상이라고 말하는 것이 아니다. 이와 달리 욕망은 일반적으로 지시적인 기술description에 어떤 한계를 설정하는 지시 대상인데, 그럼에도 불구하고 자신은 결코 완전히 포착되지 않는 수행성의 연쇄를 하게 만든다. 이 같은 욕망의 의미를 지시성referentiality에 대한 한계로 보존하려는 노력의 일환으로, 수행문과 지시 대상의 간격을 좁히지 않는 것과 동성애는 그것을 선언함으로써 그 자체가 단언되는 선언에 지나지 않게 된다고 생각하는 것이 중요하다. 비록 푸코는 담론이 그런 행위를 통해 성애화된다고 주장할지 모르지만, 이 경우 담론이 동성애를 탈성애화하는 것일 수 있다.[140] 동성애의 담론적 생산에 관한 이러한 종류의 설명은 자신이 이름붙이는 것을 그 이름으로 대체해 버리는 잘못을 저지르며, 비록 그런 지시 대상을 최종적으로 이름붙일 수는 없지만, 어떠한 이름도 우리가 누구이며 무엇을 행하는

140) 이는 안정적인 정체성을 주장하는 것이 동성애 운동의 전제조건이며, 그 언어 행위의 성공에 겨냥된 지적 회의주의는 동성애성에 대한 탈성애화와 공모하는 것이라는 레오 베르사니Leo Bersani의 『호모스*Homos*』(Cambridge, Mass.: Havard University Press, 1995)에서 제기된 최근의 주장을 긍정하는 동시에 부정하는 방식일 수 있다. 따라서 베르사니가 슬퍼하는 성에 대한 언어적인 승화의 추가적인 사례에 해당할 수 있는 담론적인 방식을 제외하고서는, 커밍아웃은 반드시 성을 가지거나 성적인 것이 아닌 어떤 언어적인 행위이다.

지의 의미를 완전히 규명한다고 주장할 수 없다는 것을 보장하기만 한다면, 그 지시 대상은 이름붙일 수 있는 것과는 분리된 채로 있어야 한다. 이런 사건은 우리가 이미 된 것과는 다른 것이 될 수 있는 가능성을 배제할 것이며, 언어 내에서의 우리의 삶이라는 미래를 배제할 것이다. 즉 그 기표가 민주적인 재표명rearticulation에 이용 가능한 투쟁의 장소로 남아 있는 미래를 말이다.

이런 점에서 나는 엄밀히 말해 동성애적인 욕망은 그것을 말하는 욕망과는 같지 않으며, 동성애에 대해 말할 때 우리가 동성애적으로 행위하고 있다고 생각한다면, 약간 실수하고 있는 것이라고 주장하고자 한다. 대안적인 동성애의 비판적 생산 작업 가운데 하나는 동성애를 지배 담론 내에서 전달되는 비유—특히 그 비유가 공격이나 질병의 형태를 취한다면—로부터 분리시키는 것이 될 것이다. 수행성의 미래, 따라서 동성애의 미래를 지속하기 위해 다른 비유를 생산하는 것이 필수적인 만큼, 그것은 '동성애'로 불리는 어떤 것과, 그런 어떤 부름을 통해 전적으로 호명될 수 없는 것 사이에는 거리가 될 것이다. 그런 부름은 동성애에 관한 마지막 단어가 될 모든 비유의 권력을 약화시킬 것이다. 그리고 내 생각에 선점하는 것이 가장 중요한 것이 이 마지막 단어이다.

4장

은폐된 검열과 담론적 행위능력

excitable speech

그렇다, 언어는 일종의 행동이다. 그렇다, 오로지 말만이 수행할 수 있는 어떤 행위들이 존재한다. 그러나 말만 가지고는 달성할 수 없는 행위들이 존재한다. 아픈 이들을 건강해지라고 선언함으로써 그들을 치료할 수는 없다. 가난한 이들에게 부자가 되라고 선언함으로써 그들을 상승시킬 수 없다.

—헨리 루이스 게이츠 주니어

어떤 언어 행위는 표현이라기보다는 행동으로 좀 더 적절히 해석된다고 주장하는 것은 검열이라는 문제를 회피한다. 검열은 표현에 대한 규제인 듯하며, 만일 혐오 발언이나 포르노그래피나 동성애자의 자기 선언이 더 이상 '표현'이라고 이해되지 않는다면, 이런 활동들에 대한 제약은 더 이상 검열로 보이지 않을 것이다. 매키넌은 그녀가 고안했던 포르노그래피 금지 조례가 검열이 아니라 헌법의 평등 보호 조항Equal Protection Clause of the Constitution의 영역을 확장시키는 것과 관련된다고 주장했다.[141] 표현의 자유

141) 이러한 노선을 따르는 매키넌을 옹호하는 글에 대해서는, Francis Ferguson, "Pornography: The Theory," in *Critical Inquiry*, summer, 1995를 보라.

문제로 여겨질 수도 있었던 것이 이제는 실질적 평등의 문제로 해석되는 것이다.

만일 우리가 검열에 대한 법적 정의에 얽매이지 않는다면, 우리는 표현과 행동 구분에 대한 규제가 어떻게 검열의 더 은폐된 형태로 작동하는지 물어볼 수 있다. 특정 표현은 표현이 아니기에 검열에 종속되지 않는다고 주장하는 것은 이미 검열을 행사한 것이다. 오히려 이런 특별한 검열의 행사는 법을 자신의 도구중 하나로 사용할 때 조차 법적 정의의 경계를 넘어선다.[142]

검열에 저항하기

검열에 대한 전통적인 설명은 검열이 국가가 권력을 덜 가진 자들을 향해 행사한다고 전제한다. 권력을 덜 가진 자들에 대한 전통적인 옹호는 그들의 자유가, 보다 구체적으로는 그들의 표현의 자유가 제약되고 있다고 주장한다. 검열은 대개 개인을 향해 혹은 그들이 하는 표현의 내용을 향해 행해지는 것으로 지칭된다. 그러나 만일 검열이 수용 가능한 표현과 수용 가능하지 않은 표현을 미리 제약함으로써 표현을 **생산하는** 방식이라면, 검열을 사법 권

142) 혐오 발언 규제에 대한 수정헌법 제1조의 "가치"의 강력한 옹호에 대해서는, Robert Post, "Racist Speech, Democracy, and the First Amendment," in *Speaking Sex, Speaking Race*를 보라.

력의 측면에서만 전적으로 이해할 수는 없다. 전통적인 견해에서 볼 때 검열은 모욕적인 표현의 발언을 시간적으로 뒤따르는 것 같다. 표현은 이미 모욕적으로 되었으며, 이후 어떤 규제 기관에 대한 의지가 만들어진다. 그러나 검열이 표현을 **생산한다**고 주장하는 견해에서는, 시간적 관계가 전도된다. 검열은 텍스트에 선행하며(나는 '표현' 및 기타 문화적 표현물들을 텍스트에 포함시킨다), 어떤 점에서 텍스트의 생산에 책임이 있다.

최근의 어떤 컨퍼런스에서 나는 그 주제에 관해 표명된 두 개의 명확히 반대되는 견해를 들었다. 첫 번째 견해는 "텍스트를 검열하지 않는 것은 필연적으로 불완전하다"[143]고 주장했다. 이 주장은 어떤 텍스트도 어떤 검열을 받지 않고서는 텍스트일 수 없다고, 읽을 수 있는 것으로 남아 있는 텍스트일 수 없다고 주장하는 듯 보인다. 이 견해는 검열이 문제시 되는 텍스트에 선행하며, 어떤 텍스트를 읽을 수 있게 되기 위해서는 어떤 가능성들은 배제하고 다른 가능성들은 실현시키는 선택 과정을 통해 텍스트가 생산되는 것이 틀림없다는 것을 전제한다. 선택 과정은 어떤 결정, 즉 텍스트의 저자가 내린 결정을 전제하는 듯하다. 그럼에도 저자는 해당

143) 나는 이 견해에 관해 리처드 버트Richard Burt의 검열에 관한 광범위한 저작에서 제공된 통찰에 빚을 지고 있다. "Uncensoring in Detail", Presented at the Getty Center in December, 1995, 또한 *Licensed by Autority: Ben Johnson and the Discoursed of Censorship*(Ithaca: Cornell University Press, 1993); *The Administration of Aesthetics: Censorship, Political Criticism, and the Public Sphere*, ed. Richard Burt(Minneapolis: University of MInnesota Press, 1994).

선택이 이루어지는 규칙들을 만들어 내지는 못한다. 표현의 인식 가능성을 지배하는 규칙들은 모든 개인적인 결정에 앞서 '결정된다.' 좀 더 급진적인 견해는 그런 규칙들, 즉 모든 개인적인 결정들에 앞서 '결정된' 그런 규칙들이야말로 바로 모든 주어진 결정들을 가능하게 만드는 제한 조건들이라는 것이다. 따라서 이런 결정의 장소에는 어떤 행위능력의 애매함이 있다. 말하는 주체는 오로지 이미 한정된 언어적 가능성들의 영역의 맥락 내에서만 그 혹은 그녀의 결정을 행할 수 있다. 그는 이미 결정된 언어 영역의 조건 아래서 결정하지만, 이러한 반복은 말하는 주체의 결정을 잉여로 구성하지 않는다. 잉여와 반복의 간격은 행위능력의 공간이 된다.

두 번째 견해는 "텍스트를 검열하는 것은 필연적으로 불완전하다"였다. 이러한 견해는 텍스트는 항상 자신이 검열되는 행위를 벗어나며, 검열은 항상 미수에 그치거나 불완전한 행위라고 주장한다. 여기에서는 검열을 받는 텍스트에 대한 무언가가 검열의 범위를 넘어서는 듯 보이며, 이는 이러한 표현의 '초과적' 차원에 대해 어떤 설명이 필요함을 시사한다. 누군가는 표현을 제약하려는 노력들은 언어의 다의성을 완전히 겨냥할 수 없거나 포획할 수 없다는 식으로 주장하는 텍스트성에 대한 일반화된 이론에 호소할 수 있다. 이와 비슷하게 누군가는 의사소통적인 언어의 영역은 언제나 불완전한 성공을 가지고 스스로의 작동으로부터 엄격히 배제하고자 하는 외설의 영역을 필연적으로 **정립한다고** 주장할 수 있다.[144] 무엇이 적절하게 포함되어야 하는가를 확립하는 규범들을 제도화함으로써 공적 담론의 영역을 정화시키려는 이러한 시도는 어떤 선제적인 검열로 작동한다. 그 같은 노력들은 어떤 오염에 대한 공포에 따라 작동할 뿐 아니라, 자신들이 공적 삶으로부터 추방하고자 하는 바로 그 발언을 자신들이 수행하는 공적인 비난의 풍경 속에서 어쩔 수 없이 재수행한다. 자신이 규제하고자 하는 것을 어쩔 수 없이 반복하는 언어는, 자신이 중단하고자 하는 바로 그 표현을 예외 없이 재생산하고 재수행한다. 이런 식으로 표현은 자신을 규제한 검열을 넘어선다는 것이다.

이러한 두 가지 설명들의 일반화된 성질은 모두 유용하지만 제한적이다. 즉 그것들은 우리에게 특정 종류의 검열은 언제 그리고 어째서 다른 것들에 비해 더 가능한지를, 어째서 몇몇 검열 작용들은 모욕적인 표현을 포획하는 듯 보이며 다른 검열 작용들은 어떤 포획도 야기하기에 전혀 무기력한 듯 보이는지를 알려줄 수 없다. 무엇이 검열의 서로 다른 작동을 특징짓는 효율성과 실패에 대한 취약성을 설명하는가? 검열은 자신이 검열하고자 하는 것과 절대로 완전히 분리될 수 없기 때문에, 검열은 역설적인 결과를 생산하는 방식으로 자기 스스로 부인했던 소재와 연루된다. 만약 어떤 텍스트를 검열하는 것이 어떤 점에서 항상 불완전하다면

144) 엘런 버트Ellen Burt는 "An Immediate Taste for Truth: Censoring History in Baudelaire's 'Les Bijoux'," in *Censorship and Silencing*, ed: Robert Post(New York: Oxford University Press, 1998)에서 이러한 주장을 했다.

그것은 문제의 텍스트가 검열 메커니즘이 생산한 바로 그 담론의 일부로서 새로운 삶을 떠맡기 때문에 부분적으로 그렇게 되는 것이다.[145]

이처럼 검열에 의한 표현의 생산이라는 역설은 은폐되고 의도치 않은 방식들로 작동한다. 따라서 명시적인 검열과 은폐된 검열을 구분하는 것이 중요해진다. 후자는 말할 수 없는 것으로 남을 것을 말하지 않는 방식으로 배제하는, 권력의 은폐된 작용을 가리킨다. 이 경우에는 규제를 표명하기 위해 어떠한 명시적인 규제가 필요치 않다. 은폐되어 있지만 매우 효과적인 형태의 검열 작용은 검열의 힘이 명시된 국가 정책이나 규제에 의해 소진되지 않는다는 것을 나타낸다. 이러한 은폐된 형태의 검열은 말할 수 있는 것의 한계를 강요함에 있어서 사실 명시적인 형태보다 더욱 효과적일 수 있다. 명시적인 형태의 검열은 좀 더 손쉽게 독해될 수 있기 때문에 어떤 취약성에 노출된다. 자신이 원하지 않는 것이 진술되었다고 진술하는 규제는 자신이 말하는 것을 의도하고 행할 수 있는 규제의 능력, 즉 규제의 주권적 허세에 의문을 던지는 어떤 수행적 모순을 실행함으로써 자기 스스로의 욕망을 좌절시킨다. 그 같은 규제는 검열된 표현을 투쟁의 장소, 즉 자신이 선점하고자 했던 공적 발언의 장면으로 확립시킴으로써, 검열된 표현을 공적 담

145) 나는 이 이슈를 "The Force of Fantasy: Mapplethorpe, Feminism, and Discursive Excess," in *differences*, *2L2*(Fall, 1990)에서 간략하게 다루었다.

론으로 도입시킨다.

명시적인 검열의 좋은 예시는 앞 장에서 논의되었다. 즉 1994년 10월에 통과된 의회법은 군대 내 동성애자의 자기 선언에 관한 "묻지도 말고, 말하지도 말라don't ask, don't tell"[146] 정책을 법으로 밀어붙였다. 이 법은 군대 내 동성애에 관한 언급을 금지한 것이 아니라, 자체 지원 서류와 그리고 문제에 관해 조성된 공적 논쟁 속에서 동성애에 대한 언급을 증식시켰다. 이 법의 요점은 군인의 '커밍아웃'을 제한할 뿐 아니라 그런 자기 귀속적인 표현이 일종의 동성애 행위 내지는 동성애 행위에 관여하는 성향이 행하기 쉬운 어떤 징후에 해당한다는 것을 확립하는 것이었다.[147] 군대는 따라서 무엇이 '동성애'로 간주될 것인가, 그리고 표현과 행동은 어떻게 구분되는가, 그리고 구분이 될 수 있는가 혹은 되어야 하는가의 문제에 관한 보다 긴 논의에 참여했다. '동성애'라는 용어에 대한 규제는 따라서 단순한 검열 행위나 침묵시키는 행위가 아니다.

146) (옮긴이) "묻지도 말고 말하지도 말라"는 1993년 12월 21일 발행되어 1994년 4월 28일 클린턴 행정부에 의해 도입된 군대 내 게이와 레즈비언의 군복무에 관한 미국 공식 정책이었다. 이 정책은 2011년 8월 20일까지 효력을 지속하였다. 이 정책은 말하지 않은closet 동성애자 혹은 양성애자 사병이나 지원자를 차별하거나 괴롭히는 것을 금지하는 한편, 공개적으로 드러내는openly 게이, 레즈비언, 양성애자 사병의 군복무를 금지한다.

147) 그 법과 '성향' 조항에 대한 철저하고 통찰력 있는 논의에 대해서는, Janet E. Halley, "Achieving Military Discarge: the 1993 Revisions to Military Anti-Gay Policy" *GLQ: A Journal of Lesbian and Gay Studies*, 1996을 보라.

규제는 자신이 금지하고자 하는 그 용어를 증식시키며, 오로지 이러한 역설적인 증식을 통해서만 이 금지를 야기할 수 있을 뿐이다. 그 용어를 그 자체로 말할 수 없는 것이 아니라, 누군가가 그것을 자기 자신을 묘사하기 위해 사용하는 맥락들 속에서만 발언할 수 없을 뿐이며, 따라서 지위의 귀속과, 동성애 행동에 참여하려는 의도 사이에 충분하거나 설득력 있는 구분을 만들지 못한다.

따라서 그 용어를 금지하려는 노력은 결국 그 용어를 확산—법 담론의 의도치 않은 수사적 결과—시키게 된다. 그 용어는 규제되어야 할 담론으로 규정 속에서 나타날 뿐 아니라, 그 용어의 공정함과 가치를 둘러싼 공적 논쟁 속에서 특히 규정이 명시적으로 금지한 추측되거나 상상된 자기 귀속 행위로서 다시 나타난다. 금지는 따라서 자신이 금지하고자 하는 언어 행위를 고안해 내며, 자기 스스로 구성한 순환적이고 상상적인 생산에 휘말리게 된다. 군대가 검열하고자 하는 발언을 말하는 것은, 자신의 영역 내에서 발생하는 모든 표현들의 원래의 저자로 스스로를 세우고픈 욕망의 충족을 또한 실행하는 것이다. 다시 말해 규제는 검열하는 목소리의 일부뿐 아니라 검열된 목소리의 일부를 스스로 말하게 되며, 표현에 대한 통제를 확립시키기 위한 하나의 방편으로 그 각본과 동화된다.

이 예시는 검열의 메커니즘이 어떤 동성애의 형태, 다시 말해 국가의 지지를 받는 어떤 동성애의 형태의 생산에 관여하는 방식을 보여 주기 때문에, 이 예시를 상세히 설명하고자 한다. 동성애자의 입대 및 제대 여부를 결정하는 규정은 자신이 규제하는 표현들을 단순히 금지만 하는 것이 아니다. 규정은 특정한 종류의 표현에 대한 것처럼 보이지만, 또한 **군대의 주체화가 진행되는 규범을 확립하는 것**과 관련된다. 이는 남성적인 군대 주체와 관련하여 남성성을 지배하는 규범들은 동성애를 부인할 것을 요구하는 규범들이라는 것을 의미한다. 여성에게서는 그런 자기 부정이 집단 결속력에 대한 군대의 개념에 들어맞는 명백한 이성애 혹은 무성애(이는 때때로 여성의 이성애에 대한 지배적 개념 내에서 함께 연결되어 있다)로 되돌아갈 것을 요구한다.

따라서 검열의 메커니즘은 주체의 생산에 적극적으로 관여할 뿐 아니라, 발언 가능한 담론, 즉 공적 담론 내에서 무엇이 승인될 수 있으며 무엇이 승인될 수 없을 것인가에 대한 사회적인 한도를 한정하는 데 관여하게 된다.[148] 검열이 문제의 표현에 대한 완전한 검열을 야기하는 것에 실패하는 것은 (a) 법적 수단을 통한 완전하거나 총체적인 주체화를 도입하는 데 실패하는 것, 그리고 (b) 말할 수 있는 담론의 사회적 영역을 효과적으로 한정하는 데 실패하는 것과 전적으로 관련이 있다.

물론 표현을 규제하려는 군대의 노력이 모든 종류의 검열의 전형은 아니다. 그러나 군대는 검열을 사법 권력으로 바라보는 전통

148) 공적 담론에 대한 보다 충분한 논의에 대해서는 Robert Post, "Racist Speech, Democracy, and the First Amendment," in *Speaking Sex, Speaking Race*를 보라.

적인 견해와 대조되는 최소한 두 개의 '생산적' 권력의 양상들을 정말로 도입시킨다. '생산적'이라는 말로 나는 긍정적이거나 이득이 되는 것을 뜻하는 것이 아니라, 권력을 형성적이며 구성적인 것으로 보는 견해를 뜻한다. 이 견해는 권력을 전적으로 통제의 외적인 행사나 자유의 박탈로 상상하지 않는다.[149] 이러한 견해에 따르면 검열은 단지 제약적이거나 사적인 것, 즉 주체에게서 표현의 자유를 박탈하는 데 적극적일 뿐 아니라, 주체 및 표현의 정당한 경계에 형성적이기도 하다. 이러한 생산적 권력 혹은 형성적 권력 개념은, 국가의 후견적인 기능, 즉 시민들에 대한 도덕적인 계도로 환원될 수 있는 것이 아니라, 특정 종류의 시민은 가능하게 하고 다른 시민은 불가능하게 만들도록 작동한다. 이런 견해를 취하는 자들은 검열이 주로 표현에 관한 것이 아니라 다른 종류의 사회적 목적에 복무하여 행사되며, 표현에 대한 제재는 종종 진술되지 않은 기타 다른 사회적 목적과 국가적 목적의 달성에 있어서 도구라는 것을 분명히 한다. 이에 대한 한 가지 예시는 국가 설립 과정의 필수적인 부분으로서의 검열 개념을 포함하는데, 거기에서 검열은 자신들 스스로의 재현 및 서술에 대한 문화적인 통제를 달성하고자 하는 주변화된 집단이 행사할 수 있다. 그러나 유사하지만 구분되는 종류의 주장이 스스로의 정당성에 대한 모든 도전

149) 이는 미셸 푸코가 주권 권력에 대한 규율적인 형태의 권력에 반대하려는 그의 노력의 일환으로 『성의 역사*The History of Sexuality*』 제2권에서 제시한 구분이다. 그는 '억압적'인 것으로 여겨지는 권력과 '생산적'인 것으로 여겨지는 권력을 구분한다.

을 통제하려는 지배 권력을 대표하여 또한 전형적으로 행해진다. 또 다른 예시는 군대와 같은 제도 내에서 혹은 국가 내에서와 같이 어떤 합의를 구축(또는 재구축)하고자 하는 노력의 일환으로 검열을 사용하는 것이다. 또 다른 예시는 기념비나 건물 보존에 대한 국가의 통제에서, 혹은 특정한 역사적 사건이 오로지 한 가지 방식으로 서술되어야만 한다는 주장 속에서 같이 기억에 대한 성문화 속에서 검열을 사용하는 것이다.

그러나 검열을 '생산적'인 것으로 보는 견해가, 검열이 언제나 다른 사회적 목적을 달성하는 도구였다는 견해와 항상 외연을 같이 하는 것은 아니다. 내가 방금 제시했던 예시들 속에서 검열은 주로 표현과 관련되지 않는다는 것을, 표현에 대한 통제나 규제는 기타 다른 종류의 사회적 목적의 달성(정당성, 합의, 문화적 자율성, 국가적 기억에 대한 특정한 견해를 강화시키는 것)에 부수적이라는 것을 생각해 보자. 이런 일종의 도구주의의 가장 극단적인 대부분의 형태에서 표현은 전적으로 검열의 목적에 부수적인 것으로 배정되며, 오히려 표현은 검열의 진정한 정치적 목적에 대한 위장으로, 즉 표현과 관련이 없거나 거의 관련이 없는 것으로 작동한다.

검열은 생산적인 형태의 권력이다. 검열은 단지 사적인 것이 아니라, 형성적이다. 나는 검열은 명시되고 은폐된 규범들에 따라 주체들을 생산하고자 한다는 것을, 그리고 주체의 생산은 표현에 대한 규제와 전적으로 관련을 맺고 있다는 것을 주장하고자 한다. 주체의 생산은 그 주체의 표현에 대한 규제를 통해서 발생할 뿐 아니라, 말할 수 있는 담론의 사회적 영역에 대한 규제를 통해서 또한 발생한다. 문제는 내가 말할 수 있게 되는 것이 무엇인가가 아니라, 내가 어쨌든 그 안에서 말하기 시작하는 말할 수 있는 것의 영역에 무엇이 해당할 것인가이다. 주체가 된다는 것은 주체의 표현으로 읽을 수 있는 표현의 종류를 지배하는 일련의 은폐되고 명시된 규범들에 종속된다는 것을 의미한다.[150]

여기서 문제는 주체가 발언한 특정한 표현이 검열된다는 것이 아니라, 특정한 검열 작용이 주체 후보자의 표현이 발언 가능한 것과 아닌 것을 지배하는 특정 규범에 복종하는지 여부에 따라 누가 주체가 될 것인지를 결정한다는 것이다. **발언 가능성의 영역 외부로 이동하는 것은 그의 주체로서의 지위를 위협하는 것이다. 발언 가능성을 지배하는 규범들을 누군가의 표현에 체화시키는 것은 발언 주체로서의 그의 지위를 완성하는 것이다.** '불가능한 표현'은 발언 가능성의 영역을 지배하는 규칙들이 생산하고 출몰시키는 무사회적인 자의 횡설수설, '정신병자'의 절규가 될 것이다.[151]

150) 이는 대단히 난해한 공식으로 보일 수 있지만, 아리스토텔레스에서부터 아렌트에 이르는 정치 이론가들은 언어를 통해 인간은 정치적인 존재가 된다고 주장했다. 내 성찰은 그런 주장의 연장에 해당한다. 아렌트는 "zoon logon ekhon(언어를 사용할 줄 아는 동물)로서의 인간"이라는 아리스토텔레스의 정의를 인용한다. 인간은 "언어만이 의미를 가질 수 있는 어떤 삶의 방식"의 가능성으로서 존재한다. in *The Human Condition*(Chicago: University of Chicago Press, 1985) p. 27. 아리스토텔레스의 말하는 존재로서의 정치적 동물에 관한 아렌트의 해석에 대해서는 25-27쪽을 보라.

151) 이 견해에 대한 추가적인 설명은 디나 알-카심Dina Al-Kassim이 버클리 대학

몇몇 사람들은 어떤 텍스트도 검열의 족쇄로부터 완전히 자유로울 수 없다고 주장하곤 한다. 모든 텍스트나 표현은 어떤 선택 과정을 통해 부분적으로 구성되기 때문이다. 이 선택 과정의 일부는 저자나 화자의 결정이, 또 일부는 개별적인 화자가 만든 것이 아닌 선택적이고 차별적인 규칙들(이는 집단적으로 위조될 수 있지만, 문법적인 수정과 주조의 특별한 경우를 제외하고서는 개별 화자로 추적될 수 없다)에 따라 작동하는 언어가 결정한다. 이 상당히 일반화된 가설은 **모든** 언어에 적용되는 것 같다. 이 가설은 참이며 타당할 수 있지만 나는 그 가설의 일반화된 형태가 검열에 대한 정치적 고찰이나 검열 문제를 어떻게 최선으로 결정할 것인가에 관한 규범적인 견해로 직접적으로 번역되지는 않는다고 생각한다. 오히려 그 주장의 가장 일반화된 형태를 고려한다면, 그 같은 견해의 한 가지 규범적인 함의는 다음과 같다. 모든 표현은 항상 이미 어느 정도는 검열되기 때문에, 검열에 반대하는 것은 말이 그것은 인식가능성의 조건에 반대하는(따라서 반대가 표명되는 바로 그 조건에 반대하는) 것이 될 것이기 때문이다.

그러나 내가 주장하고 있는 견해는 이러한 보다 일반화된 주장을 다음과 같은 방향으로 수정한다. 즉 인식 가능성의 조건은 그 자체로 권력 내에서 그리고 권력에 의해 형성되며, 권력의 이러한

비교문학과에 기고한 '절규'에 관한 다음 논문에서 찾을 수 있다. "On Pain of Speech: Fantasies of the First Order and the Literary Rant."

규범적인 행사는 권력 작용으로 거의 인식되지 않는다. 오히려 우리는 그것을 은폐된 형태의 권력 가운데 하나로, 즉 자신의 판독 불가능성illegibility을 통해 작동하는 권력으로 분류할 수 있다. 즉 그것은 자신이 야기하는 판독 가능성의 조건들을 벗어난다. 권력이 판독 불가능한 방식으로 행위를 계속한다는 것은 권력이 비교적 취약하지 않게 되는 하나의 이유가 된다.

발언 가능성을 지배하는 규범들에 따라 말하는 자는 의식적인 방식으로 어떤 규칙을 불가피하게 따르고 있는 것이 아니다. 우리는 언제나 명시적인 규칙으로 성문화되지 않은 일련의 무언의 규범들에 따라 말한다. 찰스 테일러Charles Taylor[152]는 규칙들에 대한 우리의 이해는 그것들에 대한 자기 의식적인 재현을 소유하고 있는 것으로 환원될 수 없다고 주장한다. "그것은 적절한 행동의 양상으로 행해진다."[153] 어떤 "배경 이해(……)는 방향을 파악할 수 있고 규칙을 따를 수 있는 우리 능력의 기저를 이루며", 그리고 이러한 배경 이해는 단지 체화되는 것이 아니라 공유된 사회적 감각으로 체화되는 것이다. 우리는 규칙을 혼자 따르지 않는

152) (옮긴이) 찰스 마그레이브 테일러(Charles Margrave Taylor, 1931년 출생)는 정치 철학, 사회 과학 철학, 철학사 및 지적 역사에 대한 공헌으로 가장 잘 알려진 몬트리올 퀘벡 출신의 캐나다 철학자이자 맥길 대학의 명예 교수이다.

153) Charles Taylor, "To follow a Rule……," in *Bourdieu: Critical Prespectives*, eds. Craig Calhoun, Edward LiPuma, and Moishe Postone(Chicago: University of Chicago Press, 1993), p. 51.

다. 피에르 부르디외Pierre Bourdieu[154]는 『언어와 상징 권력*Language and Symbolic Power*』에서 그러한 육체적인 이해, 혹은 아비투스habitus를 자의식적으로 규칙을 따르는 관습으로 환원하는 것을 경고한다.

> 모든 상징 지배는 그것에 굴복하는 자들 측의 외부의 제약에 대한 수동적인 굴복도 아니고 가치에 대한 자유로운 집착도 아닌, 일종의 공모를 전제한다. 공적 언어의 합법성을 인정하는 것은 명시적으로 공언되고 계획적이며 취소 가능한 믿음 또는 '규범'을 받아들이는 의도적인 행위와는 공통점이 없다.(50-51)

그 같은 '규칙들'에 대한 사회적인 이해가 어떻게 체화된 활동이 되는가를 이해하기 위해, 표현의 주체를 암묵적으로 형성하는 검열 작용과 그 주체에 이후 부과되는 검열 행위를 좀 더 자세히 구별하자. 만일 검열이 주체의 조건을 생산한다면, 이 규범들은 주체의 육체적인 삶에 어떻게 거주하게 되는가? 마지막으로 우리는 일종의 배제foreclosure로 이해되는 은폐된 검열 작용이 어떻게 말하는 주체의 육체적 삶에 대한 폭력적인 개시, 그 육체의 표현의 부조화, 즉 수사성이 규범성을 교란하는 어떤 말하기에 해당하는가

154) (옮긴이) 피에르 부르디외(Pierre Bourdieu, 1930년 8월 1일 ~ 2002년 1월 23일)는 프랑스의 사회학자, 인류학자, 철학자, 대중 지식인이었다.

를 물을 것이다.

주체가 언어의 규범성에 진입함으로써 주체가 된다면, 이 규칙들은 일부 중요한 방식에 있어서 주체의 형성에 선행하며 이를 조율하는 것이다. 비록 주체가 언어의 규범성으로 진입하기는 하지만, 주체는 그 진입에 앞선 어떤 문법적인 허구로서만 존재한다. 더욱이 라캉과 라캉주의자들이 주장했듯이, 언어로의 진입은 대가를 치르게 된다. 말하는 주체의 시작을 지배하는 규범들은 주체와 말할 수 없는 것을 구분한다. 다시 말해 말할 수 없음을 주체 형성의 조건으로 생산한다.

비록 정신분석학은 이러한 주체의 시작을 유아기에 발생하는 것으로 지칭하지만, 이런 표현과의 최초의 관계, 즉 원초적 '경계bar'를 통해 주체가 언어로 진입하게 된다는 것은, 말할 수 있음의 문제가 또다시 주체의 생존 조건이 될 때 정치적인 삶 속에서 재환기된다. 이러한 생존의 '대가'의 문제는 단지 자아와 전적으로 동일시될 수 없는 어떤 무의식이 생산된다거나 언어 내에서는 결코 표현될 수 없는 어떤 '실재real'가 생산된다는 것이 아니라, 주체의 생존을 위한 조건이 바로 가장 근본적으로 주체를 위협하는 것을 배제하는 것이라는 점이다. 따라서 '경계'는 위협을 생산하는 동시에 위협에 맞서 방어한다. 그 같은 최초의 배제는 주체를 스스로의 소멸로부터 보호하고자 하는 권력이 말하려는 자를 구속하는 트라우마적인 정치적 경우들에 의해 접근된다.

그러나 이러한 두 개로 분열된 차원의 라캉주의적인 '경계'는 단지 한 때 주체를 시작했던 구조가 아니라 주체의 삶 속에서 지속적인 역학으로 사고되어야 한다. 주체에 대한 인식 가능성을 규제하는 규칙들은 그 또는 그녀의 삶을 통해 주체를 계속해서 구성한다. 그리고 이러한 구성은 절대로 충분히 완전하지 않다. 언어 안에서 자신의 장소를 차지하는 것은 주체의 생존 가능성을 지속시키며, 생산되고 방어되는 위협, 주체의 특정한 소멸 위협이 이 생존 가능성을 유지시킨다. 만일 주체가 불가능하게 말하고, 표현이나 주체의 표현으로 혹은 주체의 발언으로 여겨질 수 없는 방식으로 말한다면, 표현이 묵살당하여 주체의 생존 가능성은 의문시된다. 그 같은 말할 수 없는 것이 난입한 결과는 누군가가 '분열되고 있다는' 감각에서, 범죄자나 정신질환자들을 감금하기 위한 국가의 개입에까지 이를 수 있다.

생존과 발언 가능성 간의 연결은 자신을 부인하고 뉘우치는 동성애를 군인 장병들에게 개시하는 것에 해당하는 발언 내에서 묘사된다. 나는 당신이 의심하는 그런 존재가 아닙니다. 내가 그런 존재가 아니라는 것은, 내가 나의 부정, 나의 새로운 자기 정의에 의해 지금 결정되었다는 것입니다. 노예로부터 시민으로의 해방은 누군가의 노동력을 물물 교환하는 것, 즉 누군가의 가치를 상품의 형태로, 따라서 새로운 형태의 주체화로 번역하는 것을 필요로 한다는 사이디야 하르트만Saidiya Hartman[155]의 진술을 고찰해 보

155) (옮긴이) 사이디야 하르트만Saidiya Hartman은 컬럼비아 대학교 문학과 역사

자.[156] 해방을 주장하는 자유의 담론은 자신이 해방시킨다고 자칭하는 바로 그 에너지를 억압한다고 누군가는 주장한다. 가정 성폭력에 대한 소송을 제기하려면 여성은 그녀의 성적 순결에 대한 모든 의심을 떨치는 그녀 스스로의 모범을 제공해야 한다고, 즉 어떤 이상화되고 탈성화된 형태의 여성적인 이성애성을 가지고 법 앞에서 일치할 수 있는 그녀의 능력을 제공해야 한다고 요구하는 곤란한 상황에 주목해 보자. 우리가 법 앞에 호소할 수 있는 자격이 있다는 것이 무엇을 의미하는가를 물을 때, 우리는 그런 주장을 가지고 말하는 주체를 조작하고 가능하게 하는 배제foreclosure의 사후적인 반복에 주목한다.[157]

법과 필연적이거나 분명한 연결이 없는 문화적인 맥락 속에서 '강제적인 담론성'[158]의 형태는 어떤 정치적인 주장이 만들어질 수 있는 조건들을 여전히 지배한다. 고백 담론의 체제가 정책 문제의 틀을 짓는 방식을 구성한다. 예를 들어 마약과 관련해서는 남용과 치료에 대한 이야기가 정책 내에서 그 주제를 다루는 방식에 핵심이 된다. 반-소수자 우대 정책(캘리포니아 대학 결의안에서

교수이다. 그녀는 브루클린에서 자랐으며 웨슬린 대학교에서 석사학위를 받았고 예일대학교에서 박사학위를 받았다.

156) Saidiya Hartman, *Scenes of Subjection*(New York: Oxford University Press, 1997)을 보라.

157) Vicki Schultz, "Women 'Before the Law'" in *Femisnist Theorize the Political, eds. Butler and Scott*(New York: Routledge, 1993).

158) Wendy Brown, "Freedom's silence" in *Censorship and Silencing*, ed. Robert Post(New York: Oxford University Press, 1998).

드러난)[159]과 관련해서는 능력주의, 즉 불리한 환경을 영웅적으로 극복하여 교육에서의 체계적인 제도적 차별에 대한 그 모든 분석을 이겨낸 개인들의 서사가 접근해 온다. 웬디 브라운Wendy Brown[160]이 설명하듯이 그러한 '강요된' 서사는 (a) 과연 어떤 담론 형태 하에서 하나의 주장을 정치적으로 읽을 수 있게 되는가를 결정할 뿐 아니라, 더 중요하게는 (b) **정치를 담론의 생산으로** 굳히며, '침묵'을 그 같은 담론 체제 및 그것의 규범적 효과에 대한 잠재적인 저항의 장소로 확립시키는 어떤 담론 형태를 정치화에 부과한다.[161]

검열을 중앙집권적이거나 심지어 주권적인 권력이 표현을 일방적으로 억압하는 것으로 바라보는 견해는 표현의 주체가 권력의 외부성exteriority에 의해 짐을 떠맡는다는 것을 나타낸다. 시민들이 서로에게서 표현의 자유를 박탈할 수 있는 권력을 행사한다고 단

159) 1995년 8월 20일에 캘리포니아 대학 이사회는 SP-1과 SP-2라는 두 개의 결의안을 통과시켰다. 이는 "인종, 종교, 성, 피부색, 민족, 혹은 국적을 대학의 고용이나 계약뿐 아니라 대학 입학이나 연구 프로그램 입학 기준으로 사용하는 것을 금지"하는 것이다. 이 결의안의 4장에서 이사회는 역경을 영웅적으로 극복한 일부 개인들에 대해서는 기꺼이 예외를 둔다는 것을 분명히 밝힌다. "경제적으로 혹은 그들의 사회적 환경의 측면에서 불리함을 겪었음에도 장애를 극복하는 데 있어서 신뢰를 보장하는 충분한 자질과 투지를 증명한 자들에 대해서는 고려가 주어질 것이다……."

160) (옮긴이) 웬디 L. 브라운(Wendy L. Brown, 1955~)은 버클리 캘리포니아 대학의 정치학 교수이다. 그녀는 비판 이론 내의 The Designated Emphasis(D.E.)의 핵심 교수진이기도 하다.

161) Wendy Brown, "Freedom's silences."

언하는 견해에서는 주체가 그렇게 피해자가 되지 않는다. 주체가 비하적인 말이나 재현을 통해 다른 주체를 '검열'하도록 작용하는 경우, 그런 검열 형태는 '침묵시키는' 것으로 여겨진다(랭턴). 이런 형태 속에서 그렇게 표현되는 시민은 그 시민이 명시적으로 건네받는 비하적인 언어 행위에 권위를 빼앗기기 때문에 대응할 수 있는 권력을 효과적으로 박탈당한다. 침묵은 특정한 종류의 발언의 수행적 효과로, 언어 행위를 건네받은 자의 발언의 권위를 박탈하는 것을 자신의 목적으로 가지고 있는 말 걸기가 된다. 비록 침묵시키는 말을 전하는 자에게서 제도적인 권력이 전제되고 적용되기는 하지만, 이제 그런 권력을 행사한다고 하는 자는 국가나 기타 다른 형태의 중심화된 제도가 아니라 주체가 된다. 주체는 국가 권력의 모형 위에서 설명되며, 권력의 **장소**가 국가에서 주체로 이동되기는 했지만, 권력의 일방적인 행위는 동일한 것으로 남아 있다. 권력은 주체가 주체에게 행사한다. 권력의 행사는 결국 표현의 박탈로 끝난다.

특정 종류의 표현이 검열된다는 것과 검열이 표현에 선행하는 층위에서 작동한다는 것, 즉 말할 수 있는 것과 말할 수 없는 것을 구별하는 구성적인 규범으로서 작동한다는 것은 별개의 문제이다. 정신분석학자 장 라플랑슈Jean Laplanche와 J.-B 퐁탈리스J.-B Pontalis는 억압의 검열 행위와 규범의 선제 작용을 구별했으며, 선제적인 행위를 지칭하는 방식의 하나로 '배제foreclosure'라는 용어를 제안했다. 이는 어떤 주체에 **의해** 수행되는 것이 아니라 그 작용이 주체의 형성을 가능하게 만드는 것이다.[162] '배제'는, 『옥스퍼드 영어 사전』에 따르면, 차단하는 것, 제외하는 것, 완전히 폐쇄하는 것을 의미한다.

배제는 하나의 행동으로서 어떤 주체를 전제하는 것 같지만, 그런 전제는 문법의 유혹에 불과한 것일 수 있다. 오히려 정신분석학적으로 고찰했을 때 배제는 이례적인 행동이 아니라, 되풀이되는 구조의 효과이다. 무언가가 구획bar되지만, 어떤 주체도 그것을

162) 라캉의 용어인 '배제'는 프로이트의 용어 'Verwerfung'에 대한 프랑스어 번역어로 도입된다. 프로이트에게 'Verwerfung'는 일반적으로 영어로 부인이나 거부로 번역된다. 『정신분석학 사전*Vocabulaire de la psychanalyse*』에서 장 라플랑슈와 J.-B. 퐁탈리스는 배제를 주체의 상징계 외부에 남아 있는 것에 대한 최초의 거부로 지칭한다. 이 정의는 '외부'에 대한 특별한 의미를 활용하기는 하지만, 자크 데리다가 사용한 '구성적 외부constitutive outside'의 개념에 가깝다. 이 '외부'는 주어진 상징계에 한계 혹은 외재성을 한정하는 것, 그것이 상징계로 반입된다면 상징계의 통합성과 일관성을 파괴할지도 모르는 것이다. 다시 말해 상징계로부터 외부에 놓이거나 부인된 것이 바로 **그것에 대한 배제를 통해** 상징계를 감싸는 것이다. 라플랑슈와 퐁탈리스는 배제되는 것은 억압되는 것(프랑스어로 refoulement, 독일어로 Verdrüngung)과는 구별되어야 한다고 주장한다. 배제된 것은 주체의 무의식으로 통합되지 않는다. 그것은 회상되거나 기억될 수 없으며 의식으로 이동될 수 없다. 그것은 신경증의 영역에 속하는 것이 아니라, 정신병의 영역에 속한다. 그것의 상징계로의 진입은 정신병을 위협하며, 이는 그것에 대한 배제가 상징계의 일관성을 보장한다고 말하는 것이다. 프로이트는 'Verwerfung'을 거세에 대한 공포와 관련하여 「성 이론에 대한 세 편의 에세이The Three Essays on the Theory of Sexuality」(SE, Ⅶ, 227)과 「유아 신경증의 역사The History of an Infantile Neurosis」(SE, ⅩⅦ, 85)에서 언급한다. 프로이트는 이따금 정신병에 대응하는 어떤 형태의 억압을 정의하고자 하는 반면, 라캉은 그런 형태의 억압을 구체화하기 위해 '배제'를 도입한다.

구획하지 않는다. 오히려 주체는 구획 그 자체의 결과로 출현한다. 그런 구획하기는 미리 주어진 주체에 대해 곧바로 수행되는 행위가 아니라, 주체인 그/그녀 자신이 이러한 최초의 단절의 결과로 수행적으로 생산되는 방식으로 수행되는 행위인 것이다. 잔여 혹은 잘려 나간 것은 모든 수행성에서 수행할 수 없는 것을 구성한다.

구획의 이전은 오로지 그 '이전'을 상상하는 것을 통해서만 알려질 수 있는 것, 즉 상상계 자체의 사후성, 그 좌절된 향수가 스며드는 것이다. 우리가 무엇이 혹은 누가 그런 구획bar을 수행하는가를 질문할 때, 우리는 어떤 문법적인 기대가 충족되어야 한다고 요구한다. 즉 어쨌든 우리가 질문을 던질 수 있다는 것은 질문에 답변 가능하다는 것을 전제하는 것 같다. 그런데 어떠한 문법이 질문의 가능성을 생산한 것이며, 그 문법은 어떻게 생산된 것인가? 만일 주체의 문법적인 위치가 배제의 결과라면, 우리가 그런 문법 내에서 제공할 수 있는 배제에 대한 모든 설명은 항상 설명하고자 하는 것의 결과일 것이다. 따라서 우리는 문법에 선행하는 사태가, 정의상 그 장면의 사후에 출현하는 문법 용어 내의 측면에서 설명되어야 한다고 요구한다. 따라서 질문은 그 질문을 질문을 가능하게 하는 문법의 제한 조건을 노출시킨다.

비록 배제foreclosure에 대한 정신분석학적인 사용이 대단히 복잡하기는 하지만, 검열이 '생산적'인 권력의 형태로 행위하는 방식을 재사유하는 작업을 위해, 나는 우리가 적극적으로 다른 목적을 위해서 그 용어를 부당 전유misappropriate할 것을, 그것의 적합한 의미를 부적합한 의미로 전치transpose시킬 것을 주장한다. 나는 그런 전치가 흥미로울 수 있다고 생각하기 때문이 아니라, 배제의 행위가 단지 한 번만 발생하는 것이 아니라 계속해서 발생하며, 계속된 배제 행위가 재환기시키는 것은 바로 말할 수 있는 것의 영역의 한정된 생산에 주체가 엮이게 되는 최초의 장면이기 때문에 이를 주장하는 것이다. 이는 표현의 가능성이 배제되었을 때 위험에 처해지는 주체의 감각을 설명한다.

배제의 작동은 우리가 질문하는 사례들 속에서 암묵적으로 언급된다. 즉 현재의 담론 체계들이 자신들의 권력을 계속해서 행사하려면 무엇이 말할 수 없는 것으로 남아 있어야 하는가? 법 앞의 주체는 어떻게 법 안에서 다른 가능한 발음enunciation의 장소를 배제함으로써 생산되는가? 그런 어떤 근본적인 배제가 모든 언어 행위에 가능성의 조건을 제공하는 한, "텍스트를 검열하지 않는 것은 필연적으로 불완전하다"라는 결론이 뒤따르게 된다. 다른 어떤 표현이 허용 불가능하게 되지 않고서는 어떠한 표현도 허용될 수 없다는 가정 위에서 검열은 허용할 수 있는 표현과 허용할 수 없는 표현의 구별을 강제함으로써 표현을 허용하는 것이다. 배제로 이해되는 검열은 말할 수 없는 것을 생산함으로써 담론적 체제를 만들어 낸다.

말하는 사람은 그런 배제의 결과이기는 하지만, 주체가 절대로 완전히 혹은 전적으로 그런 효과로 환원되는 것은 아니다. 말할 수 있는 것의 경계에서 말하는 주체는 말할 수 있는 것과 말할 수 없는 것의 구분을 다시 긋는 위험을 감수하고, 말할 수 없는 것으로 내쫓기게 될 수 있는 위험을 감수한다. 주체의 행위능력은 주체의 소유물, 내재적인 의지나 자유가 아니라 권력의 효과이기 때문에, 그것은 제약되기는 하지만, 미리 결정되는 것은 아니다. 주체가 일련의 배제를 통해서 표현 내에서 생산된다면, 이러한 근본적이고 형성적인 한계는 주체의 행위능력을 위한 장면을 설정한다. 행위능력은 그런 배제의 조건 아래 가능해진다. 이는 주권 주체, 즉 타자에게 권력을 도구적으로 항상 행사하는 자의 행위능력이 아니다. 탈-주권 주체의 행위능력으로서 그것의 담론적인 작용은 미리 경계delimit지어지지만, 또한 추가적이며 예측되지 않는 경계delimitation에 열려 있는 것이기도 하다. 배제 행위는 최종적으로 발생하는 것이 아니기 때문에, 자신의 권력과 효과를 공고화하기 위해 반복되어야만 한다. 구조는 오로지 구조로 복원됨을 통해서만 구조로 남는다.[163] 따라서 발언 가능한 것의 영역 내에서 말하는 주체는 자신이 의존하는 배제를 재적용reinvoke하고, 따라서 그것에 재의존한다. 그러나 이러한 재적용은 기계적인 것도 의도적인 것도 아니다. 오히려 주체는 이러한 배제로부터 도구적인 거리를 두고 떨어져 있지 않다. 재적용되는 것은 또한 재적용이 취

163) 여기서 나는 나의 단서를 데리다의 영향력 있는 논문 "Structure, Sign, and Play in the Discourse of the Human Sciences," in *Writing and Difference*, tr. Alan Bass(Chicago: University of Chicago Press, 1978), pp. 278-294에서 취한다.

하는 형태가 재환기가 전제된 형태로 환원되지 않는 순간에조차 재적용의 가능성을 토대짓는 것이기도 하다. 주체는 절대로 완전히 자기 자신의 것이 아닌 언어를 말하지만, 그 언어는 오로지 그런 반복된 적용의 사건들을 통해서만 지속될 뿐이다. 그 언어는 자신의 시간적인 삶을 오로지 자기 자신의 가능성의 조건을 재적용하고 재구성하는 발언들 내에서만 그리고 발언들을 통해 획득한다.

비판적인 작업은 마치 법이 표현의 외부인 것처럼, 그리고 마치 표현이 자유를 위한 특권적인 장소인 것처럼 단지 법에 '맞서서' 말하는 것이 아니다. 만일 표현이 검열에 의지하고 있다면, 우리가 대항하고자 할지 모르는 그 원칙은 동시에 대항적인 표현의 형성적인 원칙이기도 하다. 그런 선분들을 다시 긋지 않고서는 배제가 그은 선분들에 대한 대항은 없다. 그러나 이는 행위능력에 있어서 막다른 골목이 아니라, 시간적인 역동성과 독특한 구속력을 갖는 약속인 것이다. 표현의 전제들에 의해 어디에서도 암시되지 않은 언어의 미래를 생산하기 위해 그런 전제들을 활용할 수 있는 가능성이 남아 있다.

표현의 주체를 형성하는 것에 관여하는 것으로 대체로 해석되는 검열에 대한 견해는 우리에게 검열 문제를 어떻게 결정하는 것이 최선인지를 알려주지 않는다. 그 견해는 검열의 부당한 사례들과 부당하지 않은 사례들을 구분할 수 있는 기준을 제공해 주지 않는다. 오히려 그것은 그 같은 기준적인 논의가 의지하고 있는 일련의 전제에 대한 분석을 제공해 준다. 그런 규범적인 호소들이 타당하게 이루어질 수 있는 경계뿐 아니라 검열의 근절 능력의 한계 이해하기 위해서는 누군가가 '검열'(실은 검열의 정의 속에서 '검열된' 것)로 무엇을 의미하는가를 인식하는 것이 중요하다. 게다가 우리가 '규범'으로 의미하는 것은, 표현의 영역은 설명 가능성에 선행하는 규범들을 통해 구성되며 형성된다는 것을 우리가 인정하자마자 불가피하게 변경된다. 우리는 먼저 다양한 검열의 관행에 대한 설명을 제공해야 하며 규범적인 원칙들에 대한 의지를 통해 그 원칙들 중에서 결정을 해야 한다고 주장하는 것에 익숙해 있다. 그러나 만일 우리의 기술이 말할 수 있는 것(그리고 그 내부에서 설명 가능한 것)의 영역을 확립시키는 어떤 배제를 통해 그 자체로 미리 규범적으로 구성되는 것이라면, 검열을 이런 식으로 바라보는 것은 규범성의 권력을 우리가 어디에서 어떻게 인식하는가를 재사유하는 것임을 의미하게 된다.

무엇을 할 것인가에 대한 모든 결정은 완전히 반대하거나 근절할 수 없는 검열의 과정에 연루될 것이다. 이런 점에서 검열은 행위능력을 위한 조건인 동시에 그것의 필연적인 한계이다. 이러한 역설은 결정의 가능성을 부인하는 것이 아니라, 행위능력이 권력에 연루되어 있다는 것을 단지 나타낼 뿐이다. 따라서 결정은 오로지 최종적으로 결정되지 않은 결정된 영역의 조건 위에서만 가능해진다. 누구도 수행하지 않은 이러한 앞선 결정은 행위능력을 배제하는 것이 아니라, 행위능력을 우선 가능하게 만드는 배제를 구성한다.

정치적인 언어 행위

은폐된 검열 작용은 정의상 설명하기 어렵다. 만일 테일러와 부르디외가 주장하듯이 은폐된 검열 작용이 육체적인 이해 안에서 작동한다면, 우리는 어떻게 언어적인 이해가 육체적으로 작용하는지를 이해하게 되는가? 만일 검열이 행위능력의 조건이라면, 우리는 어떻게 언어적인 행위능력을 가장 잘 이해할 수 있을까? 수행문의 '힘'은 어디에 있으며, 그것은 어떻게 정치의 일부로 이해될 수 있는가? 피에르 부르디외는 수행문의 '힘'은 사회적 권력의 효과이며, 사회적인 권력은 기존 권위의 맥락들과 그것들의 검열 도구들을 통해 이해되어야 한다고 주장한다. 이러한 수행문의 힘에 대한 사회적 설명에 반대하면서, 데리다는 발언을 과거의 기존 맥락들과 단절시키는 것이 발언의 '힘'에 해당한다고 주장한다.

서장에서 나는 언어 행위는 몸의 행위이며, 수행문의 힘은 육체적인 힘과 절대로 완전히 분리될 수 없다고 주장했다. 즉 이는 '위협'을 육체적인 동시에 언어적인 언어 행위의 결합chiasm으로 구성했다. 언어 행위 이론에 대한 펠만의 기여는 표현이 육체적인 행위이기 때문에 자신이 말하는 것을 항상 '알고 있는' 것은 아니라는 것을 강조한다. 다시 말해 표현의 육체적인 효과는 화자의 의도를 넘어서며, 언어 행위 자체가 육체적인 힘과 정신적인 힘의 결합이라는 문제를 제기한다. 앞의 논의에서 나는 수정된 의미로서의 배제foreclosure는 주체를 개시하거나 **형성**하며, 말할 수 있는 담론의 한계를 주체가 생존할 수 있는 한계로 한정한다고 언급했다. 배제는 주체에 대한 규범적인 생산이 주체를 검열하는 명시적인 행위에 앞서서 발생한다는 것을 암시한다. 그리고 이는 푸코적인 의미에서 생산적 권력의 양상으로 인식되어야 한다. 문제는 여기서 출현한다. 즉 표현을 지배하는 규범이 어떻게 몸에 거주하게 되었는가? 게다가 발언 주체를 생산하고 규제하는 규범들은 어떻게 주체의 체화된 삶 속에 또한 거주하거나 이를 세공하고자 하는가?

피에르 부르디외는 규범들이 어떻게 체화되는지에 대한 하나의 설명을 제공하여, 규범이 몸의 아비투스Habitus, 즉 몸짓과 태도의 문화적 양식을 세공하고 구축한다고 주장한다. 최종 논의에서 나는 부르디외가 규범의 비의도적이며 비고의적인 방식이 발생하는 방식에 대한 가능성 있는 설명을 어떻게 제공하는가를 보여 주고자 한다. 그러나 부르디외가 인식하지 못하는 것은 표현 내의 육체적인 것이 어떻게 자신을 규제한 규범들에 저항하며 규범들을 교란하는가이다. 더욱이 그는 육체적인 표현의 암묵적 수행성, 즉 아비투스의 수행성을 무시하는 정치적 담론의 수행성에 대한 견해는 제공한다. 언어 행위에 대한 그의 보수적인 설명은 수행문에 권위를 부여하는 관습들이 이미 제자리에 있다는 것을 가정하며, 따라서 발언이 수행하는 맥락과의 데리다적인 '단절'을 설명하지 못한다. 그의 견해는 말할 수 없는 것을 말하는 것이 생산하는 관습에서의 위기를, 즉 검열된 표현이 '공식적 담론'에 출현하여 그 수행문을 예측할 수 없는 미래로 개방할 때 그것이 갖는 반란적인 '힘'을 고찰하지 못한다.

피에르 부르디외는 "관습의 양상들은 은밀하고 교활하고 끈질기고 교묘하기 때문에 강력하며 저항하기 힘들다"고 적는다. 그는 이를 통해 그가 의도하는 바를 많은 저서들 속에서, 어쩌면 가장 구체적으로는 그의 논문 「검열과 형식의 강제Censorship and the Imposition of Form」에서 분명히 밝힌다.[164] 거기서 그는 전문화된 언어, 실은 학계의 전문화된 언어에 대하여 적고 있으며, 그것들은 검열 뿐 아니라 또한 일상언어적 용례에 대한 침전과 왜곡—그의 표현을 사용하자면 '완곡어법 전략'—에 기반을 두고 있다고 주장한다. 부르디외는 하이데거의 저서에 집중하면서 하이데거의 언어가 일상언어와 단절했다는 환영을 생산하는 전략에 지속적으로 관여한다고 주장한다. 정당성의 규범들은 서로 체계적인 관련을 갖는 듯 보이는 비일상언어적인 낱말들의 적용을 통해 확립된다. 부르디외는 "이런 식으로 일단 변형되고 되면 그 낱말은 왜곡된 의미를 갖기 위해 자신의 사회적 정체성과 일상언어적인 의미를 상실한다"(142)고 적는다. 그는 "모든 말은 진정으로 존재론적인 의미와 일상적이고 범속한 의미를 분리시키는 지울 수 없는 단절의 흔적을 갖고 있다"(144)고 적는다. 그는 철학적인 담론은 성

164) Pierre Bourdieu, *Language and Symbolic Power*, ed. John B. Thompson, tr. Gino Raymond and Matthew Adamson(Cambridge, Mass.: Harvard University Press), 1991, pp. 137-162.

스러운 지식과 세속적인 지식 간의 구별에 의존하고 있다고 주장할 뿐 아니라, 그런 구별을 성문화하는 것이 그 지식의 신성한 실천 사례임이 틀림없다고 주장한다.

그러나 부르디외의 작업은 우리를 일상적인 발언 행위의 세계로 단순히 되돌리는 것이 아니다. 그는 하이데거의 담론이 제도화한다고 할 수 있는 분열split에 대한 이론적인 재구성을 우리에게 제공하며, 일상언어를 근본적이고 환원 불가능한 것처럼 대하는 것을 거부한다. 그의 견해에서 일상언어는 "정치적으로 주조된다." 즉 "(사회적 집단들 간의) 객관적으로 정치적인 대립의 원칙들은 일상언어 속에 기록되며 보존된다."

부르디외에 따르면, 철학적 담론은 분명 스스로 일상언어에 대항하고, 일상언어는 집단들 간의 정치적이고 사회적인 대립들에 의해 구성되며, 후자는 객관적인 장field으로 여겨지는, 그가 시장market이라 일컫는 것에 의해 부분적으로 구성된다.[165] 일상언어는 사회적인 대립들을 기록하고 보존하기는 하지만 그렇게 투명한 방식으로 순조롭게 기록하고 보존하는 것은 아니다. 대립들은 일상언어 내부에 퇴적되며 그것들을 어쨌든 인식하기 위해 퇴적 과정에 대한 이론적 재구성은 불가피하다. 하이데거의 것과 같은 철학적 담론은 따라서 일상언어와도, 사회적 대립들이 거기에 퇴적

165) (옮긴이) 장field: 자체 규칙, 지배 체계, 정당한 의견이 있는 구조화된 사회 공간. 부르디외는 계급의 관점에서만 사회를 분석하는 대신, 장 개념을 사용한다. 예를 들어 현대 사회의 장은 예술, 교육, 정치, 법률 및 경제를 포함한다.

되는 방식을 이론적으로 재구성할 수 있는 가능성과도 거리가 멀다. 또한 철학적 담론은 계급적 대립을 반복하지만, 굴절된 방식으로 반복한다. 즉 철학은 일상언어에 반대함으로써, 일상언어 속에 퇴적되고 일상언어가 배제한 바로 그 사회적 대립들을 어렴풋이 재연하는 일련의 계급적인 대립에 참여한다.

부르디외는 일상적 용법과 철학적 용법 사이의 이런 분열에 대한 이론적인 재구성을 지지한다. 그는 이런 점에서 자신이 수행하는 일상언어와의 단절을 인정하지 못하는 초지성주의에 반대하지만, 그는 그가 개괄하는 일상적인 것과 철학적인 것 사이의 분열에 대한 이론적인 설명을 제공해 주지 못하는 반지성주의에도 또한 반대한다.

최근 미국 문화 정치 내에서 검열의 족쇄를 벗어 던지고 좀 더 즉각적이며 직접적인 형태의 담론으로 되돌아가는 것이 합당하다는 취지의 몇몇 견해가 제안되었다. 문학적이고 문화적인 연구 내부에서 최근 우리는 개인적인 목소리로 되돌아가는 것을 목격했을 뿐 아니라, 검열의 힘이 적극적이고 지속적으로 약화되고 있다는 증거의 징후로서 거의 강제적인 과도한 정서의 생산을 목격했다. 이런 표현들이 급속히 포괄적이고 예측 가능하게 되는 것은 좀 더 은폐된 형태의 검열이 그런 표현들이 생산되는 장소에서 작동한다는 것을 나타내며, 규칙을 파괴하는 정서로 추정되는 것에 접근하지 못했다는 것은 특정한 은폐된 규칙들, 즉 문화적 삶의 '해방적인' 가능성들을 지배하는 규칙들을 따르지 못했다는 것을 나타낸다.

반지성주의가 검열 반대에 대한 반작용이 될 때, 그리고 학문적인 언어가 일상적인 것, 육체적인 것, 그리고 친숙한 것에 접근하려는 노력으로 스스로 해체하고자 할 때, 그런 표현들 속에서 작동하고 있는 성문화codification의 관습은 더욱더 은밀하게 되고 더욱더 읽기 힘들어진다. 분명하게 포착하기 어려운 지성주의적인 언어가 검열에 대한 대안이 되기 때문에 종종 낭만화되고 실체화되는 일상언어 개념으로 대체하는 것은 검열의 형성적 권력뿐 아니라 그것의 전복적인 효과들을 고려하지 못한다. 잠재적으로 유익한 결과를 갖는, 담론에 대한 탈맥락화와 재맥락화가 발생하기 위해, 지성주의적인 언어가 수행하는 일상적인 담론과의 '단절'이, 꼭 완전할 필요는 없다. 일상적인 것과 비일상적인 것 사이의 놀이play는 발언 가능성과, 따라서 주체의 생존 가능성의 한계들을 유지시키는 금지들을 재기술하고 재작업하는 과정에 핵심적이다.

정치적 담론에 있어서 언어오용catachresis의 효과는 오로지 특정한 방식으로 전통적으로 의미화되었던 용어가 다른 종류의 목적을 위해 전유될 때에만 가능하다.[166] 예를 들면 '주체'라는 용어가 주권성과 인식론적 투명성에 너무 얽혀 있는 것처럼 보일 때, 그 같은 용어를 더 이상 사용할 수 없다는 주장이 만들어진다. 그럼

166) Gayatri Chakravorty Spivak, "In a Word. Interview" with Ellen Rooney, in *differences: A Journal of Feminist Cultural Studies*, vol. 1: no.2(summer, 1989), pp. 121-156를 보라.

에도 이를테면 탈주권적인 맥락에서 그 같은 용어를 재사용하는 것은, 그 용어가 불러오는 확고했던 맥락의 의미를 동요시키는 듯하다. 데리다는 이러한 재기입reinscription으로서의 가능성을 언급한다. 모더니티의 핵심적인 용어는 재기입과 이 장의 끝 부분에서 되돌아갈 어떤 역설에 취약하다. 요약하자면 나의 요지는 이렇다. 즉 비일상적인 의미를 획득하는 그런 용어들의 능력이 그 용어들의 지속적인 정치적 가능성을 구성한다는 것이다. 나는 그런 적용의 반란적인 잠재력은 그것들이 일상적인 의미와 비일상적인 의미 사이에서 생산하는 단절에 있다고 주장하고자 한다. 나는 반란적인 행위의 표현인 적용이 있다는 것을 보여 주기 위해, 언어 행위를 제도의 의례로 간주하는 부르디외의 견해를 차용하고 이를 떠나고자 한다.

그러나 그런 언어 행위를 설명하기 위해 우리는 언어를 그 발언이 모방적으로 관련되는 '사회적 지위'에 의해 미리 기능적으로 보장되는 고정적이며 폐쇄된 체계가 아닌 것으로 인식해야만 한다. 발언의 권력과 의미는 과거의 맥락이나 '지위'가 전적으로 결정하지 않는다. 오히려 발언은 자신이 수행하는 맥락과의 단절로 인해 자신의 권력을 획득한다. 과거의 맥락 혹은 일상적인 용법과의 그 같은 단절은 수행문의 정치적 운용에서 매우 중요하다. 언어는 일상적인 것 안에, 그리고 일상적인 것으로서 퇴적된 것에 대항하기 위해 비일상적인 의미를 취한다.

부르디외는 특정한 지성주의가 '문학 기호학'이나 '언어학적 형식주의'의 이름 아래 발생함으로써, 스스로의 이론적 구성을 사회적 현실에 대한 타당한 기술로 오해한다고 주장한다. 부르디외에 따르면 이런 지성주의적 기획은 합법적인 학계의 제도 내에서 자신이 차지하는 사회적 권력의 지위를 오해할 뿐 아니라, 자신이 참여하는 텍스트적인 실천의 **언어적** 차원과 **사회적** 차원 간의 중대한 차이를 분간하지 못한다. 비록 부르디외는 '문학 기호학'의 이름 아래 누구의 지적인 입장을 그가 비판하고 있는지를 상세히 설명하지는 않지만, 그는 오스틴의 수행문 이론에 대한 자크 데리다의 「서명, 사건, 맥락Signature, Event, Context」에서의 독해와 무언의 투쟁에 관여하는 듯 보인다.

부르디외와 데리다는 모두 수행적인 발언에 '힘'을 부여하는 것, 즉 언어적인 발언에 자신이 말하는 것을 행하거나 자신이 말하는 것의 결과로 일련의 효과들을 가능하게 하는 권력을 부여하는 것의 좀 더 분명한 윤곽을 그리기 위해서 오스틴을 읽는다. 오스틴은 발언내행위적인 수행문은 자신의 힘이나 효력을 기존의 관습에 대한 의지를 통해 이끌어 낸다는 것을 분명히 한다. 일단 관습이 정해지고, 수행문이 관습적 공식에 참여한다면—그리고 모든 상황들이 적절하다면—말은 행동이 된다. 세례는 수행되고, 용의자는 체포되며, 이성애 커플은 결혼한다. 오스틴에게 관습은 안정적인 듯 보이며, 그런 안정성은 관습들이 시간이 흘러 퇴적된 안정적인 사회적 맥락 속에 반영된다. 이 '이론'의 사회적 맥락에 대한 빈약은 부르디외에 의해 비판받는다. 이 이론이 언어 자체를 포함하고 있기는 하지만 그에 제한되지 않는 사회적 제도라는 권력에 대한 설명을 제공하지 않고 그것을 가정하기 때문이다. 오스틴 설명의 초기 형식주의에 반대하려는 노력의 일환으로 부르디외는 "오스틴(그리고 그를 잇는 하버마스)이 가장 완성된 형태로 표현한 오류의 본질"에 대해 기술한다.

> 그는 그가 담론 자체 내에서—다시 말해 구체적으로 표현의 언어적 실체 내에서—표현의 효력에 대한 핵심을 발견했다고 생각한다. 언어적인 표현manifestation의 권력을 언어학적으로 이해하고자 함으로써, 제도 언어의 논리와 효력의 기저를 이루고 있는 원리로 언어를 바라봄으로써, 우리는 권위authority는 외부로부터 언어로 온다는 것을 망각한다. 언어는 기껏해야 이런 권위를 **재현**하는 것이며, 권위를 나타내고 표현하는 것이다.(109)

그렇다면 부르디외에게, 작동하는 수행문과 실패하는 수행문의 구별은 말하는 자의 사회적 권력과 전적으로 관련이 있다. 정당한 권력을 부여받은 자는 언어를 행위하게 만든다. 그러나 적법한 권력을 부여받지 못한 자는 동일한 공식을 읊조릴 수는 있지만, 효과를 생산하지 못한다. 전자는 적법하지만, 후자는 사기꾼이다.

그러나 사기꾼과 진정한 권위를 구별하는 확실한 방법이 있는가? 그리고 발언이 둘 사이의 모호함을 강요하는 순간들, 거기에서 발언이 기존의 정당성의 근거에 의문을 제기하는 순간들, 발언이 정당성의 측면에서 발언 그 자체의 **결과**eff ect[167]로서 어떤 변화를 수행적으로 낳는 순간이 있는가? 부르디외는 예배식 의례의 사례들을 제공하며 예배식의 발언 조건과 그 예배식을 거짓이 되게 하는 공식 안에서의 변화들의 몇몇 사례들을 제공한다. 그러나 무엇이 옳은 의례이며 틀린 의례인가에 대한 그의 판단은, 정당한 형태의 예배식 의례가 이미 확립되어 있고 새로운 형태의 정당한 적용은 오래된 것을 변형하고 대체하지 못할 것이라고 가정한다. 사실상 예배식의 위반infringement을 수행하는 의례도 여전히 미래적 형태에 있어서 예배식일 수 있다.

부르디외의 이론은 특정한 수행적 힘이 관습적인 공식을 비관습적인 방식으로 되풀이하는 것에서 기인한다는 것을 인식하지 못한다. 따라서 그의 예시는 의미가 있는 것이다. 그런 의례에 대한 재의미부여의 가능성은 공식이 자신의 원래의 맥락과 단절하여 자신이 전혀 의도하지 않았던 의미와 기능을 떠맡을 수 있는 과거의 가능성에 기초하고 있다. 사회 제도를 고정적인 것으로 만듦으로써, 부르디외는 사회 변혁의 가능성을 좌우하는 반복 가능성의 논리를 파악하지 못한다. 틀리거나 잘못된 적용을 **재반복**reiterations으로 이해함으로써, 우리는 사회 제도의 형태가 어떻게 변화와 수

167) (옮긴이) 동사 eff에는 '금기어(F-word)를 말하다'라는 뜻이 있다. 여기서 버틀러는 발언의 '결과(발언효과행위)'라는 뜻과 더불어 '금기어를 말하는 것'이라는 뜻을 중의적으로 쓰기 위해 eff ect라고 표기한 듯 보인다.

정을 겪는지, 그리고 과거의 정당성 없는 적용이 어떻게 현존하고 있는 형태의 적법성에 도전하여 미래의 형태라는 가능성을 부수어 여는 효과를 가질 수 있는지를 알게 된다. 로자 파크스Rosa Parks가 버스의 앞좌석에 앉았을 때, 그녀는 그렇게 행할 수 있는 과거의 권리를 갖지 못했다. 남부의 인종분리적인 관습 때문에 보장받지 못했기 때문이다. 그럼에도 그녀가 과거의 권위를 갖지 못했던 그 권리를 요구함으로써 그녀는 그 행위에 어떤 권위를 부여했으며, 기존의 확립된 정당성 규범을 전복시키는 반란적인 과정을 시작했다.

의미심장하게도 부르디외가 보지 못한 수행문의 반복 가능성iterablility은 데리다가 제공하는 오스틴 독해를 선취한다. 데리다에게 수행문의 힘은 자신의 탈맥락화로부터, 즉 기존 맥락과의 단절 및 새로운 맥락을 떠맡는 능력으로부터 도출된다. 그는 어떤 수행문은 그것이 관습적인 한 작동하기 위해서는 되풀이되어야 한다고 주장한다. 그리고 이러한 반복은 공식이 스스로 이후의 맥락들 속에서 계속해서 작동한다는 전제하며, 나는 그것이 어떤 맥락이나 다른 맥락 속에서 항상 발견되는 순간에조차 특정한 맥락에 구속되지 않는다고 덧붙이겠다. 맥락의 '한정 불가능성'은 우리가 수행할 수 있는 맥락에 대한 모든 규정이 그 자체로 추가적인 맥락화에 종속된다는 것을, 맥락은 단일한 형태로 정해지지 않는다는 것을 의미한다. 이는 우리가 맥락을 규정하려는 모든 노력을 중단해야 한다는 것을 의미하지 않는다. 이는 단지 그러한 모든 규정이 잠재적으로 무한한 수정에 종속된다는 것을 의미할 뿐이다.

부르디외는 발언이 반복 가능성의 논리를 실행함으로써 과거의 맥락과 단절할 때 발언이 생산하는 특정한 권력을 이론화하지 못한다면, 데리다는 그 어떤 사회적 맥락들과 그 모든 의미론에 대한 고려들로부터 상당히 떨어져 있다고 주장하는 수행문의 표면상의 '구조적' 특징들에 주목한다. 수행적인 발언은 문자로 쓰여진 부호와 동일한 논리에 따라 작동한다. 데리다에 따르면 이는 기호로서 "자신의 맥락과 단절할 수 있는 힘을 보유하고 있다. 그 파열력force de rupture은 우연적인 속성이 아니라, 문자로 쓰여진 텍스트의 구조이다."(9) 동일한 페이지의 후반부에서 데리다는 파열력을 공백, 혹은 반복 가능성이 도입하는 간격과 연결시킨다. 기호는 반복할 수 있는 것으로, 자신의 생산이나 기원으로 추정되는 것에서 잘려 나간, 차이를 갖는 부호이다. 데리다가 주장하듯이 기호가 자신의 기원으로부터 "잘려 나간" 것인가 아니면 기원에 느슨하게 연결된 것인가는, 기호의 기능이 본질적으로 기호 사용의 축적에 관련되는가 아니면 기호의 기능이 본질적으로 자신의 역사성으로부터 자유로운가 하는 질문을 제기한다.

데리다의 설명은 기호의 구조적 작동의 상대적 자율성을 강조하는 경향이 있으며, 수행문의 '힘'을 자신의 기호로서의 반복 가능성을 존속시키기 위하여 자신의 이전 맥락과 단절해야만 하는 모든 기호의 구조적 특징으로 규정한다. 수행문의 힘은 따라서 과거의 사용에서 물려받는 것이 아니라, 그 모든 과거의 사용과의 단절로부터 나온다. 그러한 단절 즉 파열력이 수행문의 힘이며, 모든 진리나 의미에 대한 물음을 넘어선다. 데리다는 언어의 구조적인 차원을 의미론에 대립시키며 사회적인 잔여물이 명백히 정화된 구조적인 것의 자율적인 작동을 설명한다. 수행문은 "자신의 구조에 있어서 반복적이거나 인용적인 것이다"(17)라고 기술하면서, 그는 반복 가능성을 사회적 관습으로서의 언어의 기능으로 보는 오스틴적인 설명에 분명히 반대한다. 데리다에게 관습 특유의 반복 가능성은 모든 사회적인 것에 대한 고려와 분리될 수 있는 듯 보이는 구조적인 지위를 가진다. "산종dissemination은 다의성으로 환원 불가능하다"는 것은, 기호의 산종은 문자소graphematic적인 기호로서, 다양한 의미를 담을 수 있는 기호의 능력으로 환원되지 않는다는 것을 의미한다. 따라서 산종은 의미론적인 층위가 아닌 구조적인 층위에서 발생한다.

"불운한 사태infelicity는 의례적이거나 관례적인 일반 특징을 갖는 **모든** 행위, 즉 모든 **관습적인** 행위가 물려받는 어떤 병폐이다"라는 오스틴의 주장에 응하여 데리다는 (차이를 가지고 공식의 반복을 실행하면서) 수행문에 대한 아래의 재정초를 통해 응답한다.

> 오스틴은 이 지점에서 언어 행위 그 자체에 해당하는 것에 내재하고 있는 어떤 관습성이 아니라 단지 발언의 **상황**을 이루고 있는 관습성만을, 즉 발언의 맥락적인 환경만을 고려하는 것 같다. 이 모든 것

> 은 '기호의 자의적인 본성'이라는 문제의 규정 아래 재빨리 요약될 수 있다. 이는 그 어려움을 확장시키고, 악화시키며, 과격하게 만든다. '의례'는 어떤 개연적인 사건이 아니다. 그것은 **반복 가능성**으로서, 모든 기호의 구조적 특징이다.(15)

만일 반복 가능성이 모든 기호의 구조적인 특징이라면, 자신의 고유한 반복 가능성이 없는 기호란 없다. 다시 말해 하나의 기호가 기호이기 위해서는, 그것은 반복될 수 있어야 하며, 그런 반복 가능성을 자연히 필연적이며 근본적인 특징으로 가져야 한다. 같은 논문의 앞 부분에서 데리다는 "수행문의 경우, 의사소통이란 기호의 추동력impetus을 통하여 힘을 소통시키는 것과 마찬가지다"(13)라고 주장한다. 이런 힘은 맥락과의 단절, 즉 공식이 자신이 출현하는 모든 구체적인 맥락으로부터 구조적인 독립성을 확립시키는 상황과 관련된다. '힘'은 부르디외가 주장하듯이 언어의 외부에 있는 조건들로부터 도출되지 않으며, 문자소적인 기호의 반복 가능성으로부터 발생한다는 것이다.

수행적인 효과들은 의미나 진리에 대한 질문들과는 구별되는 힘과 연결된다는 것에 주목하면서, 데리다는 "소통의 개념을 습관적으로 지배하고 있는 의미론적인 지평은 글쓰기의 개입에 의해 초과되거나 분열된다"고 말한다. 이어서 그는 우리가 위에서 간략하게 고찰했던 구절을 추가한다. "**다의성**으로 환원 불가능한 **산종**에 의해."(20) 이런 공식에서는 의미론과 구조가 항상 그리고 오로지 엇갈리는 목적을 가지고 작동하는 듯 보인다. 이러한 '항상 그리고 오로지'는 어떻게 옹호될 것인가? 구조적인 것이 의미론적인 것을 넘어서고 이를 반대하는 이처럼 엇갈리고 곤혹스러운 관계의 영속성은 무엇이 보장하는가? 그리고 의미론적인 것은 항상 구조적인 것에 의해 엇갈리고 패배하는가? 혼란의 관계에 대한 어떤 구조적 불가피성, 즉 이런 구조나 혹은 의미론을 근거 짓는 어떤 구조가 있을까?

만일 우리가 반복 가능성의 논리를 통해 사회적인 논리를 생각하자는 요구를 진지하게 받아들인다면 문제는 중요한 듯하다. 다양한 정치적인 장면—혐오 발언, 십자가 소각, 포르노그래피, 동성애자의 자기-선언—으로부터 수행문의 문제를 접근하는 것은, 언어 행위의 형식 구조로 추정되는 것에 기초하여 언어 행위의 작동을 일반화하는 것 이상을 행하는 언어 행위에 대한 독해를 하게끔 한다. 만일 수행문이 수행할 수 있거나 데리다적인 용어로 수행**해야만** 하는 맥락과의 단절이 모든 '기호'가 자신의 문자소적인 구조로 인해 수행하는 어떤 것이라면, 모든 기호와 발언이 이런 실패에 의해 똑같이 시달림을 받게 되는 것이며, 특정한 발언들은 어떻게 다른 발언들보다 좀 더 쉽게 과거의 맥락들과 단절하는지, 혹은 특정 발언들은 어째서 자신들이 행하는 상처를 줄 수 있는 권력을 실행하게 되는 반면 다른 발언들은 전혀 실행하지 못하는지를 묻는 것은 무의미하게 된다. 부르디외는 어떤 수행문은 기존의 맥락과 단절할 수 있고 새로운 맥락을 떠맡아 정당한 발언의 조건들을 재형태화하는 방식을 고려하지 못하는 반면, 데리다는 그런 단절을 모든 발언과 모든 성문화될 수 있는 문자화된 기호의 구조적으로 불가피한 특징으로 설치하는 듯하며, 따라서 강압적인 발언에 대한 사회적 분석을 마비시킨다. 우리는 이제 발언의 사회적 반복 가능성에 대한 설명에 도달해야 한다.

오스틴이 모든 관습적인 행위들은 불운한 사태에 종속되며 "모든 관습적인 행위들은 실패에 노출되어 있다"고 적었을 때 그는 실패의 조건들을 부분적으로 상황적인 것으로 고립시키고자 했다. 그러나 데리다는 언어 행위 그 자체에 고유한 어떤 관습성과 실패, 기호의 자의성과 동등한 실패의 위험이 있다고 주장한다.(15) 오스틴에게 '관례ritual'와 '의례ceremonial'라는 용어로 강화된 관습convention의 의미는 데리다에서 언어적 반복 가능성으로 완전히 변형된다. 즉 이데올로기가 어떤 관례라는 알튀세르의 정의에서도 출현하는 관례라는 사회적으로 복잡한 개념은, 사회적 의미가 없는 것으로 표현된다. 관례의 반복적인 기능은 관례의 사회적인 운용으로부터 추상되어 모든 기호들에 내재하는 구조적 특징으로서 확립된다.

한편 부르디외는 '관습'의 '관례'적 의미를 확장하고자 하며 수행성의 시간성이나 논리에 대한 모든 고려를 배제한다. 그는 언어적인 권력의 원천을 좀 더 근본적으로 외부화하기 위해 관례를 '시장'이라는 사회적인 장 내부로 맥락화하고자 한다.

수행문이 범하기 쉬운 오스틴적인 '불운한 사태infelicities'는 따라서 매우 다르게 상상된다. 즉 데리다에게 수행문은 자신의 반복 가능성의 조건으로 인해 실패하는 것이 틀림없으며, 부르디외에게 수행문은 적절한 사회적 권력의 표현이 뒷받침하지 않기 때문에 실패한다. 데리다는 수행문의 실패가 수행문의 가능성을 위한 조건이라고, 즉 "그 출현의 권력과 법"이라고 주장한다.(17) 수행적인 발언들은 잘못될 수 있으며 부당 적용misapply되거나 부당 인용misinvoke될 수 있다는 것은, 수행적인 발언의 '적절한' 기능에 핵심적이다. 이런 사례들은 항상 뒤틀어질 수 있는 보다 일반적인 인용 가능성을 구체화하며, 모방적인 예술이 수행하는 '사칭'에 의해 활용된다. 사실 모든 수행성은 신뢰할 수 있는 '권위'의 생산에 의지하고 있으며, 따라서 단지 스스로의 과거 사례들에 대한 반복이자 원래의 사례에 대한 상실일 뿐 아니라, 그 인용 가능성이 목적 없는 모방의 형태를 취하는 것이다. 수행문의 사칭은 따라서 수행문의 '정당한' 작동에 핵심적이다. 즉 모든 신뢰할 수 있는 생산물은 정당성의 규범을 따라 생산되는 것이 틀림없으며, 따라서 그런 규범들과 동일하게 되지 못하고 규범 그 자체로부터 멀리 떨어져 있는 것이 틀림없다. 적법성의 수행은 신뢰할 수 있는 정당한 것을 생산하는 것이며, 정당한 것을 가능하게 만드는 간격을 분명히 좁히는 것이다.

부르디외는 모든 불발misfire이나 부당 적용misapplication은 어떤 수행문이 작동하는 사회적 조건을 강조하며, 그러한 사회적 조건들을 표현하는 방식을 우리에게 제공한다고 주장한다. 부르디외는 과도하게 형식적인 해석을 제공한다는 이유로 '문학 기호론'이라는 이름 아래 데리다를 비난하지만, 부르디외는 수행문의 변화 가능성을 희생하는 대가로 수행문의 사회적 차원을 증폭시킨다. 그리하여 역설적으로 데리다의 공식은 아직 오지 않은 맥락들을 개시할 수 있는 가능성을 가지고 과거의 맥락들과 단절하는 변화와 관련하여 수행성을 사유할 수 있는 방식을 제공한다.

그러나 무엇이 수행문의 '힘'을 이루는가에 대한 질문에는 두 공식 모두 충분히 답변하지 못한다. 비록 두 견해가 함께 고려된다면, 언어 행위에 대한 사회적 반복 가능성의 이론으로 몸짓하기는 하지만 말이다. 언어 행위의 '힘'은 토니 모리슨과 쇼샤나 펠만이 표현했듯이, 육체적인 행위로서의 표현의 지위와 전적으로 관련을 맺고 있다는 것을 상기하는 것이 온당하다. 발언은 글쓰기와 같지 않다는 것은 분명한 것 같다. 몸이 글쓰기와는 다른 방식으로 표현에서 현전하기 때문이 아니라, 몸과 표현의 간접적인 관계가 발언에 의해서 그 자체로 수행되며, 수행 그 자체에 의해 굴절되지만 실행되기 때문이다. 몸이 표현과 글쓰기에서 모두 부재한다고 주장하는 것은, 오로지 표현이나 글쓰기가 모두 몸을 직접적으로 현전하게 만들지 못하는 한에서만 참이다. 그러나 몸이 표현 속에서 간접적으로 출현하는 방식은 몸이 글쓰기에서 출현하는 방식과는 필연적으로 다르다. 비록 둘 다 육체적 행위이기는 하지만, 쓰여진 텍스트에서 읽혀지는 것은 몸의 흔적mark이다. 그것이 누구의 몸인가 하는 것은 영원히 불분명하게 남아 있을 수 있다.

그러나 언어 행위는 육체적으로 수행되며, 비록 언어 행위가 몸의 절대적이거나 직접적인 현전을 개시하지 않기는 하지만, 표현의 생산과 전달의 동시성은 단지 말해진 것뿐 아니라 표현의 수사적인 도구로서의 몸가짐을 또한 전달한다. 이는 펠만이 일컫는 몸과 표현의 부조화스러운 상호 관련성, 즉 말해진 것의 명제적 내용을 따라, 그리고 종종 그와 반대로 읽어야 하는 표현에서의 과잉을 분명하게 한다.

부르디외는 아비투스라는 개념으로 육체적인 인식의 이론을 제공하지만, 그는 몸에 대한 이런 논의를 수행문의 이론과 관련시키지 않는다. 아비투스는 어떤 정해진 문화가 자신의 '자명성obviousness'에 대한 믿음을 생산하고 존속시키는 일상의 체화된 의례를 가리킨다.[168] 이런 식으로 부르디외는 몸의 장소, 몸의 몸짓, 몸의 양식,

168) 부르디외의 아비투스 개념은 알튀세르의 이데올로기 개념에 대한 재정초로 독해될 수 있다. 알튀세르는 이데올로기가 주체에 대한 '자명성'에 해당하지만 이 명백성은 **배치**dispositif의 효과라고 기술하고자 하는 반면, 같은 용어가 부르디외에서는 아비투스가 특정한 믿음들을 발생시키는 방식을 설명하기 위해 재출현한다. 배치는 생성적이며 운동 가능하다. 「이데올로기와 이데올로기적 국가 장치」에서의 이 후자의 재전유의 시작에 주목하자. "개인은 신, 의무, 정의 등을 믿는다. 이러한 믿음은 (모든 이에 대해, 즉 이데올로기에 대한 이데올로기적인 재현 속에서 살아가는 모두에 대해, 이는 이데올로기를 정의상 영적인 존재를 통해 부여된 이상으로 환원한다) 관련된 개인들의 이상으로부터, 즉 그의 믿음의 이상을 포함하는 의식을 가진 주체로서의 그로부터 나온다. 이런 식으로 절대적으로 이데올로기적인 '개념' 장치를 수단으로 따라서 자연스럽게 유동하는 관련 주체(그가 자유롭게 형성하거나 그가 믿는 이상을 자유롭게 인식하는 의식을 부여받은 주체)의 (실질적인) 태도를 설정한다."(167)

몸의 무의식적인 '인식'을, 그것이 없었다면 사회적 현실이 그렇게 구성되지 않았을 실천적 감각의 재구성을 위한 장소로 강조한다. 실천적 감각은 몸에 의해 실행되며, 거기에서 몸은 단순히 긍정적인 자료가 아니라, 통합된 역사의 보고 혹은 장소가 된다.[169]

몸은 이런 어떤 역사의 장소일 뿐 아니라, 현재의 자명성에 대한 믿음이 재구성되는 도구이기도 하다. 따라서 몸은 마법적으로 작동하지만, 부르디외가 수행문의 작동을 위해 남겨둔 것과 같은 의미에서 그렇다. 부르디외는 수행적인 언어 행위의 생산력을 특징짓기 위하여 '사회적 마법' 현상을, 즉 권력에 있는 자들이 특정 종류의 구속력 있는 사회적 효과들을 생산하기 위해 언어를 사용하는 '공식화 전략들'을 적용한다. 그러나 이 동일한 용어는 아비투스에, 즉 그의 '육체적인 품행' 개념 및 이 체화된 관습이 생산하는 사회적 효과에도 똑같이 적용될 수 있다. 흥미롭게도 아비투스의 생성적이거나 생산적인 영역은 부르디외가 지성주의와 언어적 형식 문제와 관련하여 설명하는 수행성의 문제와 연결되지 않는다. 이후의 맥락들에서 부르디외는 무엇이 특정한 종류의 언어 행위를 '사회적 마법'이 되게 하는가, 무엇이 특정한 언어 행위에 권위의 효력을 제공하는가를 구성함에 있어서, 사회적인 요소와 언어적인 요소의 이중적이며 분리된 작동을 확립시키기 위해서 오스틴에 반대하는 방향으로 수행적인 언어행위의 의미를 재고한다.

169) editor's introduction, *Language and Symbolic Action*, p. 13을 보라.

어느 정도까지 일종의 수행성이 구성한 아비투스는 단언컨대 예를 들어 결혼, 선언, 다양한 공표와 같은 국가 권력의 작용에서 이끌어 낸 예시들보다는 덜 노골적이며 덜 사법적인 것이 되는가? 사실 우리가 아비투스가 수행성을 따라 작동한다는 것을 고려한다면, 사회적인 것과 언어적인 것의 이론적인 구별은 (불가능하지는 않지만) 존속되기 어려운 듯 보일 것이다. 몸의 사회적 삶은 언어적인 동시에 생산적인 호명을 통해 생산된다. 결국 자신의 사회적 마법을 수행하는 육체적 양식의 형태를 갖추기 위해 그런 호명적인 부름이 부름을 계속하는 방식은, 은폐되고 육체적인 수행성의 작동에 해당한다.

주체를 존재로 '불러 세우는' 호명, 즉 시간을 통해 의례화되고 축적된 사회적인 수행문은, 체화된, 참여적인 아비투스 뿐 아니라 주체-형성 과정에도 핵심적이다. 사회적 호명에 의해 불리거나 건네받는 것은 담론적으로 그리고 동시에 사회적으로 구성되는 것이다. 이런 호명이 사회적 주체 형성에 효과적이고 형성적이기 위해 명시적이거나 공식적인 형태를 갖출 필요는 없다. 이런 식으로 고려했을 때, 수행문으로서의 호명은 주체에 대한 담론적 구성을 주체에 대한 사회적 구성에 밀접하게 묶여 있는 것으로 확립시킨다. 비록 알튀세르의 호명에 대한 설명이 주체에 대한 담론적 구성에 충분하지 않기는 하지만, 그것은 지배적인 사회 질서에 대한 전복적인 영토화와 재의미부여의 기획에 핵심적인, 호명적인 수행문에 대한 부당 전유misappropriation를 위한 장면을 설정한다.

부르디외는 『실천 이론 개요*Outline of a Theory of Practice*』[170]에서 '믿음과 몸'의 관계에 대해 다음과 같이 적는다.[171] "몸은 자신이 행하는 것을 믿는다. 만일 몸이 슬픔을 몸짓한다면 몸은 눈물을 흘린다. 몸은 자신이 수행하는 것을 재현하지 않고, 과거를 암기하지 않으며, 몸은 과거를 **실행**하여, 되살린다." 부르디외는 여기서 몸이 단순히 규칙적이거나 의례화된 특정 관습들에 따라 행위하는 것이 아니라는 것을 분명히 한다. 몸은 이런 축적된 의례적 활동이다. 이런 점에서 몸의 행동은 일종의 통합된 기억이다.[172] 여

170) (옮긴이) 실천 이론(Practice theory)은 집단, 생활방식, 사회 분야 또는 사회 전체와 같이 더 복잡한 사회적 실체를 형성하기 위해 상호 연결되는 기본적인 신체적, 지식적 기반의 실천을 분석함으로써 사회와 문화 세계를 이해하고 설명하려는 이론이다. 셰리 오트너Sherry Ortner가 요약한 바와 같이, 실천 이론은 한편으로는 인간의 행동 사이에서 얻는 관계와, 다른 한편 우리가 '시스템'이라고 부르는 어떤 지구적 실체 사이의 관계를 설명하려고 한다. 이 접근법은 집단적인 구조주의 접근법과, 모든 사회현상을 의도적인 개인 행동의 관점에서 설명하려는 개인주의 행동 이론 사이의 고전적 사회 이론의 충돌을 해결하려고 한다.

171) 『실천의 논리*The Logic of Practice*』, p. 73.

172) 부르디외는 몸이 자신의 역사의 전체성을 위한 보고로서 행위한다는 앙리 베르그송Henri Bergson의 『물질과 기억*Matter and Memory*』에서의 주장을 상당히 떠올리게 하는 논조로 주장한다. 부르디외는 적는다. "아비투스――역사에 체화된, 이차 자연으로 내부화되어 따라서 역사로서 잊혀진――는 자신이 생산물인 전체 과거의 적극적인 현전이다."(56) '장치' 혹은 '보고'라는 몸에 대한 비유는 베르그송을(그리고 코라chora, 즉 『티마이오스*Timaeus*』에서의 유명한 그릇에 대한 플라톤의 논의를) 떠올리게 한다. 그러나 기억의 전체성에 대한 가정은 베르그송에 있어서 몸의 물질성의 시간적 차원을 특징 짓는 현재 속에서 보존되거나 '행위'된다. 즉 "기억은, 우리의 과거의 전체성을 가지고 스스로의 가장 큰 가능한 부분을 우리의 현재 행위에 끼워 넣기 위해

기에서 몸의 명백한 물질성은 의도적이지는 않지만 어느 정도로는 즉흥적인 일종의 관습적인 활동으로 재연된다. 그런데 이런 몸의 아비투스는 체화된 주체가 행위하는 사회적인 게임을 지배하는 암묵적 규범성에 의해 생성된다. 이런 점에서 몸은 정해진 사회적 장의 맥락의 규칙들을 따라 놀면서 아비투스의 규칙과 유사한rule-like 성질을 전유한다. 몸이 게임에 참여하는 것은 모방, 혹은 보다 정확하게는 모방적인 동일시를 위한 전제조건이며, 이것이 전통에 대한 실천적인 순응을 통해 아비투스를 습득한다. "습득의 과정은 관습적인 **모방**mimesis(혹은 모방주의)이다. 이는 어떤 전체적인 동일시 관계를 나타내며, 어떤 전형으로서 명시적으로 구성되는 몸짓, 발언, 혹은 **어떤** 대상을 재생하려는 의식적 노력을 전제하는 **흉내 내기**imitation와는 공통점이 없다."[173] 이런 습득은 '게임의 규칙'이 그야말로 문자 그대로 **통합되고** 이차 자연이 되고 지배적인 믿음이 되는 만큼, 역사적이다.[174] 주체나 주체의 몸 모두 이런 관습적인 활동의 재현을 형성하지 않는다. 몸 자체가 이런 모방적이고 습득적인 활동의 품행hexis으로 형성되기 때문이다.[175] 몸은 따라서 순전히 사회적 장의 관습적인 게임에 참여한 기억들

끊임없이 앞으로 나아가고 있다."(168) 『물질과 기억』의 앞부분에서 그는 적는다. "기억이라기보다는 습관이 우리의 과거 경험을 행위하지만, 그것은 자신의 이미지를 상기시키지는 않는다."(151)

173) 『실천의 논리*The Logic of Practice*』, p. 73.

174) 같은 책, p. 66.

175) 같은 책, p. 69.

을 수용하는 주체적인 현상이 아니다. 오히려 몸의 참여 능력은 그 자체로 문화적인 기억과 그것에 대한 인식의 통합에 의지한다. 이런 점에서 우리는 퇴적되거나 습관이 된 몸의 '인식', 즉 사유와 몸의 불가분성에 관한 메를로-퐁티의 강렬한 메아리를 들을 수 있다. "우리의 문화적인 저장소store가 이런 알려지지 않은 법이 원하는 대로 놓일 때, 우리의 몸이 습관의 형성에 있어 어떤 새로운 몸짓으로 스스로를 내어 줄 때, 사유와 표현은 동시적으로 구성된다."[176] 그런데 누군가는 이데올로기를 설명함에 있어서 파스칼을 인용하는 알튀세르를 또한 듣게 된다. 무릎 꿇고 기도하라. 그러면 믿음을 얻으리라.

부르디외가 이 아비투스를 시간을 통해 형성되는 것으로, 그리고 아비투스의 형성을 자신이 작동하는 사회적 장의 '현실'에 대한 강화된 믿음을 야기하는 것으로 인식하는 한, 그는 사회적 관습이 그런 관습들을 관습으로서 재생산하고 의례화하는 몸을 발생시키는 것이라고 이해한다. 이런 점에서 아비투스는 형성되기도 하지만, 또한 **형성적**이기도 하다. 즉 육체적인 아비투스는 은폐된 형태의 수행성, 몸의 층위에서 거주하고 믿어지는 인용적 연쇄에 해당한다. 아비투스는 단지 주어진 사회적 장field의 현실에 대한 믿음—그 장이 존속되는 믿음—의 재생산을 위한 장소일

176) Maurice Merleau-Ponty, *The Phenomenology of Perception*, tr. Colin Smith(London: Routledge & Kegan Paul, 1962), p. 183.

뿐 아니라, 사회적 주체가 그 장의 겉으로 보기에 객관적인 요구에 상대적으로 부합하게 행위하도록 '유도하는' **성향**을 발생시킨다.[177]

그러나 몸은 단순히 구성된 언어 행위의 퇴적이 아니다. 만일 그런 구성이 한다면, 어떤 저항이 자신의 요구를 행사하는 순간에 호명과 만난다. 그러면 무언가가 그 호명을 넘어서게 되며, 이 초과는 인식 가능성의 외부로 살게 된다. 이는 몸이 자신이 또한 수행하는 언어 행위를 수사적으로 넘어서는 방식에서 분명해진다. 이 초과는 부르디외의 설명이 놓치거나 어쩌면 억압하고 있는 것 같다. 즉 말하는 몸의 지속적인 부조화, 즉 말하는 몸이 호명을 넘어서서 어떠한 언어 행위에 의해서도 포함되지 않은 채로 남는 방식 말이다.

펠만에게 말하는 몸은 그것의 표현이 의도에 의해 완전히 지배되지 않기 때문에 스캔들적이다. 언어 행위는 말하는 몸의 수사적인 결과들을 완전히 조절하거나 결정할 수 없다. 육체적인 언어 행위는 어떠한 기계적인 방식으로도 예측될 수 없기 때문에 말하는 몸은 또한 스캔들적이다. 언어 행위가 육체적인 행위라는 것이 몸이 표현 속에서 완전히 현전한다는 것을 의미하지는 않는다. 표현과 몸의 관계는 꼬아진 새끼줄chiasmus과 같은 관계이다. 표현은

177) '성향'과 '동기'에 대한 부르디외 이론이 생산한 역설들에 대한 흥미롭고 통찰력 있는 고찰에 대해서는, Theodore Richard Schatzki, "Theodore Analysis of Bourdieu's Theory of Practice", *Inquiry*, 30(March: 1987), pp. 113-135를 보라.

육체적이지만, 몸은 자신이 야기하는 그 발언을 넘어선다. 그리고 표현은 발음enunciation이라는 육체적인 수단으로 환원 불가능한 것으로 남는다.

부르디외의 견해는 그러나 몸이 규범들의 반복과 사회화에 의해 형성되며, 이 형성이 효과적이라는 것을 전제한다. 호명의 과정에서 실패하는 것, 즉 내부로부터 어떤 이탈의 가능성을 개방하는 것은 설명되지 않은 것으로 남는다. 몸은 사회적 규범들에 의해 형성되지만, 그런 형성 과정은 위험을 감수한다. 따라서 몸과 몸의 (재)생산에 대한 담론적이고 사회적인 형성을 지배하는 제한된 우연성의 상황은 부르디외가 인식하지 못한 것으로 머물러 있다. 이러한 간과는 담론적 행위능력의 조건과 가능성에 대한 그의 설명에 영향을 미친다. 수행적인 발언은 그것들이 행동으로서 실행할 수 있는 (이미) 사회적 권력을 지닌 자들이 발언할 때에만 오로지 효과적이라고 주장함으로써, 부르디외는 권력의 여백으로부터 출현하는 행위능력의 가능성을 무심코 배제한다. 그러나 그의 주요 관심사는 수행문의 힘에 대한 형식적 설명이 사회적인 설명으로 교체되어야 한다는 것이다. 따라서 그 과정에서 그는 현재의 상황에 구조적으로 전념하고 있는 사회적 권력에 대한 설명을 통해, 해체의 놀이로 추정되는 것에 반대한다.

수행적인 언어 행위에 대한 부르디외의 설명에서 수행문을 발언하는 주체는 상당히 고정된 방식으로 사회적 권력의 지도 위에 배치되며, 이 수행문은 그 발언을 수행하는 주체가 그녀 혹은 그가 차지하고 있는 사회적 권력의 지위에 의해 그것이 작동하도록 만드는 권위를 이미 부여받았는가에 따라 작동하거나 작동하지 않을 것이다. 다시 말해 전쟁을 선언하거나 결혼식을 수행하고 그가 선언하는 것이 참이라고 표명하는 화자는 그 주체가 이미 권위를 부여받았거나, 부르디외의 용어로 이런 구속력이 있는 언어 행위를 수행하도록 **위임받은 정도까지만** 수행문의 '사회적 마법'을 야기할 수 있을 것이다.[178] 비록 부르디외는 모든 수행문이 '작동'하지는 않으며, 신의 권위로 보이는 것(모든 화자가 수행문이 자신의 사회적 마법을 작동시키며 자신의 권위에 대한 집단의 인정을 강요하는)에 참여할 수 없다고 하는 점에서 분명 옳기는 하지만, 그는 사회적인 지위가 그 자체로 좀 더 은폐된 수행성의 작용을 통해 구성되는 방식을 알아차리지 못한다. 사실 '위임' 행위는 어떤 수행문, 즉 자격 부여 행위인 명명일 뿐 아니라, 보다 일반적으로 말해 권위 부여는 어느 정도는 상당 부분 지배적인 형태의 사회적 권력이 전달하거나 호명하는 문제이다. 더욱이 은폐되고 수행적인 자격 부여와 권위 부여의 작동을 항상 주체나 국가 장치의 대표가 시작하는 것은 아니다. 예를 들어 주체의 인종화나 주체의 젠더화, 혹

178) 부르디외는 또한 이러한 마법은 수행문의 권위에 대한 집단의 인정을 생산하는 권력으로 이해되어야 하며, 수행문은 이러한 집단의 인정 없이는 성공할 수 없다고 주장한다. "우리는—칸트적인 의미에서—무한하게 생성적일 뿐 아니라 기원적인 능력으로 인해 집단적으로 인정되어 실현된 것, 즉 존재에 대한 재현을 생산함으로써 존재를 생산할 수 있는 자신의 권력으로부터 도출된 언어가 절대 권력의 꿈의 주된 뒷받침이라는 것을 잊지 말아야 한다." *Langugage and Symbolic Power*, p. 42.

은 보다 일반적으로 말해 사회적 거부abjection는, 항상 '공적' 담론으로 작동하지는 않는 다양하고 분산된 구역들로부터 수행적으로 도입된다.

언어적인 관행 속에서 발생하는 것이, 담론 그 자체의 외부라고 여겨지는 사회적 질서 속에서 발생하는 것을 반향하거나 반영한다는 것이다. 따라서 부르디외는 "언어에 내재한 사회적 이질성"에 대한 소쉬르의 역설을 설명해 보려는 노력의 일환으로, 언어적인 것과 사회적인 것 사이의 모방적인 관계를 해석하여 언어적인 것이 부수 현상이 되는 토대/상부구조 모형을 복귀시킨다.

> 언어의 사회적인 사용은, 자신들의 특별한 사회적 가치가 사회적 차이의 체계를 재생산하는 차이의 체계로 조직되는 경향이 있다는 사실에 빚을 지고 있다. 말하는 것이란, 이미 사용 속에서 그리고 사용을 통해 구성된, 그리고 사회적 집단에 상응하는 계급을 표현하는 계급 양식 내의 자신들의 위치에 의해 객관적으로 표시된 표현 양식을 도용하는 것이다.(54)

"**형식적으로는** 나무랄 데가 없지만 의미론적으로 공허한 진술들을 생산할 수 있는 생성적인 언어의 능력"을 언급하면서, 그는 "관례rituals는 매우 불완전할 수 있는 기술적 역량의 행사를 통해 사회적 역량, 즉 말할 수 있는 권위를 부여받은, 그리고 권위를 가지고 말하는 정당한 화자의 역량이 행사되는 **부여**imposition 상황의 제한적 사례가 된다."(41)라는 주장으로 나아간다. 여기에서 흥미로운 것은 '말할 수 있는 권위를 부여받음'과 '권위를 가지고 말함' 사이에 놓인 등가성이다. 말할 수 있는 권위를 부여받지 **않고서도** 권위를 가지고 말하는 것이 분명 가능하기 때문이다.

나는 그것이 바로 지배적인 것, 즉 전복적인 재의미부여의 어떤 잠재적인 장소에 해당되는 '권위를 부여받은' 담론에 대한 **탈전유가능성**exproprability이라고 주장하고자 한다. 이를테면 '자유'나 '민주주의'를 주장할 수 있는 사회적 권력을 부정당한 자들이 지배 담론으로부터 그런 용어들을 전유하여 어떤 정치적인 운동을 결집하기 위해 그런 상당히 고착된 용어들을 재기술rework하거나 재의미부여resignify할 때 무슨 일이 생길까?[179] 만일 수행문이 작동하는 데 집단의 인정이 강요되어야만 한다면, 그것은 **이미** 제도화된 인정의 종류만을 강요해야 하는가, 아니면 수행문은 기존 제도에 대한 비판적인 관점을 또한 강요할 수 있는가? '정의', '민주주의' 같은 용어들에 대한 자격을 주장할 수 있는 수행적인 권력은 무엇일까? 그런 용어들은 그런 자격을 이제서야 주장하는 자들을 배척하도록 표현되어 왔다. 요구하는 주체 혹은 '우리'가 그 요구에서 시민권이 근본적으로 **박탈**되었을 때, 요구하는 '우리'가 그것의 작용을 집단의 소외 효과에 저항하기 위해 지배 담론의 내부에서

179) 수행문의 환상적 기약phantasmatic promise에 대한 관련된 논의에 대해서는 Slavoj Žižek, *The Sublime Object of Ideology*(Verso, 1989), pp. 94-120를 보라.

의 그 용어의 작동으로부터 그 용어를 재영토화 할 때, 자유 혹은 인종차별주의의 종식을 요구할 수 있는 수행적 힘은 무엇일까? 혹은 이와 똑같이 중요한, 우리를 학대해 왔던 바로 그 용어들의 비하를 고갈시키거나 그런 비하에서 어떤 긍정을 이끌어 내기 위해 그런 용어들을 전유하고, '퀴어'의 기호 아래에 결집하거나 '흑인'이나 '여성'의 범주를 긍정적으로 재평가할 수 있는 수행적 힘은 무엇일까?

여기에서의 질문은 수행문의 부당한 사용이 이전 권위에 의지하지 않고서도 권위의 효과를 낳는 데 성공할 수 있는가, 수행문에 대한 부당전유나 탈전유가 지배적인 형태의 권위와 그것이 진행하는 배제를 폭로하는 기회일 수 있는가이다.

만일 누군가가 언어 자체는 기존 사회적 권력에 의해 '지지를 받는' 정도까지만 단지 행위할 수 있을 뿐이라고 주장한다면, 그는 그런 사회적 권력이 어떻게 언어를 이런 식으로 '지지하는지'에 대한 이론을 제공할 필요가 있다. 만일 언어는 언어에 권력을 부여하는 더 커다란 제도적인 조건들을 단지 재현할 뿐이라면, 언어 내에서 재현되고 있는 제도를 설명하는 그런 '재현'의 관계는 무엇인가? 언어 및 과거의 사회적 권력 제도에 귀속된 모방적인 관계는 그 자체로 언어가 어떻게 사회적 권력을 의미하게 되는가를 나타내는, 의미 작용의 관계는 아닌가? 그 같은 관계는 오로지 언어와 의미 작용에 대한 추가적인 이론을 통해서만 설명될 수 있는 듯 보인다.

수행문은 단순히 이전의 사회적 조건들을 반영하는 것이 아니라 일련의 사회적인 효과들을 생산하며, 항상 '공적' 담론의 효과인 것은 아니지만, 그럼에도 불구하고 몸을 규제하기 위해서뿐 아니라 또한 몸을 형성하기 위해 자신의 사회적인 권력을 작동시킨다. 수행적인 담론의 효과는 자신이 출현한 권위적인 맥락들을 넘어서고 맥락들을 교란한다. 수행문은 자신의 발언의 순간으로 항상 재연결될 수는 없지만, 자신이 행사하는 힘 속에 몸의 기억의 흔적을 지니고 있다. 우리는 해로운 이름으로 불려 온 그 역사가 체화되는 방식을, 즉 그 말이 어떻게 사지로 침투하고, 몸짓을 만들어 내며, 허리를 구부리게 하는지를 방식만을 고려해야 한다. 우리는 인종차별적이거나 성별화된 욕설들이 어떻게 건네받은 자의 피부 속에서 그리고 피부로서 살아가고 번성하는가를, 그리고 이런 욕설들이 어떻게 자신의 역사를 위장함으로써, 중립적인 외관을 취함으로써, '현실'이라고 간주되는 믿음doxa을 형성하고 한정함으로써, 시간을 통해 축적되는가를 고려해야 한다. 그런 육체적인 생산물들 속에는 수행문의 축적된 역사, 즉 축적된 사용이 몸에 대한 문화적 의미를 결정은 하지 않고서 구성하게 되는 방식은 몸이 자기 자신의 생산에 대한 담론적인 수단들을 탈도용하는 순간에 그런 문화적 의미를 방식이 거주하고 있다. 역사적으로 축적된 결과에 저항하기 위해 이런 규범들을 도용하는 것은, 그런 역사에 대한 반란의 순간, 과거와의 단절을 통해 미래를 기초 짓는 순간에 해당한다.

권력의 은폐된 수행성

수행문은 공적 언어 사용자가 이미 권위를 부여받은 효과들을 이행하기 위해 행사하는 행위로서뿐 아니라, 사회적 의례, 즉 '은밀하고 교활하며, 지속적이고 교묘하기 때문에 강력하며 저항하기 힘든 관행의 양상들'로 재사유될 필요가 있다. 우리가 모욕은 마치 폭행처럼 강타한다고 말할 때, 이는 우리의 몸이 그런 표현에 의해 다친다는 것을 나타낸다. 그리고 몸은 물론 다치지만 전적으로 육체적인 부상이 발생할 때의 것과 같은 방식으로 다치는 것은 아니다. 신체적 부상이 정신에 영향을 미치는 것과 마찬가지로, 정신적인 부상은 육체적인 독사doxa, 즉 생체적이며 육체적으로 기록된 사회적 현실을 구성하는 일련의 믿음을 야기한다. 은폐된 수행문의 '구성적인' 권력은 몸에 대한 관행적인 의미, 즉 몸이란 무엇인가에 관한 의미뿐 아니라 몸은 공백, 즉 지배적인 문화 좌표면 내에 자신의 장소를 어떻게 협상할 수 있고 협상할 수 없는가에 관한 의미를 확립시킬 수 있는 능력이기도 하다. 수행문은 이미 확립된 주체가 사용하는 개별적인 행위가 아니라, 주체가 분산된 사회적인 지점들로부터 사회적 존재로 불리고 다양한 분산된 강력한 호명에 의해 사회성이 개시되는 강력하고 교활한 방식들 가운데 하나다. 이런 점에서 사회적인 수행문은 주체 **형성**의 핵심 요소일 뿐 아니라 또한 주체의 계속되는 정치적 투쟁과 재형성에 핵심 요소이기도 하다. 수행문은 단지 의례적인 관행이기만 한 것은 아니다. 그것은 주체가 형성되고 재형성되는 영향력을 가진 의례들 가운데 하나다.

이 주장은 내게 핵심적인 주장인 것 같으며 반란적인insurrectionary 행위로서의 언어 행위의 가능성을 다시 제기한다. 언어 행위는 그것이 이미 권위를 부여받은 정도까지 권위를 행사한다는 논증은, 그러한 행위에 권위를 부여하는 맥락이 이미 제자리에 있으며, 언어 행위는 그것에 권위를 부여하거나 부여하지 않은 맥락을 변화시키도록 작동하지 못한다고 주장하는 것이다. 만일 혐오 발언이 그 말을 건네받은 자를 침묵시키고자 하는 행위에 해당되기는 하지만, 침묵당한 자의 어휘 내에서 예상치 못한 응수로서 회복될 수 있는 것이라면, 혐오 발언에 대한 대응은 그 수행문에 대한 '탈공식화deofficialization', 즉 비일상적 의미를 위해 혐오 발언을 탈전유expropriate하는 것이 된다. 정치적인 영역 내에서 수행성은 저항-헤게모니적인 방식으로 작동할 수 있다. 이전의 권위가 없던 어떤 언어 행위가 그럼에도 언어 행위의 수행 과정에서 권위를 떠맡는 그런 순간을 통해 우리는 언어 행위의 미래적인 수용을 위해 변경된 맥락을 예측하며 채택할 수 있다.[180]

180) 만일 수행문이 수행문으로 남고자 한다면, 즉 반복할 수 있는 기호에 의해 좌우되고자 한다면, 과거의 맥락과 단절해야 한다는 데리다의 언어 행위로서의 수행문 개념은 여기서 기능주의적인 사회 이론에 대해 어떤 주요한 반론을 제공한다는 것은 분명하다. 우리는 또한 전유와 재의미부여에 대한 이런 논의의 맥락에서 데리다주의적인 반복 가능성이 갖는 구체적인 사회적 의미를 알 수 있을 것이다.

모더니티에 대한 정치적 담론에 관해 모더니티의 기초 용어들이 모두 오염되었으며 그 같은 용어들을 사용하는 것은 그것들이 이전에 쓰였던 억압적인 맥락들을 다시 환기시키는reinvoke 것이라고 말할 수 있다. 예를 들어 폴 길로이Paul Gilroy[181]는 보편성과 같은 용어들은 여성, 유색인종에 대한 배제를 전제해 왔으며, 계급적 방식을 따라 그리고 강한 식민주의적인 이해에 따라 만들어졌다고 지적한다. 그러나 그는 그런 배제들에 맞서는 투쟁들은 모더니티로부터의 용어들을 결국 **재전유**reappropriationg하게 된다고 결정적으로 덧붙인다. 다른 어떤 미래를 구성하기 위해서 말이다. '자유'와 같은 용어는 그것이 이전에 전혀 의미하지 않았던 것을 의미하게 될 수 있으며, 자유의 관할권으로부터 배제되어 왔던 이해관계와 주체들을 포용하게 될 수 있다. '정의'는 자신의 설명 아래에 포함될 수 없었던 것을 포용하게 될 수 있다. '평등'은 자신의 이전 표현들을 기반으로 하여 예측하는 것이 어려운(불가능하지는 않지만) 범위를 가진 용어임이 확실히 드러났다.

이런 재전유는 예기치 않은 순수에 대한 이들 더럽혀진 용어들의 취약성을 보여 준다. 따라서 그 용어들은 소유물이 아니다. 오히려 그 용어들은 자신들이 전혀 의도되지 않았던 삶과 목적을 떠맡는다. 그 용어들은 단순히 억압의 역사에 너무나 얽혀 있는 오염된 재화들로 여겨져서도 안되고, 정치적 맥락의 다양한 사용들

181) (옮긴이) 폴 길로이(Paul Gilroy, 1956~)는 런던 킹스칼리지의 영미문학 교수다.

로부터 정제될 수 있는 순수한 의미를 가지고 있는 것으로 간주되어서도 안된다. 과제는 모더니티의 용어들로 하여금 그 용어들이 전통적으로 배제해 왔던 것들을 포용하도록 강제하고, 그런 포용이 쉬울 수 없다는 것을 인식하게끔 하는 것이다. 그리고 이는 그런 포용을 만드는 정치체를 괴롭히며 동요시킬 것이다. 이는 배제되었던 것을 현존하고 있는 용어들로 단순히 동화하거나 수용하는 것이 아니라, 미지의 미래를 당분간 확립시키는 모더니티에 차이와 미래에 대한 감각을 허용하는 것이다. 이는 모더니티의 전통적인 경계들을 순찰하고자 하는 자들에게 불안을 생산할 수밖에 없다. 만일 토대주의가 없는 모더니티가 있을 수 있다면(그리고 어쩌면 이는 포스트모던이 의미하는 것일지도 모른다), 모더니티 작용의 핵심 용어들은 미리 충분히 확보되지 않을 것이며, 충분히 예상할 수 없는 미래의 정치 형태를 떠맡을 것이다. 그리고 이는 푸코가 '불안의 정치'라고 일컬은, 희망인 동시에 불안의 정치일 것이다.

나는 언어 행위가 자신의 내부적 힘으로 인해 자신이 출현한 모든 맥락과 단절한다고 주장하는 일부 해체주의적인 견해에 대한 부르디외의 비판에 동의하고자 한다. 이는 단순한 것이 아니며, 특히 혐오 발언의 경우 특정 표현들은 뒤흔들기가 매우 어려운 방식으로 행위한다. 한편 나는 언어 행위는 제도의 의례rite로, 그 맥락들이 미리 전적으로 결정될 수 없는 것이며, 언어 행위가 비일상적인 의미를 떠맡으며 자신이 속하지 않았던 맥락들 속에서 기능할 수 있는 가능성이 바로 그 수행문의 정치적인 가능성이 된다고 주장하고자 한다. 이는 수행문을 헤게모니 정치의 중심에 배치하는 것, 해체적인 사고에 대해 예측 불가능한 정치적 미래를 제공하는 것이다.

그러나 알려져 있지 않은 맥락들을 개방하는 것은 분명 누군가에게는 불안의 근거가 된다. 개방된 미래를 갖지 않으려는 욕망은 강할 수 있다. 정치적인 계산에서, 미래를 배제하려는 욕망의 힘을 과소평가하지 않는 것은 중요하다. 이것이 특정 질문을 묻는 것이 위험하다고 여겨지게 되고, 우리가 지성주의적인 작업이 공적인 삶에서 비하당하는 시대에 살고 있으며, 반지성주의가 학계 풍토의 상당한 부분을 차지하고 있는 하나의 이유이다. 내 학생 중 하나가 책을 읽는 것과 사고하는 것에 대해 내가 여기서 제기한 문제들에 대해 묻는 것은 나의 정치적 신념에 의심을 도입하는 것이며 나의 정치적 신념에 의심을 도입하는 것은 그런 신념들의 소멸로 이어질 수 있기 때문에, 여기서 제기된 문제들을 물을 수 없다고 발표하는 상황을 상상해 보자. 그 순간에 사유에 대한 두려움, 질문에 대한 두려움은 도덕화된 정치의 옹호가 되며, 지성주의적인 삶의 작업과 정치의 작업은 서로 분리된다. 정치는 특정한 반지성주의가 필요로 하는 것이 된다. 제기된 문제에 근거하여 누군가의 정치를 재사유하기를 꺼린 채로 있으려 하는 것은 삶과 사유를 모두 희생하여 교조주의적인 입장을 선택하는 것이다.

그런 교조주의는 상처를 주는 표현, 격분시키는 표현, 위협하는 표현, 모욕하는 표현을 제한하려는 노력에서 또한 출현한다. 그것이 특정 종류의 표현물에 대한 검열이든 아니면 공적 담론 자체에 대한 제한이든, 표현에 관해 고삐를 죄려는 노력은 반항적인 효과를 위해 표현 그 자체를 활용하고자 하는 정치적인 충동을 꺾는다. 현실에 대한 어떤 검증을 불안정하게 만드는 질문에 대한 지성주의적인 반대는, 세속적인 학계의 대표적인 좋은 예인 것 같다.

'주체'나 '보편성'과 같은 용어를 질문하는 것은 그것이 어떻게 작동하는가, 그것은 어떤 투여investment들을 담고 있는가, 그것이 달성하는 목적은 무엇인가, 그것은 어떤 변화를 겪었는가를 묻는 것이다. 그런 용어의 변경 가능한 삶은 그 용어에 대한 사용의 가능성을 배제하지 않는다. 만일 어떤 용어가 질문 가능하게 된다면, 그것이 그 용어가 더 이상 사용될 수 없으며 우리는 오로지 우리가 **다루는 법을 이미 알고 있는** 용어들만 사용할 수밖에 없다는 것을 의미하는가? 어떤 용어에 대해 의문을 제기하는 것이 어째서 그 용어의 사용에 대한 금지를 야기하는 것과 같은 것으로 여겨지는가? 우리는 어째서 만일 어떤 용어가 자신의 과거의 알려져 있는 맥락들로부터 제거된다면 우리가 더 이상 살아갈 수 없고 살아남을 수 없으며 언어를 사용할 수 없고 우리 자신에 대해서 말할 수 없다고 때때로 정말로 느끼는가? 어떤 종류의 보장이 그 언어 행위를 지시하려는 이러한 노력을 자신의 원래의 맥락의 관습으로 뒤로 물러서게 하며, 그것은 어떤 종류의 공포를 미리 제압하는가? 일상적인 방식으로 가정되는 용어들, 즉 '주체'와 '보편성' 같은 용어들과 그것들이 떠맡는 것이 '틀림없는' 의미들은 어떤 **도덕적**인 것, 명령문의 형태를 취하고 있는 것, 그리고 도덕적인 금지와 같은 것, 우리에게 가장 공포를 주는 것에 대한 방어는 아닐까? 우리는 알려지지 않은 언어의 미래에 대한 공포로 인해, 그런 용어로 살아가는 위험을 감수하는 모험에 대한 공포로 인해 마비되는 것은 아닐까? 그런 공포는 우리로 하여금 우리가 살아가야 하는 그 용어들을 검토하지 못하게 하고, 우리를 의심 속에 머무르게 하는 것은 아닐까?

우리는 혐오 발언은 언어적인 생존에 대한 질문을 제기한다는 것을, 어떤 이름으로 불리는 것은 상처의 장소가 될 수 있다는 것을 언급하면서 시작했으며, 이러한 이름 부르기는 저항 운동을 개시하는 순간이 될 수 있다는 것을 언급하면서 결론을 내리고자 한다. 우리가 불리는 이름은 우리를 종속시키기도 하지만 행위능력의 장면을 양가성으로부터 생산함으로써 그 부름이 발생한 의도를 넘어서는 일련의 효과들 또한 가능하게 한다. 우리가 불리는 이름을 떠맡는 것은 과거의 권위에 대한 단순한 종속이 아니다. 그 이름은 이미 과거의 맥락에서 이탈해 자기 정의의 노력으로 진입했기 때문이다. 상처를 주는 말은 그것이 작동했던 과거의 영토를 파괴하는 재배치redeployment 속에서 저항의 도구가 된다. 그런 재배치는 과거의 권위가 없는 말을 하는 것을, 언어적인 삶의 안전에 대한 위험으로 들어가는 것을, 언어 속의 우리의 장소에 대한 감각을, 우리가 말하는 대로 우리의 말이 행하는 것을 의미한다. 그러나 그런 위험은 상처를 주는 언어가 그 말을 건네받은 자의 언어적인 생존에 질문을 던질 때 그 언어와 함께 이미 도착한 것이다. 반항적인 말insurrectionary speech은 상처를 주는 언어에 대한 불가피한 반응, 위험에 처해진 것에 대응하여 취해진 위험, 변화를 행하게 만드는 언어 내에서의 반복이 된다.

옮긴이 해제
주요 개념/용어
찾아보기

e x c i t a b l e
s p e e c h

옮긴이 해제

혐오 발언에 대한 저항은 가능한가?

그야말로 혐오의 시대라고 해도 과언이 아닐 정도로 소위 '혐오 발언', 즉 상처를 주는 말의 문제는 현재 한국 사회에서 뜨거운 이슈로 급부상했다. 선거철마다 되풀이되는 정치인들의 망언과 직장 내 성희롱과 갑질과 폭언들은 연신 언론을 통해 보도되고 있고, 각종 소셜 미디어와 포털 사이트의 언론 기사 댓글들에서 불쾌한 혐오 발언들을 우리는 매일같이 접하게 된다. 이 혐오 발언이란 무엇인가? 표현의 자유란 절대적인 것일까? 국가에 혐오 발언의 규제를 맡겨도 되는 것일까? 혐오 발언에 대응할 수 있는 다른 방법에는 무엇이 있을까?

미국의 철학자 주디스 버틀러는 이 책 『혐오 발언』에서 혐오 발언, 포르노그래피, 흑인 갱스터 랩음악, 동성애자의 자기 선언, 십자가 소각, 국가 검열 문제 등 다양한 형태의 '상처를 주는 말'을 다룬다. 특히 타인의 호명을 통해 탄생하는 주체, 그로 인한 행위 주체성(agency), 화자와 권력의 문제, 검열과 책임, 혐오 발언에 대한 국가 규제의 문제점, 혐오 발언에 대한 수신자들의 저항 등에 관한 심층적이고 난해하지만 본질적인 철학적 질문들을 다룬다.

따라서 『혐오 발언』에서 버틀러가 던지는 이런 질문들은 시공간의 차이에도 불구하고 지금 여기 한국 사회의 '상처를 주는 말'에 관한 문제에 대해서도 많은 사유들을 제공해 줄 수 있을 것이다. 그렇다면 버틀러는 혐오 발언에 대해 어떻게 바라보고 있으며, 그에 대한 해결책으로 무엇을 제시하고 있는 것일까?

혐오 발언: 잘못된 호명

우리는 말을 통해 사랑을 고백하고, 이웃에게 인사를 건네고, 무언가를 부탁하거나 감사를 표하기도 한다. 언어를 통해 다양한 행위를 하는 것이다. 그러나 우리는 언어를 가지고 '좋은' 행위만 하지는 않는다. 우리는 또한 언어를 가지고 서로 상처를 주고 괴롭히고, 성소수자를 모욕하며, 장애인과 여성들을 비하하기도 한다. 즉 언어를 가지고 '나쁜' 행위도 하는 것이다. 이런 언어를 '혐오 발언'이라고 한다.

이런 언어들은 당연히 수신자에게 상처를 준다. 토니 모리슨에 따르면 "억압적인 언어"는 "폭력을 재현하는 것 이상을 행한다. 그 자체가 폭력"이다. 찰스 R. 로렌스 3세는 인종차별적인 욕설의 효과가 "얼굴에 따귀를 맞는 것과 같다. 상처는 즉각적이다. (……) 일시적으로 희생자를 불구로 만드는 육체적인 증상을 생산한다"라고 말한다. 마리 J. 마츠다는 "인종차별적인 증오 메시지, 위협, 욕설, 폄하, 비방은 모두 표적 집단에 놓인 자들의 복부를 강타한다"고 설명한다. 법학자 홍성수 교수의 저서 제목처럼 "말이 칼이 되는" 것이다.

이처럼 상처를 주는 말은 깊은 상처와 해악을 낳는다. 아니, 언어 자체는 주체의 생존을 위협한다. 버틀러에 따르면 혐오 발언을 둘러싼 논쟁들은 대개 어떤 표현이 상처를 주는지, 어떤 재현물들이 모욕을 주는지에 주목한다. 그러나 그녀는 언어적인 상처란 누군가에게 전달된 말뿐 아니라 전달되는 방식 그 자체, 즉 타인의 언어가 주체를 호명하고 주체를 구성하는 방식 자체 때문이라고 주장한다. 따라서 혐오 발언이란 단순히 도덕적으로 잘못된 표현의 문제라기보다는, 정체성을 둘러싼 근본적인 존재론적인 문제인 것이다.

버틀러에 따르면 우리는 어떤 의미에서 "언어적인 존재linguistic being"다. 즉 우리는 존재하기 위해 언어를 필요로 하며, 타인의 호명에 의존하고 있다. 개인은 이데올로기의 호명interpellation을 통해 문화나 이데올로기의 가치를 마주하고 그것을 내면화하고 개별 주체의 정체성을 구성하게 된다. 즉 호명을 통해 사회적 존재 가능성을 부여받는 것이다. 이처럼 주체는 타자의 호명, 혹은 인정recognition에 근본적으로 의존하고 있기 때문에, 언어에 취약vulnerable할 수밖에 없다.

버틀러의 이런 관점은 최근 정의론을 둘러싸고 '사회 정의'에 대한 문제를, 인정으로서의 문화적 정의로 바라보는 논의와도 맞닿아 있다. 헤겔에서 출발하여 인정을 정의justice의 핵심 문제로 바라보는 테일러나 호네트, 프레이저와 같은 인정 이론가들은, 경멸disrespect이나 무시misrecognition와 같은 문화적 부정의의 문제가 경제적 착취나 빈곤 못지않은 사회 부정의라고 주장한다. 타인의 인정과 호명은 개인의 정체성의 핵심 요소뿐 아니라 사회 정의의 핵심 문제이기 때문에, 잘못된 이름은 주체의 생존을 위협하는 심각한 부정의이기도 하다. 그렇다면 이러한 해악과 불의를 야기하는 혐오 발언을 법으로 처벌하면 될까?

이 책 『혐오 발언』에서 버틀러는 포르노그래피와 인종차별주의가 법적 규제에 종속되어야 한다고 주장하는 몇몇 페미니스트들과 반(反)인종차별주의 이론가들을 비판한다. 그녀가 인용하는 이론가들—레이 랭턴, 캐서린 매키넌, 마리 마츠다—는 모두 발언을 규제하자는 주장을 펼친다. 즉 발언이 억압당하는 집단 구성원들을 종속시키고, 주변화하거나 피해를 준다면 그것은 규제에 종속되어야 한다는 것이다.

규제 옹호론자인 마리 J. 마츠다는 인종차별 발언과 같은 혐오 발언에 대한 해결책은 법으로 규제하는 것이라고 주장한다. 그녀에 따르면 "KKK와 네오 나치와 같은 혐오 집단의 위협은 불법적인 폭력이 되풀이되고 있는 행위를 넘어선다. 그들의 현존과 인종차별적인 선동의 적극적인 보급은 시민들이 자신들의 일상적인 삶을 계속함에 따라 개인적 안전과 자유가 부정된다는 것을 의미한다. 해악을 시정하고자 법이 들어가지 않는 장소는 여성, 아이들, 유색인종, 가난한 사람들이 살아가고 있는 장소이곤 하다."(마츠다 1993: 17)

그녀에 따르면 혐오 발언을 규제하지 않은 채 방치해 두는 것은 그 혐오 발언을 지지하는 것과 다를 바가 없다. "폭력, 학대, 인종 증오, 인종차별적인 우월성에 대한 헌신으로 드러내 놓고 존재하는 것으로 알려진 조직들을 허용하는 것과 그런 그룹에 경찰 보호, 공적 시설, 거리, 대학 캠퍼스에 대한 접근을 제공하는 것은 국가가 인종차별 발언을 옹호하고 있다는 것을 의미한다. (……) 완전한 경찰 보호를 가지고 우리 주변을 통해 상징물들로 위협하면서 행진하고 있는 공공연한 인종차별주의자들의 소름끼치는 풍경은 어떤 국가 권위의 진술이다."(마츠다 1993: 48).

또한 그녀는 표현의 자유는 소수자를 억압할 권리를 승인해 주는 것과 다를 바 없다고 주장한다. "나는 혐오 발언에 대한 수정헌법 1조 절대주의는 인종차별주의를 영속화시키는 효과를 갖는다고 결론내리고자 한다. 즉 혐오 발언에 대한 관용은 대체로 공동체가 관용할 만한 것이 아니다. 오히려 그것은 지불할 수 있는 것이 거의 없는 자들에게 부과되는 정신적인 세금이다."(마츠다

1993: 17) 따라서 "공식적인 처벌과 행정 제재—사적 기소에 반대되는 공적 기소—는 또한 인종차별 발언에 대한 적절한 대응"(마츠다 1993: 17)이라는 것이다.

그러나 버틀러가 보기에 국가에 혐오 발언 규제를 맡길 경우 혐오 발언에 저항할 담론 권력은 법적인 문제가 되어버리고 만다. 버틀러에 따르면 "인종차별주의의 장면이 개별 화자 및 그 또는 그녀의 청중으로 축소될 때, 정치적 문제는 화자로부터 그 용어를 듣는 자(……)로 이동되면서 피해를 추적하는 역할을 떠맡게 된다. 인종차별주의뿐 아니라 성차별주의의 정교한 제도적 구조들은 갑자기 발언의 장면으로 축소된다. 그리고 발언은 더 이상 과거의 제도와 사용의 축적이 아니라 수신된 집단에 대한 종속을 확고히하고 유지시키는 권력을 위임받는다." 혐오 발언은 이미 역사적이고 관습적인 것이기 때문에 혐오 발언을 행한 화자 개인만의 문제는 아니다. 그러나 혐오 발언에 대해 법적인 처벌이나 규제를 선호하면서 국가에 의지하게 될 경우에는 인종차별주의나 성차별주의와 같이 정치적이고 구조적인 문제들이 법정 소송을 둘러싼 개별 가해자와 피해자, 원고와 피고라는 법적인 문제로만 축소되어 버리고 만다. 가해자와 피해 당사자 양측에만 주목함으로써 사회 운동을 약화시키는 문제가 있는 것이다.(겔버, 2002)

또한 국가는 소수자 집단에 불리하게 혐오 발언 규제를 적용해왔다고 주장한다. 국가는 혐오 발언을 편파적이거나 자의적으로 해석한다. 버틀러에 따르면 "혐오 발언 문제를 결정하는 법은, 추가적인 반동적인 정치적 목적을 위해 비일관적으로 적용"되곤 하며, "소수자 집단에 반하여 적용되어" 왔다. 따라서 "진보적인 법 운동 및 사회 운동 측에서 고안된 전략들은 문제의 쟁점에 대해 국가 권력을, 구체적으로는 법적 권력을 확장시킴으로써 바로 그 운동을 배반하게 되는 위험을 감수하는 것"이 된다는 것이다.

국가가 혐오 발언을 매우 자의적으로 해석하거나 비일관적이고 편향적으로 규제하고, 나아가 반대 의견을 억누르고 소수자들에게 오히려 억압적이고 불리한 방식으로 적용함으로써 소수자들에게 오히려 부메랑 효과가 되어 불리하게 되돌아오곤 하는 것이다.(스트로센, 2018)

J. L. 오스틴과 자크 데리다의 언어행위 이론을 활용하고 발언의 열린 본성을 강조함으로써, 버틀러는 국가 규제와는 다른 해법을 제시한다. 궁극적으로 그녀는 혐오 발언에 대한 어떤 규제도 제정하지 말 것을 권한다. 규제는 그렇지 않았다면 발언을 '재의미부여'하고 '재수행'함으로서 이런 발언에 도전하도록 일깨워질 자들을 침묵시키도록 작동할 수 있기(슈왈츠만, 2006: 134) 때문이다.

호명에 대한 응답: 대항 발언

혐오 발언은 분명 많은 해악을 낳고, 상처를 준다. 예를 들어 레이 랭턴에 따르면 혐오 발언은 수신자들을 향한 차별을 정당화하며, 사회적 약자들을 침묵시킨다. 랭턴에 따르면 혐오 발언은 권위적인 언어행위로, 표현의 자유의 옹호를 받을 수 있는 '그냥 말'이 아니라, 종속시키는 '차별 행위'이자 피해자들을 발화 불가능하게 침묵시킨다.(랭턴, 1993) 피에르 부르디외 역시 언어는 단지 기존 권력이 반영된 모사물일 뿐이라고 본다. 부르디외에 따르면 "우리는 권위는 외부로부터 언어로 온다는 것을 망각한다. 언어는 기껏해야 이런 권위를 재현하는 것이며, 권위를 현시하며 상징화하는 것"(부르디외 1991: 109)에 불과하다.

그러나 버틀러가 보기에 이런 견해는 언어가 단지 기존 권력관계를 재현하거나 혹은 이런 권력관계가 재생산될 수 있는 종속으로 간주함으로써, 기존 권력관계를 고정적으로 사유화하는 보수주의와 공모하는 것에 다름없다. 버틀러에 따르면 이들처럼 "언어행위는 그것이 이미 권위를 부여받은 정도까지 권위를 행사한다는 논증은, 그러한 행위에 권위를 부여하는 맥락이 이미 제자리에 있으며, 언어행위는 그것이 권위를 부여받거나 부여받지 않은 맥락을 변화시키도록 작동하지 못한다고 주장하는 것"이다.

버틀러에 따르면 언어는 "단순히 과거의 사회적 조건들을 반영만 하는 것이 아니라, 일련의 사회적인 효과들을 생산"한다. (……) 수행적인 담론의 효과는 자신이 출현하는 권위적인 맥락들을 초월하고 맥락들을 당혹"시키기도 한다. 즉 "행위와 고통 간의 연결을 풀어놓는 것은, 그런 연결을 단단하게 함에 의해 배제될 수 있는 대항 발언(counter speech), 즉 일종의 되받아쳐 말하기(talking back)를 위한 가능성"을 열어둔다. 따라서 "행위와 상처 간에는 저항의 장소로 활용될 수 있는 잠재적 간격(gap)이 존재하는데, 바로 여기에서 되받아쳐 말하기(talking back)가 가능"(로이드 2007: 119-120)해지는 것이다.

버틀러에 따르면 혐오 발언은 물론 "건네받은 자를 침묵시키고자 하는 일종의 행위에 해당되기는 하지만, 자신의 예측되지 않은 잔여로서 침묵된 자들의 어휘 내에서 되살아날 수 있는 것"이기도 하다. 따라서 혐오 발언의 수신자는 "예측 불가능하거나 '기생적인' 방식으로 언어의 힘에 대응할 수 있다. 혐오 발언은 그 용어에 대한 공격적인 재전유, 혹은 담론적 저항을 통해 이의를 제기받을 수 있다."(바에즈 2002: 53) 혐오 발언의 청자(혹은 피해자)는 이렇게 언어와 효과 사이의 간극을 활용하여 발언자가 예상치 못한 방식으로 되받아쳐서 말하거나, 혐오 발언이 전복과 기생에 취약하다는 점을 활용해서 반박할 수 있는 것이다.

버틀러에 따르면 "그 이름은 또한 또 다른 가능성을 보인다. 다시 말해 하나의 이름으로 불림으로써 그에게는 역설적으로 사회적 존재가 될 수 있는 어떤 가능성이 주어지게 되고, 또한 그 부름을 발생시킨 과거의 목적을 초월하는 언어의 새로운 시간적 삶을 시작하게" 되는 것이다. 버틀러는 알튀세르와 푸코를 따라 권력과 담론이 주체를 구성한다는 견해를 취하고 있지만, 그때의 주체는 단순히 수동적으로 구성된 주체가 아닌, 자신을 부른 그 호명에 응답하고 말대꾸를 하는 언어적인 행위주체성(agency)을 갖는 주체이기도 하다고 주장한다.

따라서 버틀러에 따르면 "상처를 주는 말의 전달은 그것이 호명한 사람을 고정시키거나 마비시키는 것처럼 보일 수 있지만, 그것은 또한 예상 밖의 가능성을 여는 응답을 낳을 수" 있다. 비록 "어떤 이름으로 불리우는 것은 상처의 장소가 될 수 있"지만, 이러한 "이름-부르기는 대항 운동을 개시하는 순간이 될 수" 있는 것이다.

이처럼 "호명되는 것은, 비록 들어맞지 않는 방식으로 호명된다 하더라도, 주체로 하여금 그들이 존재로 불리우게 된 근거들에 이의를 제기하는 것을 가능하게 할 수 있으며, 그들의 종속적인 지위를 확고히 하도록 역사적으로 작동했던 낙인들을 잠재적으로 되찾는 것을 가능하게 할 수"(아이크혼 2001: 298) 있는 것이다.

버틀러는 이로써 혐오 발언이 피해자들을 침묵시키고 불구로 만든다는 규제 옹호론자들에 반대하여 국가 중심적이지 않고 비사법적인 해법을 제시한다. 버틀러에 따르면 "혐오 발언에 대한 전유하기, 전복시키기, 재맥락화하기가 가능"하며, "대항 발언 counter speech을 통해 그런 말의 권력을 완화시킬 수 있는 가능성"이 있다. 이는 혐오 발언이 피해자들을 꼭 파괴하거나 침묵시키고 종속시키지 않을 수 있음을 의미한다.

즉 혐오 발언은 정치적 운동과 대항 발언을 개시하게 되는 양가성 또한 가지고 있는 것이다. "우리가 불리어지는 이름은 우리를 종속시키기도 하지만 양가성으로부터 행위성의 장면을 생산함으로써 그 부름이 발생한 의도를 초월하는 일련의 효과들을 동시에 가능"하게 한다. 따라서 "상처를 주는 말은 그 말이 작동한 과거의 영토를 파괴하는 재사용에 있어서 저항의 도구"가 될 수도 있다. 침묵 속에서도 말할 수 있고, 혐오 발언에 대한 말대꾸 역시 가능한 것이다.

버틀러식의 대항 발언의 해법은 혐오 발언을 수수방관하지도 않고, 그렇다고 법적 규제가 갖는 부작용도 최소화할 수 있으며, 표현의 자유와도 조화될 수 있기 때문에, 민주적이고 정치적인 해법이기도 하다.(비슷한 주장으로 겔버, 2003; 브렛슈나이더, 2012; 르푸트르, 2017; 스트로센, 2018) 언어는 우리를 억압하기도 하지만, 세계를 변화시킬 수도 있는 것이다. 버틀러는 이 책 『혐오 발언』에서 치열한 사유들을 통해, 그런 언어가 갖는 양가적인 희망을 우리에게 제시한다.

주요 개념 / 용어

수행성 performativity

수행성은 단순히 의사소통하는 것이 아니라 행위하거나 어떤 행위를 완성할 수 있는 언어 및 의사소통의 능력에 대한 용어이다. 흔한 예시로는, 결혼할 준비가 되어 있는 두 사람 앞에서 공인된 주례가 "나는 당신들을 부부로 선언합니다"라고 말하는 행위이다. 스트라이크를 외치고 있는 심판, 유죄를 선고하고 있는 판사, 혹은 파업을 선언하고 있는 노동조합은 모두 수행적인 발언의 예시들이다.

철학 및 젠더 연구의 몇몇 이론가들, 특히 주디스 버틀러는 심지어 아주 흔한 의사소통이나 언어 행위들도 수행문이며, 그 속에서 그것들은 정체성을 정의하는 데 복무한다고 주장했다. 이런 방식으로 수행성은 정체성이 보다 부차적인 행위(언어, 몸짓)의 원천이라는 개념을 전복시켰다. 수행성은 정체성의 구성을 탐구한다. 정체성이 수행적인 행위, 습관, 몸짓에 의해 야기되기 때문이다. 이러한 견해는 미셸 푸코, 루이 알튀세르, J. L. 오스틴을 포함한 철학자들에 의해 영향을 받았다.

행위능력agency

사회과학에서 행위능력은 독립적으로 행위할 수 있고 스스로의 자유로운 선택을 내릴 수 있는 개인들의 능력을 일컫는다. 이와 대조적으로 구조는 행위자agent 및 그 혹은 그녀의 행위들을 결정짓거나 한계짓는 영향 요인들(이를테면 사회 계급, 종교, 젠더, 인종, 문화 등)을 일컫는다. 구조로부터의 영향력과 행위능력의 차이는 논쟁이 되어 왔다. 어느 정도까지 인간의 행위가 사회 체계에 의해 제한되는지는 불확실하다. 인간의 행위능력은 그의 의지대로 행위할 수 있는 독립적인 능력이다. 이러한 능력은 그가 그의 경험을 통해 형성한 구조에 대한 인지적인 믿음과 그가 있는 환경의 구조와 상황 및 출신 지위에 대해 사회와 개인이 갖는 지각의 영향을 받는다.

행위능력의 개념은 계몽시대 이후로 존재해 왔다. 르네 데카르트의 "나는 생각한다, 고로 존재한다"라는 말은 사유할 수 있는 자는 모두 행위자이며, 사유하는 것을 인식할 수 있는 행위자는 주체라는 것을 진술한다. 임마누엘 칸트는 진정한 자기 인식이 될 수 있는 유일한 길은 외부 세계와 관련되는 것이라고 진술함으로써 이러한 이론을 확장했다. 행위능력에 대한 이러한 정의들은 철학자들이 인간이 내리는 선택들은 그들의 통제를 넘어서 있는 힘에 의해 좌우된다는 것을 주장하기 시작한 19세기까지 대부분 의심할 수 없는 것으로 남아 있었다. 예를 들어 카를 마르크스는 현대 사회에서 사람들은 부르주아 이데올로기에 통제된다고 주장했으며, 프리드리히 니체는 인간은 자신의 이기적인 욕망이나 "권력 의지"에 기반하여 선택을 내린다고 주장했다.

매우 일반적인 용법에서 행위자는 행위할 수 있는 능력을 가진 존재자이고 '행위능력'은 이러한 능력의 행사나 표명을 가리킨다. 행위능력의 본질에 대한 논쟁은 철학을 비롯하여 기타 연구 영역(심리학, 인지신경과학, 사회과학, 인류학을 포함)에서 지난 몇 십 년간 성장했다. 철학에서 행위능력의 본질은 정신철학, 즉 심리철학, 윤리학과 메타 윤리학에서의 자유의지와 도덕 책임감에 대한 논쟁, 이성과 실천적인 합리성의 본질에 대한 논쟁에서 중요한 주제이다. 대부분의 경우 이러한 입장은 행위능력의 본질에 관한 개념적이고 형이상학적인 물음들에 집중한다.

주권sovereignty / 주권 권력soveriegn power

주권은 법학에서 외부의 원천이나 기구의 간섭 없이 정치체가 스스로를 지배할 수 있는 권리와 권력으로 이해된다. 정치 이론에서 주권은 어떤 정치체에 대한 최고 권위를 가리키는 실질적인 용어이다. 주권은 역사를 거치며 그 의미가 변해 왔지만, 어떤 영토 내에서의 최고 권력이라는 핵심 의미는 여전하다. 주권은 정치권력에 대한 현대적인 개념이다. 역사적인 다양성은 세 가지 차원에서 이해될 수 있다. 주권의 소유자, 주권의 절대성, 그리고 주권의 내적인 차원과 외적인 차원이다. 국가는 주권이 구현된 정치 기구다. 국가의 집합은 주권 국가 체계를 형성한다. 푸코는 권력과 관련하여 많은 것을 주장하였으며, 전통적인 자유주의 권력 이론과 마르크스주의 권력 이론에 반대되는 정의들을 제공하였다. 1. 권력은 어떤 사물이 아니라 관계다. 2. 권력은 단순히 억압적인 것이 아니라 생산적이다. 3. 권력은 단순한 국가의 소유가 아니다. 권력은 정부 및 국가에 독점적으로 국한된 어떤 것이 아니다. 오히려 권력은 사회체social body를 통해 행사된다. 4. 권력은 대부분 미시적인 사회적 관계의 층위에서 작동한다. 권력은 모든 사회체의 층위에서 어디에나 존재한다. 5. 권력의 행사는 전략적이고 전쟁과 유사하다. 푸코는 권력에 대한 이해의 틀을 형성하는데 막대한 영향력을 끼쳤다. 그는 '담론, 지식, 진리 체제에 널리 퍼져 있으며 체화되어 있기 때문에 권력은 도처에 있다'는 개념으로 이끈다. 푸코에게 권력은 우리를 우리이게끔 만드는 것이다. 다른 이론들과는 상당히 다른 층위 위에서 작동하면서 말이다.

그의 작업은 이전의 권력을 상상하던 방식으로부터 근본적으로 이탈한다. 또한 그의 작업은 권력이 집중되기보다는 분산되어 있으며, 소유되기보다는 체화되고 실행되며, 순전히 억압적이기보다는 담론적이며, 그들에 의해 사용되기보다는 행위자들을 구성하기 때문에 이전의 개념들과는 쉽게 통합될 수 없다. 푸코는 권력이 '일시적'이거나 '주권적'인 지배나 억압의 행위로 사람이나 집단에 의해 행사된다는 개념에 도전한다. 권력을 분산적이고 편재한 것으로 간주한다. '권력은 도처에 있다'와 '권력은 도처에서 출현한다'는 따라서 행위능력도 아니고 구조도 아니다. 권력은 사회에 스며든 일종의 '메타권력'이거나 '진리의 체제'이며, 지속적으로 유동적이고 협상적이다. 푸코는 권력은 수용된 지식의 형태, 학문적 이해 '진리'를 통해 구성된다는 것을 의미하기 위해 '권력/지식'이라는 용어를 사용한다.

푸코는 권력을 단지 무언가를 행하도록 강제하는 부정적이고 강압적인 것이 아니라, 권력이 또한 사회 내에서 어떤 필연적이고 생산적이며 긍정적인 힘이 될 수 있다는 것을 인정한다. "우리는 권력의 효과들을 부정적인 용어들로 묘사하는 것을 완전히 중단해야 한다: 권력은 '배제'한다, 권력은 '억압'한다, 권력은 '검열'한다, 권력은 '축출'한다, 권력은 '위장'한다, 권력은 '은폐'한다. 사실 권력은 생산한다. 권력은 현실을 생산한다. 권력은 사물들의 영역과 진리의 의례들을 생산한다. 이러한 생산에 속해 있는 그에 의해 획득될 수 있는 개별성과 지식을 말이다."(Foucault, *Power/Knowledge*, 1991: 194)

아비투스habitus

아비투스는 "관습 속에서 구성되고 항상 관습적인 기능을 향해 정향되는 구조의 체계, 즉 성향들을 구조짓는 것"으로 설명될 수 있다. 다시 말해 아비투스는 일련의 획득된 도식, 감수성, 성향, 취향으로 특징지어지는 정신과 감정의 구조로 이해될 수 있다. 특히 아비투스의 내용은 체화된 사회 구조──젠더, 인종, 복지 개혁에 포함된 계급 차별과 같은──의 복잡한 결과이다. 이러한 체화된 사회 구조는 이후 미래의 체화에 대한 취향, 선호, 행동을 통해 재생산된다. 아비투스는 기타 사회과학 연구 원칙 내에서 지배적인 합리성 개념과 대조를 이루는 것으로 여겨질 수 있다. 아비투스는 행위자의 '최고 이익' 개념을 '최고'에 대한 문화적 정의를 다시 세움으로써 상대화하기 때문이다. 그것은 어쩌면 '장field'의 개념과 관련하여 가장 잘 이해된다. 장 개념은 개인적 행위자(아비투스)와 맥락적인 환경(장) 사이의 변증법적인 관계를 설명한다.

아비투스는 일정 기간 동안 발달된 습관의 결과로, 누군가의 육체적이고 심리적인 태도다. 아비투스는 사회를 향한 개인의 태도를 발달시키며 개인이 그를 둘러싼 세계에 반응하는 방식에 영향을 끼친다. 아비투스는 삶의 구조를 형성하는 특징이며, 누군가의 사회 경제적 지위, 가족, 종교, 교육, 인종과 같은 개인에 대한 일련의 영향들에 의해 결정된다. 다시 말해 개인이 자신의 삶에서 형성한 태도, 버릇, 이데올로기, 행동, 습관은 현재의 그 개인을 만들어 내는 것임이 드러난다. 따라서 개인은 그의 삶에 끼쳐 온 영향들이 내면화한 결과물이다.

아비투스는 사회 구조 속 개인들의 성향에 의해 생산된다. 사회 구조 속 자신의 자리를 인식한 결과, 개인은 자신의 삶에서 무엇이 달성 가능하고 무엇이 불가능한 것인지를 결정할 수 있다. 아비투스의 발달 결과는 광범위하다. 따라서 피에르 부르디외는 사회 구조의 재생산은 개인들의 아비투스에서 기인한다고 주장한다.(Bourdieu, *Language and Symbolic Power*, 1987)

반복 가능성iterability

자크 데리다는 논문 「서명, 사건, 맥락Signature, Event, Context」에서 기호의 본질적인 특징은 기호가 인식 가능한 형태를 가지고 있다는 것과 기호가 반복될 수 있는 것이라고 주장했다. 그러나 기호가 인식될 수 있고 되풀이될 수 있는 형태를 가지고 있는 한, 그것은 또한 복사될 수 있거나 위조될 수 있다. 다시 말해 비록 어떤 기호는 진짜 원래 의도의 현전을 증언하는 것으로 여겨지지만, 기호는 동시에 어떤 가짜의 복사 가능성을 설정하는 것이기도 하다. 데리다의 개념은 어떤 연극이나 시에서와 같이 '진지하지 않은' 수행적 발언은 진정한 수행문에 대해 '기생적'이며 정당한 것이라고 생각될 수 없다는 J. L. 오스틴의 문제적인 주장에 대한 관여로부터 나온다. 따라서 오스틴이 말하듯이, 어떤 연극에서 목사를 연기하고 있는 배우가 신랑과 신부를 연기하고 있는 두 배우에게 "나는 이제 당신들을 남편과 아내로 선언합니다"라고 말한다 하더라도 이로써 배우들은 결혼하는 것이 아니다. 데리다가 인정하듯이, 이는 본질적으로 어떤 구문을 인용하고, 되풀이하며, 재사용하는 것이다. 어떤 수행적인 발언을 재수행하는 것은 의사소통적인 언어의 기능에 핵심이다.

주디스 버틀러는 이후에 이 개념을 취해 그것을 젠더 이론에 적용했다. 젠더는 본질적으로 어떤 수행, 모든 과거의 젠더 수행에 대한 어떤 인용이며——개인에 대한 내적이고 본질적인 특성(남성성 혹은 여성성처럼)을 증언한다기보다는——젠더는 진지하지 않거나 패러디적인 젠더의 인용 가능성을 증명한다고 주장하면서 말이다.

말speech

말speech은 매우 넓은 어휘에서 도출된 어휘와 명사의 구문론적인 조합에 기초하여 입으로 소리 내어 표현된 의사소통의 형태이다. 발언utterance은 이 말의 가장 작은 단위를 뜻한다. 표현speech은 생각이나 느낌 따위를 언어나 몸짓 따위의 형상으로 드러내 나타내는 것을 뜻한다. 역자는 이 책에서 speech를 되도록 일상언어인 '말'로 번역(예컨대 'injurious speech'를 '상처를 주는 말'로)하되, 화용론적인 논의의 맥락에서는 '발언'이라고 번역(예컨대 'hate speeh'를 '혐오 발언'으로)했으며, 법적인 논의의 맥락에서는 '표현'이라고 번역(예컨대 'free speech'를 '표현의 자유'로)했다.

발언 행위locutionary act

철학자 레이 랭턴에 따르면 "발언 행위를 수행하는 것은 전통적으로 생각되어 왔듯이, 어떤 의미를 갖는 문장을 발언하는 것"이다.(레이 랭턴, 「발언 행위와 발언 불가능한 행위」, 1993: 295) 랭턴은 다음과 같이 혐오 발언의 발언 행위를 설명한다. "이 발언을 고찰해 보자. '흑인이 투표하는 것은 허락되지 않는다.' 이것이 인종분리 정책을 뒷받침하는 법률을 제정하는 맥락 속에서 프리토리아(남아프리카 공화국의 수도)의 국회의원이 발언하는 상황을 상상해 보자. 이는 발언 행위이다. '흑인'으로써 이는 흑인을 지칭한다. '백인 전용white only.' 이것 역시 발언 행위이다. '백인'을 통해

이는 백인을 지칭한다."(랭턴, 302-303)

발언내행위illocutionary act

발언내행위는 "단순히 무언가를 말하면서 수행되는 행위"다.(랭턴, 300) 버틀러는 발언내행위에 대해 다음과 같이 설명한다. "발언내적 언어 행위는 그 자체로 자신이 야기하는 행동"(주디스 버틀러, 이 책, 14)인 언어 행위다. 다시 말해 발언내행위는 "무언가를 말하면서 동시에 무언가를 행하고 있는 것"(41)이다. 예를 들어 "'나는 선고한다'라고 말하는 판사는 무언가를 행하려는 어떤 의도를 진술하거나 그가 행하고 있는 것을 묘사하는 것이 아니다. 그의 말하기는 그 자체로 일종의 행하기"(41)다. 발언내행위적인 언어 행위는 "시간의 경과 없이 효과를 낳고, 그 말함이 그 자체로 행함이며, 그것들이 서로 동시적이라는 개념"(42)이다. 버틀러에 따르면 "발언내행위는 관습을 통해 진행되는 반면, 발언효과행위는 결과를 통해 진행"된다.(이 책, 42) 오스틴은 언어 행위에서 발언내행위와 발언효과행위, 즉 말하면서 수행되는 행동과 말함으로써 나오는 결과로 수행되는 행동을 구별하지만, "그 구별은 까다로우며, 항상 안정적인 것은 아니다."(이 책, 88)

예를 들어 "'제 생각이 짧았던 것에 사과를 드립니다'라고 진지하고 진실되게 누군가에게 미안하다고 말하는 것은, 실제로 사과한 것이다. 이렇게 말하는 것은 그 자체로 그리고 저절로, 사과 행위이다."(맥고완, 2009: 389-390) 또한 '어두워지기 전에 집에 갈게요'라고 어머니에게 전화로 말하는 것 또한 약속하기의 발언내행위이다. "약속하기에 대한 사회적 규범을 고려한다면, 그리고 단지 농담을 하고 있거나 비꼬고 있지 않다고 믿는다는 것을 가정한다면, '어두워지기 전에 집에 갈게요'라는 말은 약속"이다.(슈왈츠만, 2006: 136)

레이 랭턴에 따르면 "검둥이의 투표는 허용되지 않는다"와 같은 인종 혐오적인 말은 단순한 발언 행위를 넘어서 무엇보다도 발언내행위라고 주장한다. "이 말은 검둥이가 투표하는 것은 허용되지 않는다는 것을 사실로 만든다. 이 말은 흑인을—합당하게—종속시킨다. '백인 전용'이라는 말 또한 발언내행위이다. 그 말은 흑인에게 이곳에서 떨어지라고 명령하고, 백인을 환영하며, 백인으로 하여금 흑인을 향해 차별적 방식으로 행위하는 것을 허용한다. 이는 흑인을 종속시킨다."(랭턴, 302-303) 이와 유사하게 캐서린 겔버는 "'넌 한낱 검둥이일 뿐이야. 난 너보다 더 시꺼먼 검둥이도 총으로 쏴 죽인 적이 있어'와 같은 언급의 표적이 될 때, 그것은 듣는 이의 인종을 이유로 그 듣는 이가 극단적 폭력에 종속될 수 있다는 것을 경고하고 경멸하는 발언내행위로 해석될 수 있다"(겔버, 2002: 55-56)고 설명한다.

랭턴, 매키넌, 마츠다 등은 혐오 발언의 발언내행위적인 측면을 강조하면서 혐오 발언이 "고통스러운 효과를 직접적이고도 필연적으로 행사한다"고 주장한다. 즉 "혐오 발언은 그것이 말해질 때 즉각적으로 그리고 필연적으로 해를 끼친다"는 것이다. 이 같은 발언내행위론에 따르면, "어떤 말은 혐오를 전달할 뿐 아니라 상처를 주는 행위에 해당한다고 수사적으로 주장하는 것은, 언어가 행위한다는 것을 가정할 뿐 아니라 언어가 상처를 주는 방식으로 그 말을 건네받은 자에게 작용한다"(이 책, 40)고 가정한다. 특히 레이 랭턴은 "혐오 발언이 개인들을 열등한 것으로 서열을 매기고, 그들을 향한 차별을 정당화한다는 점을 생각한다면 그것은 발언내행위"라고 주장한다. "말은 다른 사람들이 언어 행위를 수행하는 것을 불가능하게 함으로써 혹은 다른 사람들의 말이 의도된 효과를 갖는 것을 막아서 침묵시킬 때, 발언내행위력을 가질 수 있다"고 주장한다. 다시 말해 "혐오 발언은 자기의 표적에 대한 차별을 정당화하고 그것을 침묵시킴으로써 그들을 종속시키는 발언내행위력을 갖게 된다"는 것이다. 이들은 "포르노그래피와 인종차별적 혐오 발언이 고통스러운 결과를 낳는 경향이 있기 때문이 아니라, 그것들이—본래 그리고 저절로—그 자체로 고통스러운 행동이기 때문에 고통을 가하는 상처로 해석한다."(슈왈츠만, 2006: 137-138)

그러나 버틀러는 이 책 곳곳에서 랭턴, 마츠다, 매키넌 등을 비판하면서 혐오 발언, 포르노그래피, 동성애자의 커밍아웃 등을 발언내행위로 간주하는 견해를 다음과 같이 비판한다. "일부 법적 접근들이 혐오 발언에 대해 발언내행위적인 지위를 가정하는 한 저항 발언을 통해 그런 말의 권력을 완화시킬 수 있는 가능성은 배제된다."(이 책, 82-83) "만일 우리가 혐오 발언은 발언내행위라는 것을 받아들인다면, 우리는 또한 말은 직접적으로 그리고 자동적으로 상처를 수행한다는 것을, 그리고 권력의 사회적 지형이 그것을 그렇게 만든다는 것을 또한 받아들이는 것이며, 우리가 혐오 발언이 정말로 생산하는 구체적인 효과들을 상술할 의무 아래 있지 않게 되는 것이다."(이 책, 193) "이러한 의미에서 나는 모든 규제에 반대하는 것은 아니지만, 혐오 발언의 발언내행위적인 지위를 유지하고 따라서 말과 행위를 완전히 융합시키는 혐오 발언에 대한 설명의 가치에 회의적이다."(이 책, 193-194)

발언효과행위perlocutionary act

발언효과행위는 "어떤 것을 말함으로써 수행되는 행위이다. 발언효과행위는 발언이 청자에게 갖는 효과와 같은, 발언의 결과라는 면에서 고려되는 발언"이다.(랭턴, 300) 예를 들어 "어머니가 반대하는 여성과 결혼하고자 고집을 피우면서 '네, 그렇게 하겠습니다'라고 말하고, 그 말을 함으로써 결과적으로 내가 어머니의 마음을 대단히 아프게 했다면, 그것은 또한 발언효과행위"이다.(랭턴, 300)

버틀러에 따르면 "발언효과행위는 어떤 효과들을 자신의 결과로 생산하는 언어 행위이다. 즉 무언가를 말함으로써, 어떤 효과가 따라 나온다." 발언내행위가 그 자체로 자신이 야기하는 행동인 반면, "발언효과적 언어 행위는 그 언어 행위 자체와는 같지 않은 어떤 효과들로 이어지는" 언어 행위이다.(이 책, 14) 발언효과행위는 "일련의 결과를 개시하는 발언"이다. "무언가를 말하는 것은 어떤 결과를 낳을 것이다." 그러나 말하는 것과 생산된 결과는 시간적으로 구분된다. 결과는 언어 행위와 같은 것이 아니라, "무언가를 말함으로써 야기하거나 성취하는 것"(이 책, 109)이다.

하나의 말은 수많은 의도치 않은 발언효과행위적인 효과를 가질 수 있다. 예를 들어 "'어두워지기 전에 집에 갈게요'라고 말함으로써, 사만다는 걱정하고 있는 어머니를 안심시켜 드렸다. 사만다가 한 말의 효과는 그녀의 어머니를 안심시키는 것이다. 그러나 같은 말이 추가적인 결과를 낼 수 있다. 예를 들어 그 말은 둘이 저녁을 같이 보내기를 바라고 있었던 사만다의 가장 친한 친구인 질을 언짢게 할 수 있다."(슈왈츠만, 136) 만일 '내가 그를 총으로 쏘겠다고 말하면서 나는 협박을 하고 있었다'고 말하는 것이 자연스럽다면('내가 그를 쏘겠다고 말함으로써 나는 협박을 하고 있었다'가 아니라), 그때 협박은 발언내행위다. 반면 만일 '내가 그를 쏘겠다고 말함으로써 나는 그를 놀라게 했다'고 말하는 것이 자연스럽다면('내가 그를 쏘겠다고 말하면서 나는 그를 놀라게 했다'가 아니라), 놀라게 하기는 발언효과행위"다.(마이트라, 317-318)

랭턴은 혐오 발언이 갖는 발언효과행위를 다음과 같이 설명한다. "'흑인이 투표하는 것은 허락되지 않는다'는 발언효과행위다. 그 말은 무엇보다 흑인으로 하여금 투표 창구에서 떨어지도록 하는 효과를 갖는다. '백인 전용white only.' 그것은 어떤 중요한 발언효과적인 결과를 갖는다. 그것은 흑인을 백인의 영역에서 쫓아내며, 오로지 백인만 그곳에 들어가게끔 보장하고, 인종차별주의를 영속화시킨다. 이는 종속의 발언효과행위이다."(랭턴, 302-303)

버틀러는 곳곳에서 혐오 발언의 발언효과행위적인 측면을 강조한다. "만일 상처를 주는 말의 수행성이 발언효과행위로 여겨진다면, 그런 말은 일련의 필연적이지 않은 효과들을 생산하는 정도까지만 자신의 고통을 주는 효과를 작동시키게 된다. 그 발언으로부터 다른 효과들이 따라 나올

수 있어야만 그런 발언에 대한 전유하기, 전복하기, 재맥락화하기가 가능해진다."(이 책, 82)

이처럼 버틀러에 따르면 혐오 발언의 수행력은 그 언어가 발언효과행위인 데서 기인하며, 상대방에게 상처를 주는 결과를 발생시킨다는 점 말고는 그것의 방향이나 형태에는 어떤 필연적인 것도 존재하지 않는다. 이런 발언효과행위론에 따르면, 이렇게 "어떤 언어 행위가 과거의 맥락을 재의미부여할 수 있는 가능성은, 부분적으로, 어떤 말이 발생된 원래의 맥락 혹은 의도와 그것이 낳은 효과 사이의 간격에 달려 있다."(이 책, 37) 이렇게 혐오 발언을 행하는 화자의 의도와 달리 청자는 이런 의도와 효과 사이의 간격을 활용하여 "수신자는 예측 불가능하거나 '기생적인 방식으로 언어의 힘에 대응할 수 있다."(베즈, 57) "혐오 발언의 발언내행위력이 관습적 행위라는 것을 암시한다면, 그와 같은 말에 대한 대응은 비관습적으로 행위하는 것이다. 예를 들어 누군가는 침묵당하거나 수치당하는 것을 거부할 수 있다."(베즈, 57) 따라서 이렇게 혐오 발언의 발언효과행위가 필연적으로 정해져 있지 않다는 것으로부터 버틀러는 "그 같은 행위와 상처의 연결을 풀어 놓는 것은, (……) 저항 발언counter-speech, 즉 일종의 되받아쳐 말하기talking back를 위한 가능성을 열어 둔다(이 책, 38)고 주장한다.

찾아보기

가

나

다

라

마

바

사

아

자

차

카

타

파

하

혐오 발언

1판 1쇄 발행 2016년 8월 8일
개정판 1쇄 발행 2022년 4월 1일

지은이 | 주디스 버틀러
옮긴이 | 유민석
펴낸이 | 조영남
펴낸곳 | 알렙

출판등록 | 2009년 11월 19일 제313-2010-132호
주소 | 경기도 고양시 일산서구 중앙로1455 대우시티프라자 715호
전자우편 | alephbook@naver.com
전화 | 031-913-2018
팩스 | 031-913-2019

ISBN 979-11-89333-51-5 93100